LES
ÉLECTIONS LÉGISLATIVES

DEPUIS 1789

HISTOIRE DE LA LÉGISLATION ET DES MOEURS

PAR

GEORGES-DENIS WEIL

Juge au Tribunal de la Seine

PARIS

ANCIENNE LIBRAIRIE GERMER BAILLIÈRE ET Cⁱᵉ

FÉLIX ALCAN, ÉDITEUR

108, BOULEVARD SAINT-GERMAIN, 108

1895

LES

ÉLECTIONS LÉGISLATIVES

DEPUIS 1789

PUBLICATIONS DU MÊME AUTEUR

DES ASSURANCES MARITIMES ET DES AVARIES, commentaire pratique du Livre II du Code de commerce.

L'ASSURANCE SUR LE FRET EN ANGLETERRE. (Extrait de la *Revue maritime et coloniale*).

DE L'EXERCICE ILLÉGAL DE LA MÉDECINE ET DE LA PHARMACIE. (Législation pénale et jurisprudence).

DES RELATIONS DIPLOMATIQUES DE L'ANGLETERRE ET DE LA PAPAUTÉ. (Extrait de la *Nouvelle Revue*).

LE BANC DES ÉVÊQUES A LA CHAMBRE DES LORDS. (Extrait du *Bulletin de la Société de Législation comparée*).

LES RELATIONS DE L'ANGLETERRE ET DE LA FRANCE A LA SUITE DE L'ATTENTAT D'ORSINI.

DU JUGEMENT DES ÉLECTIONS CONTESTÉES. (Mœurs parlementaires anglaises).

JURIDICTION PÉNALE DES CHAMBRES ANGLAISES POUR LA DÉFENSE DE LEURS PRIVILÈGES.

LA MAGISTRATURE INAMOVIBLE ET LA RÉVOLUTION DE 1830.

L'ATTITUDE DE L'ANGLETERRE VIS-A-VIS DE LA FRANCE EN 1870-1871.

LE DROIT D'ASSOCIATION ET LE DROIT DE RÉUNION DEVANT LES CHAMBRES ET LES TRIBUNAUX. (Félix Alcan, éditeur).

Imprimerie de Poissy. — S. LEJAY et Cie.

LES
ÉLECTIONS LÉGISLATIVES
DEPUIS 1789

HISTOIRE DE LA LÉGISLATION ET DES MŒURS

PAR

GEORGES-DENIS WEIL

Juge au Tribunal de la Seine.

PARIS

ANCIENNE LIBRAIRIE GERMER BAILLIÈRE ET Cⁱᵉ

FÉLIX ALCAN, ÉDITEUR

108, BOULEVARD SAINT-GERMAIN, 108

—

1895

Tous droits réservés.

AVANT-PROPOS

L'histoire du droit de suffrage est particulièrement opportune à une époque où ce droit a atteint tout son développement et est devenu la base inébranlable de nos institutions. Elle est pour les citoyens un enseignement salutaire. Les générations actuelles qui ont trouvé le bulletin de vote dans leur berceau ne mettent pas à assez haut prix une possession devenue banale et qui semble avoir été dépréciée par une jouissance constante. Pour la leur faire estimer à son véritable taux, il ne messied pas de leur remettre en mémoire les luttes acharnées dont leur émancipation est issue. A ces indifférents qui vont aux urnes avec la même insouciance qu'ils respirent l'air ambiant, et ne se félicitent pas plus d'y avoir accès qu'ils ne songent à se réjouir de trouver

place au soleil, à ces esprits oublieux il convient de rappeler que leurs pères, — il n'y a
pas encore cinquante ans, — honnêtes et in-
telligents comme ils se piquent de l'être eux-
mêmes, bons patriotes comme leurs fils se
proclament à leur tour, s'intéressant tout autant que le peuvent faire ceux-ci, aux affaires
publiques dont la direction réagit par essence
sur les affaires privées, n'avaient cependant
pas plus d'action sur la politique du gouvernement et sur les questions inhérentes à la
vie quotidienne de la nation que les habitants
de Londres ou de Berlin. Et ces parias de la
politique, ce n'étaient pas des misérables sans
feu ni lieu. Que penser d'un régime qui rélé-
guait dans la classe des individus n'offrant pas
de garanties suffisantes pour être citoyens
actifs des rentiers dont le revenu dépassait
1,100 francs? C'était le temps où les Ministres
de la Monarchie entonnaient contre toutes les
revendications de ces déshérités des variations
sur l'air de *Odi profanum vulgus*. A l'exemple
du poète qui n'aime pas être troublé dans ses
méditations, ils n'aimaient pas à être gênés
dans la direction des destinées nationales par

l'intervention indiscrète des masses populaires. Que les électeurs d'aujourd'hui songent à ce passé si rapproché en réalité par le petit nombre des années écoulées, si éloigné en apparence par le fumet d'ancien régime qu'il exhale. Ils contempleront alors d'un œil moins détaché l'instrument qu'ils ont en main, et qui a coûté tant d'efforts à forger. Ils monteront avec plus de vigilance la garde autour de leur conquête : garde qui n'est ni bien difficile ni bien pénible, puisque le suffrage universel se défend automatiquement, et que le moyen infaillible de le préserver d'une atteinte téméraire, c'est de s'en servir.

On ne trouvera pas dans ce volume l'histoire des élections à la Chambre haute. La présente étude est consacrée uniquement à la Chambre des Députés, sous les différents noms qu'elle a revêtus dans nos Constitutions successives depuis cent ans.

LES
ÉLECTIONS LÉGISLATIVES
EN FRANCE

PREMIÈRE PARTIE
CONDITIONS GÉNÉRALES DU DROIT DE VOTE

CHAPITRE PREMIER

LES ÉLECTIONS AUX ÉTATS GÉNÉRAUX

Une étude sur les différents systèmes électoraux qui se sont succédé dans la France moderne doit nécessairement débuter par une mention de la législation suivant laquelle a été nommée l'Assemblée d'où cette France moderne est sortie. Il est d'autant moins oiseux de rappeler le mode d'élection des États généraux qu'il se rattache par certains côtés au mode actuel avec lequel même des esprits paradoxaux n'ont pas craint de l'identifier. Des hommes de parti se sont rencontré qui ont prétendu découvrir le suffrage universel en œuvre dès le début de l'année 1789, mettant ainsi à l'actif du régime objet de leurs regrets, la conquête que la France doit à la deuxième République.

C'est le 27 décembre 1788 que le Conseil d'État du Roi fixa les bases d'après lesquelles aurait lieu la convocation des États généraux : « Sa Majesté a ordonné ce qui suit : 1° Que les députés seront au moins au nombre de 1.000 ; 2° Que ce nombre sera formé autant qu'il sera possible en raison composée de la population et des contributions de chaque bailliage ; 3° Que le nombre des députés du tiers état sera égal à celui des deux autres ordres réunis, et que cette proportion sera établie par les lettres de convocation. » Le règlement pour les élections intervint le 24 janvier 1789. L'élection devait se faire par bailliage et au scrutin de liste. C'est ainsi que Paris avait à élire 40 députés.

On lit dans le préambule du règlement : « Le roi a voulu que ses sujets fussent tous appelés à concourir aux élections des députés qui doivent former cette grande et solennelle assemblée. » Mais il y a une légère exagération dans cette proposition qui sert précisément de point d'appui aux historiens voulant antidater de soixante ans le suffrage universel. Disons d'abord un mot, mais un seul, en ce qui touche les élections de la noblesse et du clergé. Les détails sur ce point ont peu d'intérêt puisque ces deux ordres étaient appelés à voter en vertu de privilèges que nous ne connaissons plus, de privilèges de castes. Les nobles avaient tous le droit de vote direct pour la nomination des députés. Il en était de même pour une partie des membres du clergé, ceux possédant bénéfice ; les autres n'avaient qu'un droit de vote indirect : c'était pour eux le suffrage non pas même à deux, mais à plusieurs degrés.

Arrivons au tiers état. Les dispositions qui le concernent nous intéressent davantage parce que ce n'est pas en vertu de privilèges balayés par le temps que ses membres étaient appelés à voter, mais en vertu de ce droit qui est demeuré la base des sociétés, le droit de citoyen. Pour eux aussi, le suffrage était établi à plusieurs degrés. Le tiers ne pouvait choisir ses députés qu'après s'être réduit en un corps électoral provenant d'une série d'assemblées primaires et préparatoires de moins en moins nombreuses. Peuvent voter au premier degré, ou,— pour prendre les propres termes du règlement, — peuvent concourir à la rédaction des cahiers et à la nomination des députés, tous les habitants composant le tiers état, nés Français ou naturalisés, âgés de vingt-cinq ans, domiciliés et compris au rôle des impositions.

Voici maintenant comment se font les réductions successives pour arriver à constituer le corps électoral qui nommera les députés aux États généraux. Le mode est différent suivant qu'il s'agit des villes ou des campagnes. Dans les villes, les habitants s'assemblent par corporations, corporations d'art et métiers, corporations d'arts libéraux. Chacune d'elles élit un nombre de mandataires proportionné au nombre de membres qui la composent. Les habitants qui ne se trouvent compris dans aucun corps nomment aussi des délégués, en nombre variable. Tous ces mandataires forment l'assemblée du tiers état de la ville. Passons maintenant aux villages. Les habitants, constitués en assemblée primaire nomment des délégués lesquels réunis au Tiers état des villes composent l'*Assemblée préliminaire du bailliage*. (1) Cette dernière se réduit au quart, après quoi le bailli convoque en assemblée générale des trois états les corps électoraux des trois ordres qui nomment enfin les députés aux États généraux.

On voit que cette série de dispositions est loin d'équivaloir au suffrage universel, puisque non seulement il s'agit d'un suffrage à plusieurs degrés, mais que pour y avoir accès il faut être compris au rôle des impositions. Ajoutons que par le système de *réductions* exposé plus haut, plusieurs circonscriptions pouvaient se trouver sans représentation. M. Chassin (*Le Génie de la Révolution*, tome I, page 229) fait ressortir ce fait en prenant pour exemple le cas des électeurs de Paris-hors-les-murs. Les électeurs de 453 paroisses et villes de la banlieue de Paris, y compris Versailles, assistaient à l'assemblée du tiers. Une fois la réduction opérée, 200 paroisses seulement se trouvèrent admises à coopérer par délégation au choix de députés. Disons enfin pour bien mettre en lumière la différence entre la base de ce régime et celle du régime actuel, que la portée du suffrage d'un citoyen d'alors était loin d'être égale à celle du suffrage exprimé par un

---

(1) Dans les campagnes il n'y a ainsi que deux degrés d'élection, tandis que pour les villes le règlement établissait un degré de plus. Le gouvernement traitait plus favorablement les campagnes, parce qu'il supposait les habitants étrangers par l'habitude de la dépendance seigneuriale à tout désir de révolution.

citoyen de nos jours. En effet, en 1789, les électeurs étaient appelés à voter pour la nomination d'un député dont l'action législative devait, dans les intentions de la cour et suivant les prévisions normales, être bien limitée, puisqu'on comptait que les trois ordres délibéreraient séparément, et puisque le monarque pouvait se flatter de l'appui de la noblesse et du clergé pour avoir, le cas échéant, raison du tiers état.

Au nombre des dispositions du règlement de convocation, il en est une qu'on ne saurait passer sous silence. Car on a essayé, à diverses reprises de la faire revivre sous la Restauration et sous le gouvernement de Juillet. Il s'agit de la création de députés suppléants : « S'il arrive que le choix du bailliage tombe sur une personne absente, il sera sur-le-champ procédé dans la même forme à l'élection d'un suppléant pour remplacer ledit député absent si... il ne pouvait pas accepter la députation. » La mesure a donné lieu parfois entre le suppléant et le titulaire à des conflits qui dans l'état présent de nos mœurs et de nos lois nous semblent prêter un peu au ridicule. Voici l'incident qui est relaté dans la séance de l'Assemblée constituante du 12 juillet 1790 : « M. Thiébaut, curé de Souppes, au nom du comité de vérification rapporte que M. Loaisel, député de la Bretagne, s'est retiré de fait de l'Assemblée il y a neuf mois, et a indiqué à M. Lebreton, son suppléant, la nécessité de prendre sa place. Ce qui a été effectué par M. Lebreton qui depuis ces neuf mois a été admis dans l'Assemblée, et en a très exactement suivi les travaux ; que cependant M. Loaisel demande à reprendre sa place. L'assemblée décide qu'il n'y a lieu à délibérer sur le droit de M. Loaisel, et que M. Lebreton, suppléant admis, et qui a fait le service, mérite de l'Assemblée de conserver sa qualité. »

Si l'électorat était soumis à de certaines conditions, il n'en était pas de même de l'éligibilité. Nulle entrave n'était mise au libre choix des électeurs. (1)

Le nombre des députés devait être de 1241.

Au sujet de la forme à suivre pour l'élection, l'article 46 du Règlement disait que les élections du second degré seraient faites à haute voix, et ajoutait : « Les députés aux états généraux seront seuls élus par la voix du scrutin. » L'application de ce paragraphe a provoqué une délibération de l'Assemblée constituante, lors de la vérification des pouvoirs. Il s'agissait de l'élection de Malouet qui avait été nommé député *par acclamation* dans une assemblée de 558 électeurs sur lesquels 158 seulement avaient signé le procès-verbal. Malgré ce mode de nomination formellement contraire à la loi, l'élection fut validée. (*Moniteur* des 9 et 10 juillet 1789).

La vérification des pouvoirs offrit encore d'autres exemples des libertés singulières que l'Assemblée constituante, dans son inexpérience des institutions nouvelles, prit avec la loi électorale. C'est ainsi que le 27 juillet 1790, elle entérinait le rapport suivant, fait par Thibaut, un de ses membres, sur une élection à la Gua-

---

(1) En déclarant que les nobles, propriétaires ou non peuvent être envoyés aux Etats généraux, l'Ordonnance ajoute : « C'est par leurs qualités personnelles, c'est par les vertus dont ils sont comptables envers leurs ancêtres qu'ils ont servi l'État dans tous les temps, et qu'ils le serviront encore. »

deloupe : « Par un décret du 22 septembre 1789, MM. X...
furent reçus à l'Assemblée nationale comme représentants de l'ile de la Guadeloupe, sous la condition qu'ils
rapporteraient la confirmation de leurs commettants·
Ils avaient été nommés à Paris par ceux des habitants
des colonies qui s'y trouvaient alors ; et depuis, ils ont
été confirmés par les électeurs. Aujourd'hui trois autres
députés se présentent. Ils ont été élus dans les colonies à la pluralité. Ils sont porteurs de nouveaux pouvoirs et demandent à être admis dans l'Assemblée...
Voici le projet de décret que je vous présente au nom
du comité de vérification : L'Assemblée nationale décrète qu'elle conserve comme représentants de la
Guadeloupe (les deux premiers élus), et cependant
admet MM... (les trois derniers) au même titre de
représentants de la colonie, *sans que cette mesure de
représentation puisse tirer à conséquence pour les pro-
chaines législatures.* »

D'après les évaluations des historiens, les citoyens
du tiers état, électeurs du deuxième degré, pouvaient
être au nombre de 150,000. En ce qui touche la ville
de Paris, il y eut 11,706 votants qui nommèrent 407
électeurs. De ces derniers 317 seulement se présentèrent pour l'élection des députés. Bailly fut élu premier
député avec 173 voix. (Chassin. *Les Elections et les
Cahiers de Paris en* 1789, t. II.)

CHAPITRE II

LE RÉGIME ÉLECTORAL SOUS LA CONSTITUANTE

L'Assemblée constituante, par son décret en date du 22 décembre 1789, organisa un système d'élections qui s'inspirait de celui appliqué pour la convocation des Etats généraux : c'était le suffrage à deux degrés avec des conditions de cens aussi abaissées que possible. La Constituante prétendit ainsi à la fois satisfaire les aspirations démocratiques et rassurer les sentiments conservateurs, en donnant aux classes inférieures un rôle dans l'élection, mais un rôle assez atténué pour être inoffensif. Elle ouvrait toutes grandes les portes des assemblées *primaires* pour ne laisser pénétrer dans les assemblées *électorales* que les citoyens présentant de certaines garanties pécuniaires. Tous les citoyens qui auront le droit de voter, autrement dit les citoyens *actifs*, se réuniront en assemblées primaires par canton, et nommeront au scrutin de liste des électeurs, à raison d'un électeur par 100 citoyens actifs. — Les électeurs nommeront les représentants au

scrutin individuel. — Le nombre de ces derniers sera
égal au nombre des départements multiplié par neuf.—
Leur nombre sera distribué entre tous les départements selon les trois proportions du territoire, de la
population et de la contribution directe. — Pour être
électeur du premier degré, il faut être Français, âgé
de vingt-cinq ans, domicilié dans la ville ou le canton
depuis le temps déterminé par la loi (1), être inscrit
au tableau civique (2), et payer dans un lieu quelconque du royaume une contribution directe au moins
égale à la valeur de trois journées de travail (3), et en
représenter la quittance.—Quant au taux de la journée
de travail, il fut fixé au maximum de 20 sous par un
décret du 15 janvier 1791, et aux termes d'un décret

(1) Des lettres patentes du 20 avril 1790 fixent la durée du domicile à un an.

(2) Pour y être inscrits, les citoyens doivent prêter publiquement
à l'administration du district et entre les mains de celui qui prési-
dera, le serment de maintenir de tout leur pouvoir la Constitution
du royaume, d'être fidèles à la nation, à la loi et au roi et de remplir avec zèle et courage les fonctions civiles et politiques qui leur
seront confiées.

(3) Cette condition même fut supprimée pour certains départements par un décret du 2-3 février 1790 (art. 6) qui démocratisa
encore davantage le suffrage. Dans les lieux où il n'y a que des
contributions territoriales, dans ceux où l'on ne perçoit aucune contribution directe, soit parce qu'elle a été convertie en imposition
indirecte, soit par toute autre cause, il est décrété jusqu'à nouvelle organisation de l'impôt que tous les citoyens seront réputés
citoyens actifs et éligibles, excepté dans les villes, ceux qui n'ayant
ni propriétés ni facultés connues, n'auront d'ailleurs ni profession ni
métier, et dans les campagnes ceux qui n'auront aucune propriété
foncière ou qui ne tiendront pas une ferme ou métairie de 30 livres
de bail.

ultérieur du 12 février, l'autorité eut pouvoir de le fixer encore au-dessous de cette somme (1).

Pour être électeur au deuxième degré, il faut payer une contribution directe qui se monte au moins à la valeur locale de 10 journées de travail. Pour être éligible à l'Assemblée nationale, il faudra payer une contribution directe équivalente à la valeur d'un marc d'argent (cinquante-quatre francs environ) et en outre avoir une propriété foncière quelconque. — Les représentants ne pourront être choisis que parmi les citoyens éligibles du département. Un républicain éminent de nos jours, Armand Marrast, appréciant cette dernière disposition, (*De l'organisation du suffrage universel* 1848) a prétendu en faire ressortir le caractère aristocratique, et la considérer comme un moyen de contraindre les électeurs primaires de chaque canton à subir l'influence des hommes riches de leur localité. Elle avait aussi le tort, suivant lui, de favoriser les tendances fédéralistes: « Alors que le but de la Révolution était de fonder l'unité nationale, était-ce, — dit-il, — le moyen d'y parvenir, que de forcer les électeurs à choisir leurs députés parmi les éligibles du département? »

La loi édictait différents cas d'incapacité qui privaient un homme du droit d'être citoyen actif. Elle

(1) Dans des *Explications*, en date du 10 mars 1790, *données par le Comité de Constitution sur quelques articles du décret concernant les municipalités*, il est dit que si des municipalités avaient fixé au-dessous de 10 sous la valeur de la journée de travail, les commissaires à l'assemblée primaire devront en rendre compte à cette assemblée.

excluait tout d'abord l'individu dans l'état de domesticité, c'est-à-dire de serviteur à gages. De la part de
législateurs qui fondaient leur œuvre sur le principe d'égalité, l'exclusion est bien faite pour étonner.
Aristocratique en apparence, la mesure est cependant dirigée contre l'aristocratie. On redoutait l'influence soit des nobles, soit, comme nous dirions aujourd'hui, des classes dirigeantes sur leurs serviteurs.
« Il ne faut pas, — dit le rapport fait par Thouret à
l'Assemblée le 28 septembre 1789, rapport dans lequel
la raison de parti est dissimulée sous l'affirmation d'un
principe élevé, — il ne faut pas que l'électeur soit dans
des rapports personnels trop incompatibles avec l'indépendance nécessaire à l'exercice des droits politiques. »

Des lettres patentes du 20 avril 1790 délimitent
d'ailleurs la portée du décret, en spécifiant que « ne
seront réputés domestiques ou serviteurs à gages les
régisseurs, les ci-devant feudistes, les secrétaires, les
charretiers ou maitres valets de labour employés par
les propriétaires fermiers ou métayers ». Dans une
instruction des 12-20 août 1790, concernant les fonctions des assemblées administratives, l'Assemblée
nationale prend soin de compléter encore cette énumération : « Il en est de même, dit-elle, des bibliothé-
caires, des instituteurs, des compagnons ouvriers, des
garçons marchands de vin et des commis. »

Le législateur ne se bornait pas à la première catégorie d'exclusions que nous avons relatée. Il repoussait
encore le banqueroutier, le failli ou débiteur insolvable, et il écartait enfin, au nom de la morale théà-

trale qui était à la mode au XVIIIe siècle « les enfants qui auront reçu et retiendront, à quelque titre que ce soit, une portion des biens de leur père mort insolvable sans payer leur part virile de ses dettes ».

On remarquera combien cette première loi électorale de la Constituante, la seule qui offre un intérêt pratique, puisque c'est la seule qui ait été mise à exécution, on remarquera, disons-nous, comme, toute libérale qu'elle est, elle s'éloigne, par de nombreuses restrictions, du suffrage universel, tel qu'il est aujourd'hui consacré. Sans parler de cette condition du suffrage à deux degrés, sans parler de cette autre condition d'un an de domicile qui dépasse la durée du stage imposé par notre législation contemporaine, est-il besoin de dire que nous repousserions aujourd'hui et cette exclusion contre les serviteurs à gages, et ce cens d'électorat et d'éligibilité ? Accessoirement aussi, la disposition par laquelle la proportion des contributions directes devait pour partie servir de base à l'effet de fixer le nombre des députés du département, cette mesure était bien de la même famille que celle imposant un cens, et Thouret, dans son rapport à l'Assemblée, le 29 septembre 1789, s'escrimait péniblement pour la défendre : « Le rapport des contributions est nul sans doute lorsqu'il s'agit de balancer les droits politiques d'individu à individu ; sans quoi l'égalité personnelle serait détruite et l'aristocratie des riches s'établirait. Mais cet inconvénient disparaît en entier, lorsque le rapport des contributions n'est considéré que par grandes masses, et seulement de province à province. Il sert alors à proportionner justement les droits réciproques des cités sans compromettre les droits personnels des citoyens. »

Armand Marrast, dans l'opuscule que nous avons déjà cité, critique encore et signale comme calculées pour favoriser les riches, les longues formalités des opérations électorales, surtout dans les assemblées primaires. « La nomination seule des bureaux, — dit-il, — demande au moins deux jours, c'est-à-dire deux voyages au chef-lieu de canton. La nomination des électeurs pouvait exiger au moins deux ou trois jours. C'était donc cinq jours de déplacement que la loi imposait aux habitants des campagnes. Une telle loi n'aurait pas tardé à remettre les élections aux mains des plus opulents ». Encore Armand Marrast, en critiquant la longueur des opérations électorales ne vise-t-il que celles auxquelles les assemblées primaires avaient à procéder. Mais ces longueurs sont à peine sensibles, comparées à celles inhérentes aux élections du deuxième degré pour lesquelles la loi imposait un scrutin individuel, devant absorber dès lors bien des journées quand la liste contenait beaucoup de noms. A Paris, en septembre et en octobre 1791, il faut 37 jours pour choisir les députés (1). (Taine. *La Révolution*, tome I, page 265.) En 1792, le corps électoral consacre vingt-trois séances à élire pour la Convention 24 députés et 8 suppléants.

(1) Dans une adresse d'octobre 1791 aux électeurs de Paris, et signée par Dubois Crancé, on lit ce passage : « ... Ordonnez (*à vos mandataires*) de ne pas consommer en de vaines formalités le temps précieux des citoyens, et d'être en conséquence exacts aux élections... Il est injuste d'exiger trois mois d'assiduité à Paris pour des opérations qui se font en huit jours dans tout le royaume. »

Nous parlions plus haut de cens. Une particularité curieuse à cet égard, c'est que la restriction ainsi apportée au suffrage universel, restriction contre laquelle l'opinion publique ne tarda pas à s'insurger, fut non seulement acceptée, mais inspirée par des hommes à la tête de la Révolution, qui ne tardèrent pas d'ailleurs, au souffle du vent populaire, à changer de sentiment, et à vouer à l'exécration la mesure tout d'abord prônée par eux. Prenons par exemple Camille Desmoulins. Voici comment, dans sa première manière, il s'exprimait (*France libre*, page 15), au cours d'un article où il rappelait que les hommes qui se sont réunis les premiers en société, se sont occupés de mettre la dernière classe des citoyens hors d'état de rompre le pacte social. Il ajoutait : « Dans cet esprit, les législateurs ont retranché du corps politique cette classe de gens qu'on appelait, à Rome, *prolétaires*, comme n'étant bons qu'à faire des enfants et à recruter la société. Ils les ont relégués dans une centurie sans influence sur l'Assemblée du peuple. Eloignée des affaires par mille besoins, et dans une continuelle dépendance, cette centurie ne peut jamais dominer dans l'Etat. Le sentiment seul de leur condition les écarte d'eux-mêmes des Assemblées. Le domestique opinera-t-il avec le maître, et le mendiant avec celui dont l'aumône le fait subsister? » Cependant à quelques mois de date, le même Camille Desmoulins, pour s'élever au diapason nouveau, et ne pas se laisser distancer dans le parti de la Révolution, s'indignait (N° 3 des *Révolutions de France et de Brabant*) que le paiement du marc d'argent fût requis comme condition d'éligi-

bilité : « Il n'y a qu'une voix dans la capitale. Bientôt
il n'y en aura qu'une dans les provinces contre le
décret du marc d'argent (1). Il vient de constituer la
France en gouvernemt aristocratique. Pour faire sentir toute l'absurdité de ce décret, il suffit de dire que
Jean-Jacques Rousseau, Corneille, Mably, n'auraient
pas été éligibles... Que voulez-vous dire avec ce mot
de citoyen actif tant répété ? Les citoyens actifs ce
sont ceux qui ont pris la Bastille, ce sont ceux qui
défrichent les champs, tandis que les fainéants du
clergé et de la cour, etc... »

Avant de voir comment ce mouvement d'opinion
détermina la Constituante à reviser un décret qui soulevait tant de colères, signalons encore parmi les dispositions principales dudit décret, celle qui prescrivait la nomination de députés suppléants en nombre
égal au tiers de celui des représentants pour remplacer ceux-ci en cas de mort ou de démission. — Rappelons aussi l'article qui obligeait à choisir les électeurs
parmi les citoyens éligibles du canton (2).— Une mesure
de détail introduite à une date postérieure est inté-

(1) Le 20 avril 1790, les députés de l'Assemblée générale des
représentants de la Commune de Paris, admis à la barre..... demandent que l'Assemblée nationale prenne en considération leurs
représentations sur celui de ses décrets qui, liant les droits de
l'homme à la législation et à la répartition de l'impôt, prive du
droit de l'éligibilité à l'Assemblée nationale des citoyens qui ne
paient pas un marc d'imposition directe.

(2) Il faut noter à cet égard qu'aux termes d'un décret des
14-16 mai 1790, aucun membre de l'Assemblée nationale ne pourra
assister comme électeur dans les Assemblées de district et de
département.

ressante à relater, en ce qu'elle édicte, pour garantir la sincérité du vote, des précautions qu'on a voulu ressusciter plus tard : le décret des 2-3 février 1790 dit « qu'il ne pourra être reçu aucun autre bulletin (*de vote*) que ceux qui auront été écrits ou par les citoyens actifs, ou par les trois plus anciens d'âge, ou par les trois scrutateurs dans l'Assemblée même, sur le bureau. »

C'est, avons-nous dit, sous l'empire du décret de 1789, analysé ci-dessus, qu'eurent lieu les élections à l'Assemblée législative (1). Mais avant même qu'elles ne fussent achevées, une partie des dispositions dudit décret avait été gravement modifiée. Il

(1) Il nous a paru intéressant de reproduire ici la proclamation du Procureur de la Commune convoquant les Assemblées primaires de Paris en vue des élections à la Législative : « Du mardi 7 juin 1791. En exécution de la loi du 29 mai dernier, relative à la convocation de la première législature, transcrite sur les registres du département le 1ᵉʳ du présent mois, et envoyé à la municipalité de Paris, le procureur de la commune, faisant fonctions de procureur syndic de district, convoque tous les citoyens actifs de Paris, et les requiert de se réunir en assemblées primaires dans le lieu ordinaire où se tiennent les assemblées de leurs sections respectives, le jeudi 16 du présent mois de juin, 8 heures du matin, pour procéder dans la forme prescrite par les lois à la nomination des électeurs, lesquels se réuniront ensuite le lundi 27, pour, en exécution de l'article 2 de cette loi, procéder conjointement avec les électeurs nommés par les citoyens actifs des districts de Saint-Denis et de Bourg-la-Reine, à la nomination de 24 députés à la première législature pour le département de Paris et, par suite, à toutes les autres nominations déléguées par la loi aux Assemblées électorales. Comme les bons choix résultent du grand nombre de bons citoyens réunis, la Patrie a droit d'attendre que dans cette circonstance, ses vrais amis se feront un devoir de concourir à cette importante nomination, et qu'en cette partie, la ville de

lui fallut subir des transformations complètes pour trouver sa place dans la Constitution des 3-14 septembre 1791. Ces transformations étaient d'ailleurs une œuvre entreprise en pure perte : car la Législative mit de côté les dispositions constitutionnelles lorsqu'il s'agit de convoquer la Convention ; et la Constitution ayant été mise à néant par la Convention, le décret de 1789 modifié n'a jamais reçu son application. L'examen des remaniements qu'il a subis a cependant sa place dans l'histoire de l'émancipation du suffrage universel.

Le changement essentiel apporté au décret de 1789, c'est la suppression du cens pour l'éligible. Le marc d'argent disparaît. Tous les citoyens actifs quels que soient leur état, profession ou contribution, pourront être élus représentants de la nation (titre 3, chap. I, section 3, art. 3). Le parti démocratique n'eut pas cependant lieu de chanter victoire. Les garanties censitaires dont il avait obtenu l'abolition pour l'éligible étaient reportées sur l'électeur sur lequel elles retombaient de tout leur poids. Alors que dans le décret de 1789 il n'était soumis qu'à l'obligation de payer une contribution représentant 10 journées de travail, il lui faut désormais être propriétaire d'un bien évalué à un revenu de 200 journées de travail, ou être locataire

Paris sera, sinon l'exemple, au moins l'émule de toutes les autres villes de l'empire français. Fait au parquet de la commune, le 7 juin 1791. BAILLEMER, Procureur de la Commune. »

Faisons remarquer incidemment que la convocation de la Législative fut retardée ; un décret du 24 juin ordonna de surseoir aux réunions des·Assemblées primaires.

d'une habitation évaluée à un revenu égal à la valeur de
100 journées (section 2, art. 7). En somme, ce déplacement du cens loin de servir les intérêts démocratiques
lui était plutôt contraire. Il excluait en fait beaucoup
d'électeurs, tandis que la catégorie d'éligibles ne se
trouvait guère accrue qu'en théorie : en effet, ceux
qui pouvaient se présenter avec quelque chance au
suffrage payaient généralement en contribution la
valeur du marc d'argent.

La discussion à laquelle donna lieu la mesure nouvelle dans le sein de la Constituante est curieuse à
relire. On y mesure toujours la distance qui sépare
les idées d'alors de celles d'aujourd'hui ; on y voit
comme le suffrage vraiment universel entrait peu
dans l'esprit du législateur. Le comité de Constitution s'était piqué, suivant Desmeunier, un de
ses membres, d'avoir disposé la loi constitutionnelle
de manière que les électeurs fussent choisis « entre
l'extrême pauvreté et l'excessive opulence. » Le débat
s'engagea sur ce terrain le 31 août 1791. Un député
parlant de la disposition du décret de 1789 qui n'exigeait pour être électeur qu'une contribution représentant la valeur de 3 journées de travail, disait : « Il y a
évidence entière qu'un homme qui ne paie qu'une
imposition égale à celle de 3 jours de travail est à peu
près sur la ligne des mendiants ; c'est donner à cette
classe une prépondérance dangereuse dans les assemblées. Ce sont d'ailleurs des voix susceptibles d'être
achetées et à un prix assez faible... Je trouve moins
d'inconvénient à trop élever la contribution qu'à la
faire descendre trop bas. » Un autre membre Beau-

metz fit également observer que si on recrute des électeurs dans la classe de ceux qui ont besoin de leur
travail journalier pour vivre, ils ne se dérangent pas
pour venir au scrutin ; et il rappela comment en effet,
sous l'empire de la législation en vigueur, les assemblées électorales étaient de plus en plus désertées.
Chapelier parla dans le même sens, Barnave ne fut
pas moins catégorique : « La fonction d'électeur n'est
pas un droit..... Pour qu'un gouvernement représentatif soit essentiellement bon, il faut lui garantir la
pureté et l'incorruptibilité du corps électoral. Il trouve
dans une certaine fortune une garantie d'éducation et
de lumières..... Du moment où l'électeur n'aura pas
une propriété assez considérable pour se passer de
travail pendant quelque temps, il arrivera..... ou qu'il
s'abstiendra des élections ou qu'il sera payé par l'État,
ou bien enfin qu'il le sera par celui qui voudra acquérir son suffrage... Parmi les électeurs élus sans payer
30 ou 40 journées de travail, ce n'est pas l'artisan,
l'homme sans crédit, le laboureur honnête qui réunit
les suffrages, ce sont quelques hommes animés pour
l'intrigue ... Je le demande aux membres de cette
Assemblée... qui savent bien comment sont composés
les corps électoraux les plus voisins de nous. Sont-ce
des artistes qu'on y a vus? sont-ce des agriculteurs?
non. Sont-ce des artisans? non. Sont ce des libellistes,
des journalistes? Oui. » Robespierre était naturellement d'un avis contraire. Mais on est surpris de constater avec quelle timidité il se prononçait encore en la
matière : « Je conviens, dit-il, *qu'il faut une garantie*
qui rassure contre les électeurs. Mais est-ce la ri-

chesse ?... Un artisan, un laboureur *qui payent* 10 *journées de travail*, voilà les hommes plus indépendants que le riche, parce que leurs besoins sont encore plus bornés que leur fortune... Quelle était la garantie d'Aristide lorsqu'il subjugua les suffrages de la Grèce entière ?... D'après les principes de vos comités, nous devrions rougir d'avoir élevé une statue à J.-J. Rousseau parce qu'il ne payait pas le marc d'argent. » Comme un membre réfutait Robespierre, et essayait de le mettre en contradiction avec lui-même, en lui démontrant qu'au fond tout son raisonnement était basé sur ce que la société ne peut imposer aucune condition à l'éligibilité, pas même celle de citoyen actif, Robespierre s'écriait : « Vous calomniez, Monsieur ! » N'est-ce pas plaisant d'entendre Robespierre repousser comme une calomnie l'accusation d'être l'apôtre du suffrage universel ?

Après avoir résumé les dispositions édictées par l'Assemblée constituante, il convient pour en mieux faire apprécier la portée d'indiquer le nombre d'électeurs qui, d'après les bases par elle posées, se trouvaient appelés au scrutin du premier ou du second degré. En 1790, la population active de tout le royaume est de 4.298.360 citoyens (1). Quant aux électeurs du second degré, leur chiffre se montait, d'après M. Taine, à 400 mille, au moment des élections à la Législative (2). Pour Paris, *le Moniteur*

(1) V. Décret des 28-29 mai 1791, relatif à la convocation de la première législature.

(2) Pour la province, nous puisons à titre d'échantillons deux chiffres dans la vérification des pouvoirs pour deux circonscrip-

(tome 8., p. 275) nous apprend qu'à cette époque, il y avait 77.371 citoyens actifs, et que ceux-ci, étant donnée la proportion d'un électeur pour 150 votants, de deux pour 200, avaient à nommer 779 électeurs (1) lesquels, réunis à ceux de Saint-Denis et de Bourg-la-Reine, se trouvaient à leur tour appelés à nommer les 24 représentants et les 8 suppléants.

.tions. A Nantes, il y avait en 1790 une population active de 5,220 citoyens qui fournit 56 électeurs. Dans la Somme, 514 votants prirent part à l'élection en 1791. L'élu réunit 237 voix.

(1) Ce chiffre de 779 électeurs se trouve confirmé par le relevé du nombre de ceux qui vinrent voter. En effet, d'après les procès-verbaux, on constate que, pour la Seine, les élections commencées le 1er septembre 1791 et terminées seulement le 7 octobre furent faites par un nombre de voix variant entre 822 et 616. Le 2e nom qui sortit de l'urne fut celui de Lacépède. Il fut nommé par 487 voix *Archives nationales.* BIa carton I, dossier 24).

CHAPITRE III

LA LÉGISLATIVE ET LA CONVENTION. — CONSTITUTION DE L'AN III.

La législation électorale de la Constituante fut éphémère comme la Constitution. Un an s'était à peine écoulé depuis la séance où Robespierre avait manifesté son horreur pour le suffrage universel, et voici qu'en août 1792, la Législative s'empressait d'y recourir pour les élections à la Convention. Elle statue sur ce point tout en reconnaissant qu'elle n'a pas pouvoir pour modifier de son autorité privée la Constitution. Aussi au lieu de commander, comme doit faire le législateur, elle « invite » simplement les citoyens, au nom de la liberté et de la patrie, à se conformer aux règles suivantes, « considérant, dit-elle, qu'elle n'a pas le droit de soumettre à des règles impératives l'exercice de la souveraineté dans la formation d'une Convention nationale. »

D'après le décret du 10 août 1792, plus de cens pour voter dans les assemblées primaires. La seule condition restrictive, c'est le domicile d'un an : sous cette

réserve, tout français âgé de 21 ans, vivant du produit
de son travail, sera admis à voter dans les assemblées
de commune et dans les assemblées primaires comme
tout autre citoyen actif. — D'après le décret des 11-12
août, il suffira pour être éligible comme député ou
comme électeur d'être âgé de 25 ans et de réunir les
conditions pour pouvoir voter dans les assemblées
primaires.

Quelques jours avant ces décrets, le 5 août, une loi
qui dans ses dispositions, comme dans ses considé-
rants porte bien le cachet du temps, avait accordé le
droit de citoyen actif « à tout Français qui avait fait la
guerre de la liberté soit dans les volontaires nationaux, soit dans les troupes de ligne, considérant qu'il
est de la justice comme de l'intérêt de l'Etat d'envi-
ronner la profession de celui qui expose ses jours pour
le maintien de la liberté de son pays de tous les avantages que peut promettre la reconnaissance du peuple
français; considérant que dans le système de l'égalité
politique, la plénitude des droits civiques est le plus
précieux des biens, et voulant enfin que le patriotisme,
que l'indigence honnête et l'habitude des vertus sociales trouvent leur prix à chaque pas d'une carrière
utile... »

Nous ne savons pas quel fut, d'après les bases établies par la Législative, le nombre d'électeurs qui eut
droit de concourir, soit dans les assemblées primaires,
soit dans les assemblées électorales à la nomination
de la Convention (1). Du moins nous n'avons d'indica-

(1) Pour l'ensemble de la France on peut cependant évaluer ap-
proximativement le nombre des citoyens actifs à l'époque, en rele-

tion que pour Paris. M. Mortimer Ternaux (*Histoire de la Terreur*, tome IV) évalue à cent-soixante mille le nombre des électeurs des 48 sections parisiennes, réunies en assemblées primaires, et à trente mille les électeurs des 16 cantons ruraux. Au deuxième degré, le nombre des votants varia entre 781 et 525. Danton fut nommé par 638 voix, Robespierre par 338 (1).

La Convention modifia le système électoral par l'Acte constitutionnel et la Déclaration des Droits de l'homme du 24 juin 1793. On sait que cette fameuse Constitution ne fut jamais appliquée, et ici encore, nous rapportons des dispositions dont l'intérêt a toujours été purement théorique. On se trouve cette fois en présence du suffrage universel dans sa forme la plus absolue. Plus de vote à deux degrés : élection des représentants faite directement par le peuple, distribué pour l'exercice de sa souveraineté en assemblées primaires de canton (2). — Plus de cens pour être admis aux

vant le chiffre de ceux qui, deux ans après, votèrent sur l'acceptation de la Constitution de l'an III. Il y eut alors 958,228 votants dans les assemblées primaires. (Convention nationale, séance du 1er vendémiaire an IV.)

(1) Archives nationales. C. 180, Dossier 60.

(2) Une particularité digne de remarque, c'est que les élections doivent se faire au scrutin ou à haute voix, au choix de chaque votant. Dans le projet soumis à la Convention, elles devaient avoir lieu au scrutin signé : les scrutateurs auraient constaté le vote des citoyens ne sachant pas signer. Réal demanda la question préalable, l'article gênant, suivant lui, la liberté des suffrages. Thuriot demanda que les citoyens fussent libres de voter à haute voix ou par écrit. Danton émit un avis analogue, sous la forme emphatique à la mode du temps : « Je demande que le riche puisse écrire, et que le pauvre puisse parler. » C'est ainsi que la faculté d'option fut concédée à l'électeur.

assemblées primaires. Il suffit d'être domicilié depuis six mois dans le canton. La quote-part de contribution payée par le département n'entre pas en ligne de compte pour déterminer le nombre de députés à lui attribuer. La population est la seule base de la représentation nationale. Il y a un député en raison de quarante mille individus.

L'esprit qui animait le législateur d'alors se dessine nettement dans les paroles du rapporteur du projet de constitution, Hérault de Séchelles : « C'est toujours à la dernière limite, — disait-il, dans la séance du 10 juin, — que nous nous sommes attachés à saisir les droits de l'humanité. Si quelquefois nous nous sommes vus forcés de renoncer à cette sévérité de théorie, c'est qu'alors la possibilité n'y était plus... Le Code dont nous sommes débarrassés pour jamais attribuait une odieuse préférence à des citoyens nommés *actifs,* souvenir qui n'est plus que du domaine de l'histoire qui sera forcée de le raconter en rougissant. »

A la Constitution mort-née de 1793 succéda celle du 5 fructidor an III, qui subsista jusqu'au coup d'État de Brumaire et sous l'empire de laquelle furent élus le Conseil des Anciens et celui des Cinq Cents. Le mouvement de réaction qui se dessinait chaque jour devait tout naturellement affecter les dispositions concernant le droit de suffrage. La Convention revient à peu près sur ce point aux idées de 1791. On voulait l'entraîner plus en arrière encore. La Commission des Onze, chargée par elle de préparer des lois organiques de la Constitution de 1793 lui avait proposé d'établir un cens d'éligibilité pour les représentants. Elle aurait

voulu que ceux-ci fussent propriétaires fonciers. On
peut juger en lisant le discours que prononça à cette
occasion (5 messidor an III) le rapporteur de la commission, Boissy d'Anglas comme chaque jour davantage
s'accentuait l'influence thermidorienne : « ..... Nous
devons, dit-il, être gouvernés par les meilleurs... Les
meilleurs... sont les plus intéressés au maintien des
lois. Or... vous ne trouvez de pareils hommes que
parmi ceux qui, possédant une propriété, sont attachés au pays qui la contient... Si vous donnez à des
hommes sans propriété les droits politiques sans réserve, et s'ils se trouvent jamais sur les bancs des législateurs, ils exciteront ou laisseront exciter des agitations sans en craindre l'effet... Un pays gouverné par
les propriétaires est dans l'ordre social. Celui où les
non-propriétaires gouvernent est dans l'état de nature.
Les anciens l'ont ainsi consacré dans leurs brillantes
allégories, lorsqu'ils ont dit que Cérès, qui était la
déesse de l'agriculture et par conséquent des propriétés, avait la première bâti des villes, organisé des
sociétés, et donné des lois au peuple. Nous vous pro-
posons de décréter que pour être éligible au Corps
Législatif, il faut posséder une propriété foncière
quelconque. »

La Convention n'admit pas le système proposé. Elle
repoussa le cens d'éligibilité, comme d'ailleurs elle
repoussa aussi une proposition de Payne tendant au
suffrage universel et absolu. Elle édicta le suffrage
universel à deux degrés comme l'avait établi la Constitution de 1791. Les Assemblées primaires de chaque
canton nomment une Assemblée électorale de dépar-

tement qui, à son tour, élit les représentants au Corps
législatif. Pour être électeur dans l'Assemblée primaire, il faut payer une contribution directe, foncière
ou personnelle dont la loi ne détermine pas le taux (1),
et avoir dans le canton une résidence d'un an. Il faut
encore, par une disposition qui ne devait d'ailleurs
être exécutoire qu'en l'an XII, et qui n'a par conséquent jamais été mise en vigueur, prouver qu'on sait
lire et écrire, et exercer une profession mécanique.
L'ancienne incapacité contre le domestique à gages,
attaché au service de la personne ou du ménage, est
maintenue : « Nous avons cru, disait Boissy d'Anglas,
dans son rapport, que pour exercer les droits de
citoyen actif, il fallait être libre et indépendant.
L'homme en état de domesticité nous a paru n'être ni
l'un ni l'autre. Il a changé contre un salaire quelconque une portion de sa liberté. Il est soumis à un autre
homme dont il emprunte malgré lui les opinions et les
pensées et dont il doublerait l'influence dans les délibérations publiques. » — Pour être électeur du second degré, il faut payer un cens égal à celui qui était exigé sous
la Constitution de 1791 (2). Les Assemblées primaires

(1) Sont dispensés du paiement de la contribution ceux qui ont
fait une ou plusieurs campagnes pour l'établissement de la République.

(2) Sous le régime organisé par la Constitution de fructidor,
comme sous celui organisé par les lois ou constitutions précédentes,
il est intéressant de savoir quel était le nombre des électeurs. Nous
n'avons pu recueillir d'indication que pour Paris et pour les électeurs du 2e degré. En l'an IV, 917 électeurs répondent à l'appel. Le
premier élu, Lanjuinais, a 567 voix. En l'an V, on compte 675 électeurs, 650 en l'an VI, et 650 en l'an VII (Consulter aux *Archives natio-*

composées chacune au minimum de 450 et au maximum de 900 citoyens, nomment, proportionnellement à leur nombre, de un à quatre électeurs au scrutin secret. Ils sont élus chaque année et ne peuvent être réélus qu'après un intervalle de deux ans. Chaque département concourt, à raison de sa population seulement, à la nomination des membres du Conseil des Anciens et des Cinq-Cents. Le Conseil des Anciens est composé de 250 membres.

Pour être membre des Cinq-Cents, il faut avoir 30 ans (1), et avoir été domicilié sur le territoire de la République pendant les 10 ans qui ont précédé l'élection. — Pour être membre des Anciens, il faut être âgé de 40 ans, être marié ou veuf, et avoir élu domicile sur le territoire pendant les 15 ans qui ont précédé l'élection.

C'est ici le lieu de rappeler les exclusions qui, en vertu des lois postérieures à la Constitution, atteignaient certaines catégories de citoyens, et leur fermaient les portes aussi bien du Corps législatif que des Assemblées primaires ou électorales. Aux termes de la loi de brumaire an IV (2), les individus qui, dans les Assemblées primaires ou dans les Assemblées élec-

---

nales les procès-verbaux de l'Assemblée électorale de la Seine, en germinal an V, an VI, an VII, C 577 (86), C IV B 85, CV B 85, C III B 85 482).

(1) Jusqu'à l'an VII de la République, l'âge de 25 ans accomplis sera suffisant.

(2) Les dispositions que nous reproduisons de la loi de brumaire avaient été un instant abrogées par la loi du 9 messidor an V, comme « contraires à l'article 14 de la Constitution. » Elles furent rétablies après le 18 fructidor (Loi du 19 fructidor, art 9 et 10).

torales, auront provoqué ou signé des mesures séditieuses et contraires aux lois ne pourront jusqu'à la paix générale exercer aucunes fonctions législatives, administratives, municipales et judiciaires (Art. 1). Même exclusion contre tout individu qui a été porté sur une liste d'émigrés et n'a pu obtenir sa radiation définitive, contre les pères, fils et petits-fils, frères et beaux-frères, les alliés au même degré, ainsi que les oncles et neveux des individus compris dans la liste d'émigrés, et non définitivement rayés. Exception est faite pour ceux qui ont été membres de l'une des trois Assemblées nationales, ceux qui, depuis l'époque de la Révolution, ont rempli sans interruption des fonctions publiques aux choix du peuple, et ceux qui obtiendront leur radiation définitive ou celle de leurs alliés.

La loi du 19 fructidor an V interdit d'une façon formelle aux individus frappés d'incapacité par la loi de Brumaire, de voter dans les Assemblées primaires. La loi du 9 frimaire an VI assimile aux étrangers (1) pour l'exercice des droits de citoyen français « les ci-devant nobles et anoblis, c'est-à-dire tous ceux qui avaient reçu la noblesse de leurs pères, ou qui l'avaient acquise transmissible héréditairement à leurs enfants. » Le conseil des Anciens avait voté la loi, « considérant

(1) L'étranger devient citoyen français lorsqu'après avoir atteint l'âge de 21 ans accomplis, et avoir déclaré l'intention de se fixer en France, il y a résidé pendant 7 années consécutives, pourvu qu'il y paie une contribution directe, et qu'en outre il y possède une propriété foncière ou un établissement d'agriculture ou de commerce, ou qu'il y ait épousé une Française.

qu'il est instant de prendre des mesure et d'assurer à
la République une garantie contre des membres. d'une
ancienne caste dont l'existence était incompatible avec
la liberté du peuple et l'égalité des droits. »

Une loi du 25 fructidor an III, c'est-à-dire postérieure
de quelques jours seulement à la Constitution, contient
sur un point de détail, sur la forme du vote dans les
assemblées primaires ou électorales, une disposition
bizarre qui mérite d'être rappelée ici ; car elle n'était
pas sans comporter des conséquences graves. Dans
toute élection, — dit l'article 10, titre I de la loi, —
chaque votant est appelé nominativement par le secré·
taire ou par l'un des scrutateurs, et il dépose ostensiblement
son bulletin fermé et non signé. En vertu
des prescriptions de cet article, nul ne déposait son
bulletin qu'à son tour, et lorsqu'il était appelé. Il n'y
avait qu'un seul appel nominal sans réappel. (Instruction
du 5 ventôse an V, chapitre 2 § 6.) Par suite les
électeurs étaient obligés de rester en permanence dans
l'Assemblée, et celui qui s'absentait un instant était
exposé à voir son tour passé, et son vote irrévocablement
perdu. La mesure semblait créée comme à plaisir
pour décourager l'électeur, et l'induire à oublier le
chemin de l'Assemblée primaire.

D'autres dispositions non moins étranges figuraient
encore dans la loi de fructidor. L'une qui fut abolie moins
de trois ans après par la loi du 28 pluviose an VI, organisait
le scrutin de *rejet*. Au second tour, chaque votant
dépose en deux vases différents deux billets, l'un de
nomination, l'autre de réduction. Sur ce dernier il
inscrit les noms des citoyens qu'il entend retrancher

de la liste des concurrents. Les candidats qui ont été inscrits sur les billets de réduction par la majorité absolue des votants ne peuvent être élus, quelque soit le nombre des suffrages positifs déposés en leur faveur dans le vase de nomination (art. 11 et 12 de la loi). Une loi du 6 Germinal an VI, contenant instruction sur la tenue des Assemblées électorales, dit en rappelant dans des *réflexions préliminaires* l'abrogation du scrutin de rejet que « le simple usage en a démontré l'embarras et l'inutilité. »

La loi de fructidor édictait encore une mesure, d'ailleurs purement facultative, et dont, en raison même de ce caractère facultatif, l'utilité n'apparait aucunement. Il s'agit de la publication des *listes de candidats*. L'article premier du titre III ayant pour rubrique : *Election des fonctionnaires publiques par les Assemblées primaires communales et électorales* porte que « durant le mois de nivôse, chaque citoyen a le droit de se faire inscrire lui-même, ou de faire inscrire ceux de ses concitoyens qu'il juge à propos sur la liste des candidats, et de s'y désigner lui-même, ou de désigner les autres pour une ou plusieurs des fonctions qui sont à remplir dans le mois de germinal suivant. » Les listes sont affichées et lues dans les Assemblées après la formation des bureaux. Les suffrages peuvent être donnés à des citoyens non inscrits sur les listes. Une loi en forme d'instruction du 5 ventôse an V prétend justifier l'invention de ces listes en expliquant que « cette manière franche de s'offrir à la confiance est la plus digne d'un républicain, et que sous tous les rapports, elle est préférable aux brigues secrètes et aux manœuvres obscures de l'ambition intrigante. »

Les assemblées primaires et électorales avaient le droit de vérifier et de juger la validité des titres de ceux qui se présentaient pour y être admis. Cette opération devait prendre place après l'installation du bureau définitif. La loi du 5 ventôse an V contenant instruction sur les Assemblés primaires, communales et électorales, et la loi du 6 germinal an VI contenant instruction sur la tenue des Assemblées électorales, tracent des règles pour procéder à la vérification des pouvoirs. Elles donnent également des préceptes qui furent trop oubliés. « Les discussions qui peuvent s'élever, — dit la loi de l'an VI, — et qu'il importe de ne point prolonger doivent se faire avec liberté mais avec ordre, avec décence et sans outrages. Elles ont pour objet non la conduite morale ou politique des individus mais uniquement les conditions que la Constitution exige pour voter dans les Assemblées. » « Tout individu exclu par une Assemblée, — dit la loi de l'an V, — doit se retirer sauf recours au tribunal civil du département conformément à l'article 22 de la Constitution. » D'ailleurs nul ne doit être exclu sans avoir été entendu s'il le demande. Quant aux absents un membre de l'Assemblée peut demander à parler pour eux.

Les membres des Assemblées sont soumis à l'obligation du serment par une disposition renouvelée de la Constitution de 1791 : « Nul ne sera admis (art. 11 de la loi du 19 fructidor an V) à voter dans les Assemblées primaires et électorales, s'il n'a préalablement prêté devant l'Assemblée, dont il sera membre, entre les mains du président, le serment individuel de haine

à la royauté et à l'anarchie, de fidélité et d'attachement à la République et à la Constitution de l'an III. »

Si l'électeur votait mal, ce n'était pas faute de mise
en demeure et d'exhortations. Avant le scrutin, le président de l'Assemblée devait donner lecture de l'article 376 de la Constitution : « Les citoyens se rappelleront sans cesse que c'est de la sagesse des choix
dans les Assemblées primaires et électorales que dé-
pendent particulièrement la durée, la conservation et
la prospérité de la République. » « Cet article inscrit
sur un carton en gros caractères sera, dès qu'il aura
été lu, placé dans l'endroit le plus visible de la salle
Loi de ventôse an V). »

CHAPITRE IV

MOEURS ÉLECTORALES PENDANT L'ÉPOQUE RÉVOLUTIONNAIRE.

Pendant toute la durée de l'époque révolutionnaire, un fait remarquable qu'attestent soit les documents officiels, soit les déclarations des contemporains (Moniteur du 17 juin 1791), c'est l'abstention du grand nombre des électeurs, soit qu'ils redoutassent des violences personnelles, soit qu'ils fussent édifiés sur le défaut de sincérité des élections, soit qu'ils fussent retenus par le travail journalier nécessaire à leur subsistance. M. Taine dit que dans les Assemblées primaires il manque 6 millions 300 mille électeurs sur 7 millions. Il dit encore que dès le commencement de 1790, le relevé des votes montre autant d'absents que de présents, et qu'à Besançon sur 3,200 inscrits, il n'y a que 959 votants, et que quatre mois après plus de la moitié des électeurs manquent au scrutin. Chapelier et Beaumetz, dans les séances des 11 et 12 août 1791, rappelaient qu'on avait vu à Paris l'Assemblée électorale réduite à 200 membres (1). D'après le premier, dans

(1) Dans l'adresse que nous avons reproduite plus haut (p. 13 *ad notam*) et qui est datée d'octobre 1791, on se plaint de cet état de

la Seine-Inférieure, le plus riche département du royaume, 160 électeurs sur 700 avaient procédé aux élections ; celle-ci ayant duré trois jours, il ne s'était trouvé le troisième jour que 60 électeurs. Un autre représentant, Bordas, repoussant à la Convention, lors de la discussion de la Constitution de l'an III, le projet de faire nommer les députés directement par les Assemblées primaires, disait que des cantons de 2,000 citoyens actifs n'avaient pas offert un ensemble de 200 votants. On aboutit bientôt à la mesure que plus d'un député prédisait depuis longtemps déjà, au paiement des électeurs : le décret des 11-12 août 1792, décida que tout électeur obligé de se déplacer recevra 20 sous par heure, outre 3 livres par journée de séjour.

Les candidatures qui n'ont pas tardé à se poser bruyamment et dans un style approprié à l'époque, se produisaient au début sous une forme bien modeste, presque honteuse. Comme on n'était pas habitué au régime électoral, on ne l'était pas davantage aux nécessités qu'il impose. M. Panckoucke dans une circulaire qu'il adresse « à MM. les président et électeurs de 1791 » et qu'il signe : « électeur de 1789, citoyen actif de la première monarchie libre et représentative », semble s'excuser de s'offrir ainsi à ses concitoyens au lieu d'attendre qu'ils viennent à lui, et il éprouve le besoin de placer sa démarche hardie sous

choses : « Pourquoi tant réclamer contre la rigueur d'une loi qui a séparé les citoyens en deux classes quand sur plus de 100,000 citoyens actifs existant dans Paris, à peine un dixième se montre aux élections? »

la protection des usages anglais. Ririons-nous assez aujourd'hui d'un candidat qui, comme épigraphe de sa profession de foi, inscrirait le passage suivant : « En Angleterre, tout homme qui a la noble ambition d'entrer dans la Chambre des Communes, ne fait aucune difficulté de faire connaître publiquement son vœu et d'annoncer hautement les titres qu'il croit avoir au suffrage de ses électeurs. » ? Jugerions-nous assez naïf le personnage qui éprouverait le besoin d'invoquer la législation comparée pour justifier le fait du monde le plus banal et le plus usuel ? Il nous ferait penser à ce personnage des *Caractères*, qui, dans sa manie de citations, « fait dire au *Prince des philosophes* que le vin enivre, et à l'*Orateur romain* que l'eau le tempère. » Que serait-ce encore si sa profession de foi, atteignant les dimensions d'un véritable opuscule, se terminait par un : « Je suis, *avec un profond respect*, votre très humble et très obéissant serviteur », et contenait aussi ce passage : « Si une heureuse étoile voulait que vous me nommassiez, — car je reconnais avec sincérité que nombre de citoyens sont infiniment plus dignes que moi de cet honneur, — je jure de remplir cette auguste fonction qu'on ne peut désirer qu'en tremblant, accepter qu'en frémissant, je jure, dis-je, d'en remplir religieusement tous les devoirs » ? Ces façons et ce langage apparaîtraient le fait d'un de ces candidats grotesques qui surgissent à chaque élection, et dont les élucubrations font la joie des badauds. Elle émanait cependant d'un candidat très utile et qui était bien dans le ton du jour.

Il convient de dire quelques mots des violences qui faussèrent trop souvent les suffrages pendant la période que nous venons de parcourir, de donner la physionomie de ces élections dont nous indiquons les règles, de voir comment était appliquée une législation dont nous avons formulé la théorie. Déjà, le 8 mai 1790, une proclamation de Louis XVI rappelait que plusieurs citoyens se sont vus forcés, soit par des menaces, soit par des excès, de s'éloigner des assemblées primaires, sous prétexte de leur qualité d'ecclésiastiques ou de ci-devant privilégiés ; et le Roi invitait « ses fidèles sujets à seconder ses intentions paternelles en concourant paisiblement et avec zèle à la formation des assemblées qui doivent assurer la tranquillité et le bonheur de la France. »

Les élections à la Convention furent, à Paris, particulièrement scandaleuses (1). Robespierre fit prendre, à la suite d'une délibération de la section des Piques, l'arrêt suivant, par le Conseil général de la Commune de Paris : « Le Conseil général, considérant que le salut de la Patrie réside dans le choix qu'on va faire des membres appelés à la Convention nationale ; que les Assemblées électorales ayant constamment trompé l'espérance du Peuple, il est instant de prendre des mesures pour prévenir les abus résultant d'un mode d'élection évidemment vicieux lorsqu'il ne reste plus assez de temps pour l'abolir ; que la publicité est la sauvegarde du peuple ; Arrête, le substitut du procureur de la Commune entendu : 1° Que les sections

_____

(1) Voir *Le Thermomètre du jour*, 31 août 1792.

ordonneront à leurs électeurs de faire leurs élections
à haute voix et par appel nominal ; 2° Que les membres
nommés par l'Assemblée électorale seront soumis
individuellement à la sanction de toutes les autres
sections et des municipalités composant le département
de Paris qui seront invitées à adopter cette mesure ;
3° Que les séances du corps électoral se tiendront en
présence du peuple, et que la salle de l'Evêché n'offrant
pas les dispositions nécessaires pour recevoir le public,
l'Assemblée électorale siègera dans le local occupé
par les Amis de la Constitution. »

On comprend, sans qu'il y ait besoin d'insister, la
portée de ces mesures, et comment elles étaient de
nature à paralyser par l'intimidation la liberté de
l'électeur. Il suffit d'ailleurs à ce point de vue de faire
remarquer que la date de l'ouverture des opérations
électorales coïncidait avec celle des massacres de Septembre (1). Le programme du Conseil général fut
suivi à la lettre, ainsi que l'atteste le procès-verbal des
élections de l'Assemblée électorale du département
de Paris (2). Dans le procès-verbal de la deuxième
séance en date du 3 septembre 1792, il est dit : « On a
proposé l'appel nominal qui a été adopté, ainsi que
la proposition de faire venir au milieu de la salle les
membres appelés pour répondre à l'interpellation
faite par le Président s'ils n'ont point assisté à quelque

____

(1) Le caractère des élections fut bien en rapport avec les conditions dans lesquelles on y procédait. En effet, parmi les élus figurent les noms des deux Robespierre, de Marat, de Manuel et de
Danton.

(2) Archives nationales, C. 180, Dossier 60.

club, ou signé quelque pétition anti-civique. » Dans la troisième séance, le 4 septembre, « M. le Président, énonçant la formule de la déclaration, chacun des électeurs appelés répète : *Je le jure.* » Dans le cours de cet appel, on demande que la formule soit invariablement fixée en désignant d'une manière positive les clubs justement proscrits par le patriotisme. L'Assemblée décide en conséquence que ces clubs sont : le Club monarchique, celui de la Sainte-Chapelle (1), celui des Feuillants, depuis le scrutin épuratoire fait dans la Société des Amis de la Constitution séante aux Jacobins. Elle arrête en outre la même exclusion contre les signataires et distributeurs de la pétition dite des Huit-Mille (2) et de celle des Vingt-

(1) Il s'agit d'un club *constitutionnel* qui s'est constitué le 22 septembre 1791 en opposition au club *patriote* de l'Evêché pour discuter les candidatures à la Législative. On le signala tout aussitôt comme un repaire d'aristocrates, et le titre de membre du club de la Sainte-Chapelle devint plus tard un titre de proscription. Voici d'ailleurs en quels termes il était dénoncé dès le lendemain de sa formation, en octobre 1791, dans une *Adresse d'une partie des électeurs de Paris réunis en club à l'Evêché à leurs concitoyens,* adresse qui porte en première ligne la signature de Dubois-Crancé : « Là les honnêtes gens peuvent se montrer... Il suffit d'avoir eu dans la Révolution un caractère équivoque, quelques relations avec la Cour, un état de maison, pour y obtenir des éloges, et le lendemain 200 suffrages... » (Consulter sur le Club de la Sainte-Chapelle, Etienne Charavay, Assemblée électorale de Paris, 26 août 1791-12 août 1792.)

(2) Il s'agit de la pétition présentée le 9 juin 1792 à la Législative, au nom de *huit mille* gardes nationaux contre un décret de l'Assemblée en date du 8, rendu sur la proposition de Servan, ministre de la guerre, et qui ordonnait la formation d'un camp de 20,000 fédérés, destiné à protéger l'Assemblée et la capitale. Les pétitionnaires se disaient offensés de ce qu'on semblait croire leur service insuffisant pour cette tâche. Au fond, le décret était dirigé

Mille (1). Dans la quatrième séance, le 5 septembre, des exclusions sont prononcées, l'une notamment, mentionnée avec les détails suivants : « La commune de Vanves est venue dans l'Assemblée dénoncer le sieur Gallet comme un intrigant, indigne de remplir la fonction d'électeur. L'adresse qu'elle présente annonce que quarante citoyens prêts à partir pour les frontières ne veulent pas laisser derrière eux un ennemi dans un poste important tel que celui d'électeur. Ils attendent à la porte que l'Assemblée ait prononcé. L'Assemblée s'empresse à l'instant de les inviter à se rendre dans son sein. ..... L'un d'eux a porté parole contre Gallet, et a détaillé ses chefs d'accusation. » Gallet fut exclu.

Dans certains départements, des délégués d'Assemblées primaires réactionnaires furent écartés du scrutin. Le même ostracisme fut prononcé dans quelques départements à l'égard des signataires des pétitions et protestations contre la journée du 20 juin. Dans une dizaine de départements on fit adopter le vote à haute voix, comme à Paris. Cependant d'une façon générale les élections ne furent pas entachées de la même pression. Par exemple, l'Assemblée électorale de Bordeaux,

contre le roi ; et c'est ce qui explique la protestation des pétitionnaires, royalistes, ou recrutés par des royalistes.

(1) Il s'agit de la pétition qui fut présentée le 1er juillet 1792 à la Législative, à la suite des événements du 20 juin, contre « les instigateurs du rassemblement, contre les maires et les officiers municipaux qui ont prescrit d'ouvrir les avenues du Château, et le Château même. » La pétition tendait à ce que « le commandant général (de la Garde nationale) fût destitué comme ayant exposé la sûreté du roi, et compromis l'honneur de la Garde nationale. »

tout en se livrant sur la personnalité de tels ou tels
électeurs à ces appréciations que lui interdisait la loi,
n'osait pas pousser le scandale de l'illégalité jusqu'à
exclure ceux qu'elle s'arrogeait le droit de flétrir ; et
ses scrupules avaient raison sur ce point des em-
portements de la minorité : « L'Assemblée électorale, —
porte le procès verbal du 5 septembre 1792, — profon-
dément indignée des principes contre-révolutionnaires
contenus dans divers écrits (*qui lui étaient dénoncés*)...,
des outrages faits aux vrais représentants de la nation,
aux bons citoyens de Paris, aux Sociétés populaires,
au vertueux Pétion, considérant que l'Assemblée
n'étant composée que des délégués du souverain, elle
ne peut, comme elle le désire, exclure de son sein des
mandataires directs du peuple, quelqu'horreur que lui
inspirent les principes qu'ils ont professés et cherché
à répandre, Arrête de passer à l'ordre du jour » (1).

Il faut maintenant parler des élections qui furent
faites sous le Directoire. Le spectacle ici est plus affli-
geant encore que celui offert par les élections conven-
tionnelles. C'est pendant la période du Directoire qu'on
vit accumulées en la matière le plus de violences et
d'illégalités. Elles apparaissent avec d'autant plus de
relief qu'on était alors sous un gouvernement régulier,
et qu'on devait attendre par suite l'application régulière
de la loi. Les preuves de tous ces excès sont consignées
dans des documents officiels ; car les pouvoirs publics
ont, à différentes reprises, tantôt pris des mesures
pour annuler des élections ainsi viciées dans leur

(1) Annales patriotiques et littéraires de la France, journal libre,
par Mercier et Cana. Du samedi 15 septembre 1792.

essence, tantôt employé la forme législative pour déguiser l'arbitraire avec lequel eux-mêmes forgeaient des élections à leur guise.

L'histoire a à enregistrer à la charge du Directoire, indépendamment des coups d'Etat, des faits constants d'intervention abusive dans les élections. Ainsi, à l'occasion des élections de l'an V, le ministre de la Police, Cochon, écrivit aux autorités de la Belgique une lettre dans laquelle il indiquait des conventionnels dont le choix *serait agréable* au Directoire (1). Des commissaires parmi lesquels Léonard, Bourdon et Mallarmé de la Meurthe étaient en outre envoyés sur les lieux. Le ministre de l'Intérieur demanda à la trésorerie par ordre du Directoire une somme de 750,000 francs pour assurer le calme pendant les élections, et sans vouloir expliquer l'usage qu'on se proposait de faire de cette somme (Thibaudeau, *Mémoires sur le Directoire*, tome ii, page 152.)

(1) Voici le texte de cette lettre adressée au commissaire près le département de la Dyle. La presse qui parvint à se la procurer, la publia alors pour le plus grand discrédit du gouvernement. On la trouve dans le *Grondeur ou Tableau des mœurs publiques* du 3 germinal : « Je ne vois aucun inconvenient, peut-être même dans les circonstances actuelles, y aurait-il de l'avantage à ce qu'une partie des représentants attribués aux neuf départements reunis fût choisie parmi les citoyens français connus par leurs talents et par les services qu'ils ont rendus dans le cours de la Révolution. Le corps législatif a fait des pertes par l'évenement du sort. *Vous trouverez ci-joints les noms de quelques-uns de ceux qu'il serait le plus intéressant de faire rentrer au Corps législatif*; et sans vouloir influencer votre opinion ni le choix de vos concitoyens, je crois devoir vous dire que *vous ferez une chose très avantageuse au bien public et qui sera très agréable au Directoire* si vous pouvez faire nommer dans votre département quelques-uns de ceux indiqués dans la liste ci-jointe. »

Toujours à l'occasion des élections de l'an V, une circulaire de Merlin, ministre de la Justice, approuvée par le Directoire (7 ventôse an V, inserée au *Bulletin des Lois* du 20 ventôse), et qui accompagnait une proclamation du gouvernement, décidait formellement que les individus inscrits sur la liste des émigrés, et sur la réclamation desquels il n'avait pas encore été statué définitivement, n'avaient pas les droits civiques, et ne pouvaient point voter dans les Assemblées primaires. Or le Directoire avait, peu de jours auparavant, donné au corps législatif une information d'où résultait que par aperçu la liste des émigrés comprenait au moins 120 mille noms ; que cette liste était incomplète, pleine d'erreurs et de doubles emplois; qu'il y avait 17,000 réclamations sur lesquelles le Directoire, seule autorité qui pût prononcer, n'avait définitivement statué que pour 1,500. La conséquence de la décision du ministre allait être, — dit Dumolard aux Cinq-Cents, — que l'Administration, c'est-à dire le pouvoir exécutif aurait le moyen de priver un citoyen de son droit électoral en le plaçant sur la liste des émigrés. Le gouvernement allait s'arroger là, sans règle aucune, une autorité exorbitante. Le ministre fut contraint de revenir sur sa circulaire : on décida que la radiation définitive prononcée par le Directoire ne serait pas exigée, et que la radiation provisoire accordée par l'Administration départementale suffirait pour exercer le droit électoral (1).

L'excuse aux actes arbitraires du pouvoir, c'est

(1) Barante. *Histoire du Directoire*, tome II.

qu'ils n'étaient qu'une riposte aux conspirations des monarchistes. On voit celles-ci en œuvre lors des élections de l'an V, et le Directoire allait y répondre par le coup d'Etat du 18 fructidor. Dans un article du 20 germinal an V, intitulé : *De la faction des nuls*, le Moniteur dévoilait les manœuvres électorales des royalistes : « On dit, que dans une réunion particulière des électeurs du département de la Seine qui a eu lieu ces jours derniers, un parti assez nombreux a proposé de soumettre les candidats à l'épreuve de ces questions : As-tu acquis des biens nationaux? As-tu été journaliste? As-tu écrit, agi et fait quelque chose dans la Révolution? Tout candidat qui aurait été convaincu de ce péché irrémissible aurait reçu son exclusion. Il faut avoir été complètement nul aux yeux de cette faction, pour être jugé digne d'entrer au corps législatif. »

Grâce à leur habile tactique, les royalistes l'emportèrent dans les élections qui eurent lieu à cette époque. Mais le 18 fructidor frappa leur triomphe de stérilité. Le lendemain 19, le Directoire faisait voter une loi *contenant des mesures de salut public prises relativement à la conspiration royale...* Elle annulait les élections par les dispositions suivantes : « Considérant que les ennemis de la République ont constamment suivi le plan qui leur a été tracé par les instructions saisies sur Brottier, Berthelot, la Villeurnois et Duverne de Presle, et qu'ils ont été secondés par une foule d'émissaires royaux disséminés sur tous les points de la France ; considérant qu'il a été spécialement recommandé à ces agents de diriger les opérations et les choix des dernières Assemblées primaires, communales et électorales, et de faire tomber tous ces choix sur les partisans de la royauté ; qu'à l'exception d'un petit nombre de départements où l'énergie des républicains les a neutralisées, les élections ont porté aux fonctions publiques et fait entrer jusque dans le sein du corps législatif des émigrés, des chefs de rebelles et des royalistes prononcés ; considérant que la Constitution se trouvant attaquée par une partie de ceux-là même qu'elle avait spécialement appelés à la défendre, et contre qui elle ne s'était pas précautionnée, il ne serait pas possible de la maintenir sans recourir à des mesures extraordinaires... Art. 1. Les opérations des Assemblées primaires électorales des départements (51 *départements*) .... sont déclarées illégitimes et nulles. — 8. Est... rapporté l'article 1 de la loi du 9 messidor dernier portant au mépris *(de l'art.* 78) de l'acte constitutionnel, révocation des articles 1, 2, 3, 4, 5, 6 (1) de la loi du 3 brumaire an IV relatifs aux parents d'émigrés. — 9 *(Ces articles)* sont rétablis et restent en vigueur pendant les quatre années qui suivront la publication de la paix générale. — 10. Aucun parent ou allié d'émigré au degré déterminé par l'article 2 de ladite loi ne sera

(1) Les articles 2 et 6 sont ainsi conçus : « Art. 2. Tout individu qui a été porté sur une liste d'émigrés et n'a pu obtenir sa radiation définitive, les pères, fils et petits-fils, frères et beaux-frères, les alliés au même degré, ainsi que les oncles et neveux des individus compris dans la liste d'émigrés, et non définitivement rayés, sont exclus, jusqu'à la paix générale, de toutes fonctions législatives...... — Art. 6... Les membres du Corps législatif déclareront par écrit... qu'ils ne sont point parents ou alliés d'émigrés au degré déterminé par l'article 2. »

3.

admis pendant le même espace de temps à voter dans les Assemblées primaires, et ne pourra être nommé électeur s'il n'est compris dans l'une des exceptions portées par l'article 4 de la même loi. — 11. Nul ne sera admis non plus à voter dans les Assemblées primaires et électorales, s'il n'a préalablement prêté devant l'Assemblée dont il sera membre, entre les mains du président, le serment individuel de haine à la royauté et l'anarchie, de fidélité et attachement à la République et à la Constitution de l'an III. »

Les royalistes ne se tinrent cependant pas pour battus. Ils renouvelèrent en l'an VI, cette fois en se coalisant avec les terroristes, les menées qui leur avaient si mal réussi l'année précédente. Le gouvernement fit entendre des menaces : « Citoyens, — disait une proclamation du Directoire exécutif aux Français, (du 9 germinal an VI), — une vaste conspiration... avait fait tomber une grande partie du choix de l'an V sur des royalistes déhontés... Cette année, l'étranger changeant de masque... a tramé... une conspiration d'un autre genre. Son but est d'introduire dans le corps législatif... des hommes universellement exécrés et dont le nom seul effraie également les citoyens paisibles et les patriotes les plus prononcés... Citoyens, rassurez-vous, le gouvernement veille... Si le corps législatif a su, le 18 fructidor, chasser de son sein les traîtres qui y siégeaient depuis quatre mois, il saura bien écarter aussi ceux qu'on voudrait y faire entrer. C'est dans ses mains qu'est déposé le pouvoir de juger les opérations des assemblées électorales. Ce pouvoir il doit l'exercer en floréal prochain ; et croyez

que sa justice, son attachement à la Constitution...
sauront marquer du sceau de la réprobation les choix
que la violence, l'intrigue..... auraient dictés. »

Sans se préoccuper autrement de cet avertissement,
les ennemis de la Révolution se livrèrent à une série
de manœuvres ayant pour but ou pour effet de créer
des scissions dans les corps électoraux (assemblées
primaires ou assemblées électorales) et d'entraîner
ainsi de doubles élections dans un grand nombre de
départements. « Dans presque toutes les assemblées
primaires, — dit un article du Moniteur du 5 floréal
an VI. — les scissions ont été faites par les terroristes
lorsqu'ils étaient en minorité. Ils savaient bien qu'au
moyen des doubles élections ils parviendraient à se
mettre en majorité lors de la vérification des pouvoirs.
Dans les assemblées électorales au contraire, les
scissions ont été faites par les électeurs qui, témoins
des irrégularités sans nombre qui se passaient sous
leurs yeux, se sont retirés pour remplir paisiblement
et en leur âme et conscience les fonctions qui leur
avaient été déléguées ». Au sujet de ces irrégularités, Baudin signalait au Conseil des Anciens que
des assemblées primaires qui devaient présenter au
plus 500 votants avaient été tout à coup composées de
1,000 à 1,500 personnes par le secours des auxiliaires
qu'on y avait appelés.

Nous citerons un ou deux exemples des scissions qui
ont donné lieu à des débats lors de la vérification des
pouvoirs. Dans un rapport de Guillemardet aux Cinq
Cents (Moniteur du 19 floréal an VI), on lit qu'une scission
nombreuse des électeurs de la Seine a cru devoir pro-

céder aux opérations électorales en reprochant aux hommes dont elle se séparait de ne composer qu'un aggrégation privée de caractère et de mission par le mélange d'individus étrangers au choix du peuple, dont la seule présence annulait les délibérations et comprimait la liberté sans laquelle il n'est point d'assemblée. Le rapporteur dit qu'en effet il est établi officiellement que l'assemblée électorale, d'abord formée dans l'église de l'Oratoire, a été viciée dans les premiers jours de sa tenue par l'introduction d'un grand nombre d'individus pris dans les groupes qui s'étaient attroupés autour de l'édifice. Il propose de déclarer nulles les opérations faites dans le local de l'Oratoire, et de consacrer les opérations de l'assemblée électorale qui a tenu ses séances à l'Institut, comme revêtue de toutes les formes prescrites par la loi.

Dans l'Aube, autre exemple de scission. Boullay de la Meurthe (Moniteur du 16 floréal an VI) fait un rapport sur les doubles élections qui ont eu lieu dans le département. L'assemblée s'est réunie le 20 germinal à Troyes. Le nombre des électeurs se trouva de 256. Il s'éleva une difficulté à l'occasion du citoyen Sevestre, secrétaire. On l'accusa d'être parent d'émigré... Un membre fit la motion d'expulser le citoyen Sevestre. Ne pouvant triompher, il s'écria : « Que les amis de la Patrie me suivent! » 21 scissionnaires le suivirent. L'assemblée délibérant depuis relativement au citoyen Sevestre, reconnut qu'en effet il y avait lieu d'opérer sa radiation, et pria en vain les scissionaires de rester dans son sein. Les deux assemblées procédèrent chacune de leur côté. Le rapporteur conclut à la nullité

des élections de l'assemblée scissionnaire, en disant :
« Comment peut-on justifier cette scission? Comment
peut-il se faire qu'une majorité soit scissionnaire? Si
elle est majorité, n'est-elle pas maîtresse des délibérations? » Ces conclusions furent adoptées.

Un Message du Directoire signé de Merlin, lu aux
Cinq-Cents dans la séance du 13 floréal, donne la
physionomie générale des élections de l'an VI. Après
avoir rappelé qu'en l'an V, les anarchistes se sont donné
carrière pour leurs manœuvres, le Message continue
ainsi : « C'est sous ces auspices que s'ouvrent les assemblées primaires, et c'est alors que les factieux apparaissent dans toute leur force. Faut-il ici dérouler le
long tableau des atteintes par eux portées à la liberté
des suffrages et à la souveraineté du peuple? Là vous
verrez la fabrication de faux bulletins, la distribution
de vin et d'argent, l'expulsion des citoyens qui refusent
de subir le joug que les conspirateurs veulent leur
imposer; ici, l'admission de réquisitionnaires, de dé-
serteurs, de non-contribuables et d'individus entièrement inhabiles à voter... Dans les Landes, l'accusateur
public est assailli par les femmes, et la fuite seule le
soustrait à la mort. A Landerneau, la force armée
s'introduit dans les assemblées primaires, disperse les
votants, et le Commissaire du pouvoir exécutif est
blessé d'un coup de sabre. Dans la Corrèze, les proclamations du Directoire sont lacérées, et les citoyens
ne votent que sous les baïonnettes... Dans le département de Vaucluse, domine un président de cette
commission qui livra Bédouin aux flammes et aux
bourreaux, et les cris de ralliement sont les cris de :

Guerre au Directoire, à la Constitution de 95, guerre à mort aux Thermidoriens! A Paris..., non loin du lieu où vous siègez, un de vos collègues a été assailli, blessé par des furieux. Comme lui, plusieurs autres citoyens ont été frappés, chassés des assemblées... Comment vous dire enfin que dans le bureau 9 du 1er arrondissement, la proposition a été faite d'arracher le cœur à un prétendu chouan, et que le proposant se chargeait de le manger ? »

En ce qui touche particulièrement les scissions, la difficulté, quand l'élection était double, d'opter pour la validité de l'une ou de l'autre, permettait à la majorité dans le Corps Législatif de se prononcer suivant ses préférences politiques. C'est ce qui eut lieu. Aux Anciens, Regnier fait adopter le 8 floréal une motion d'ordre tendant à ce que le Conseil prononce d'abord et de préférence sur les procès-verbaux des assemblées électorales qui ont fait la scission. « .... Sur presque tous les points de la République, dit-il, les scissions ont été faites par des hommes qui ne pouvaient supporter la vue ou des royalistes ou des anarchistes qui s'étaient glissés dans les assemblées électorales. Elles ont été faites par des hommes qui n'ont pas voulu partager le déshonneur de donner à la France des hommes avides, destinés à la dévorer, plutôt que des législateurs sages... Il importe que vous rassuriez ces courageux scissionaires... Il importe que, pour rassurer la France contre la crainte qu'elle a conçue de voir se renouveler au milieu d'elle toutes les horreurs révolutionnaires, vous déclariez que les royalistes à bonnet rouge qui ne sont pas moins dangereux que les royalistes à cocarde blanche n'entreront ici qu'après avoir passé sur nos corps. Commencez donc par délibérer sur les élections qui pourraient en admettre parmi vous. »

Un article du *Moniteur* du 5 floréal an VI que nous avons cité, repousse l'objection de ceux qui, dans cette matière de la double élection, voudraient se prononcer pour celle qui a réuni la majorité. « Car, dit-il, si on retranche des assemblées électorales ceux qui ne représentent qu'une faction, et ceux qui y ont été admis malgré l'illégalité de leur titre, il en résulte que la majorité effective se trouve du côté des assemblées scissionnaires. D'ailleurs, qui ne sait apprécier cette sorte de majorité? Qui ne connait la peur des uns, l'insouciance des autres, l'ascendant de l'opiniâtreté sur la faiblesse?.... Voyez l'Assemblée de l'Oratoire (1). Sur 680 membres dont elle était composée, jamais la minorité n'a pu offrir dans les premières sessions plus de 270 suffrages. Eh bien ! au cinquième jour, cette minorité dominait toute l'Assemblée. Qu'on ne parle donc plus ni de minorité, ni de majorité pour y chercher le principe régulateur dans l'examen des élections. De principes il n'en est pas d'autres que le maintien de la Constitution et le salut de la République. »

Le débat sur les élections de l'an VI fut clos aux Cinq-Cents par la résolution du 19 floréal qui annulait les opérations électorales dans une série de départe-

____

(1) Celle citée plus haut, sur laquelle est intervenu le rapport de Guillemardet.

ments (1) : « Considérant qu'il résulte d'une foule de faits indubitables... qu'une conspiration a été formée pour renverser par le moyen des élections de la présente année la constitution de l'an III, et avec elle le gouvernement républicain, et ramener en France la royauté à travers des flots de sang. » Le préambule explique que cette conspiration était formée par le royalisme qui s'est fait aider par une « faction, organe corrompu de l'étranger, ennemie de toute espèce de lois, et destructive de tout ordre social. » Il continue ainsi : « Considérant que cette faction a... lié entr'elles un grand nombre de réunions formées sur les divers points du territoire de la République ; qu'elle les a par ce moyen mises à même de se concerter sur les mesures à prendre pour arracher aux assemblées primaires et, par suite, aux assemblées électorales des choix contraires à la volonté du peuple ; qu'il est des assemblées électorales où elle est parvenue à dicter plus ou moins de choix qui effraient justement tous les amis de la Constitution et de l'ordre public ; considérant que ce serait outrager la majesté du peuple français que de regarder comme son ouvrage des élections visiblement préparées pour détruire sa souveraineté, et y substituer soit la tyrannie démagogique, soit le despotisme d'un seul ; .... que le Corps Législatif organe constitutionnel et nécessaire de la volonté nationale se doit à lui-même et à la République entière de déclarer à la nation quels sont les choix à l'égard desquels ses mandataires constitués en assemblées électorales ont opéré

(1) Ce furent les élections des patriotes qui presque partout furent annulées.

en sens contraire au mandat qu'elle leur avait confié...; considérant qu'en remplissant une mission aussi importante, le Corps Législatif doit rejeter sans ménagements tous les choix qui sont le produit de la conspiration, mais qu'il doit aussi respecter tous ceux qui portent le caractère de la volonté nationale, quand même ils auraient été faits dans des assemblées électorales à qui il en aurait été surpris d'autres évidemment contraires au vœu du peuple; considérant que, pour consolider à jamais la République, il est essentiel de ne composer les autorités constituées que de républicains purs et vertueux....; considérant que si le Corps Législatif ne prenait pas des mesures pour ôter à ces hommes féroces ou immoraux dont le choix a été le résultat de la conspiration, tous les moyens de couvrir la France d'échafauds, de deuil et de larmes, il se rendrait responsable des torrents de sang qu'ils feraient répandre; considérant que rien n'est plus instant que de faire cesser les inquiétudes du peuple français sur les résultats des élections de la présente année.... et de réunir en une seule loi les décisions qui doivent intervenir sur les opérations de chaque assemblée électorale. »

Pour compléter le tableau des élections sous le Directoire, il ne resterait plus qu'à relever des faits de corruption. On ne connaît pas d'espèces; mais il est bien permis de penser que le mal a dû sévir, quand on voit le gouvernement présenter un projet de loi tendant à modifier le mode d'application de la peine portée par la Constitution contre la corruption électorale. Pour qu'on songeât à perfectionner le remède, il fallait

que la plaie fut cuisante. D'ailleurs, des scandales de
ce genre devaient logiquement se produire sous un
régime qui, reprenant la tradition de la Législative,
payait les électeurs pour remplir leur office. Aussi
dans le rapport sur le message du Directoire invitant
le Corps Législatif à voter le projet de loi visé plus
haut, Dumolard, à travers toutes les précautions de
langage, semble bien faire allusion à des cas de véna-
lité constatés : « Serait-il donc vrai, — disait-il
(10 floréal an V) — que la découverte de quelques
coupables ait provoqué cette démarche du gouvernement? Ah ! du moins nous devons cette justice au
peuple français que, dans le cours d'une révolution
malheureusement souillée de tant de crimes, on a vu
parfois les suffrages suggérés par l'intrigue, dictés par
les préventions et l'erreur, mais que jamais dans nos
assemblées électorales, la corruption à prix d'argent
ne marcha tête levée, certaine et fière de l'appui d'une
multitude de complices. Que cette considération soit
un motif de plus pour nous de fixer sans délai l'incer-
titude des tribunaux, d'étouffer dès le principe les
germes de dépravation qui nous sont dénoncés. »

CHAPITRE V

LE CONSULAT ET L'EMPIRE (1)

La Constitution de l'an VIII, modifiée par des décrets postérieurs, (2) règle le droit électoral suivant un mécanisme savamment élaboré pour conserver les apparences du suffrage universel, en le supprimant. On se trouve toujours en présence de l'élection à plusieurs degrés. Au premier degré, dans chaque canton, une Assemblée composée de tous les citoyens ayant depuis

(1) Nous nous permettons de renvoyer le lecteur à une étude que nous avons publiée dans le journal le *Droit* des 6-9 juin 1889 sur les *Elections au Corps Législatif sous le Consulat et le premier Empire.*

(2) Dans le système originaire aboli par le Sénatus-Consulte du 16 thermidor an X, l'élection était le résultat de listes de notabilités préparées à trois degrés. Les citoyens de l'arrondissement communal dressaient une liste communale, comprenant le dixième d'entr'eux. Les citoyens compris dans les listes communales du département élisaient à leur tour un dixième d'entr'eux. Ce second dixième qui formait la liste départementale, élisait dans son sein un troisième dixième lequel comprenait les candidats éligibles aux fonctions publiques nationales.

un an résidence dans les communes qui ressortent du
canton. Cette Assemblée nomme au collège d'arrondissement et au collège de département le nombre de
membres qui lui est attribué. Les collèges électoraux
d'arrondissement ont un membre par 500 habitants
domiciliés dans l'arrondissement. Les collèges de
département ont un membre par mille habitants domiciliés dans le département. Ils ne peuvent être choisis
que sur la liste des 600 citoyens les plus imposés. Les
collèges électoraux de département et d'arrondissement présentent chacun deux citoyens domiciliés dans
le département pour former la liste sur laquelle doivent
être nommés les membres de la députation au Corps
Législatif. Ceux-ci sont enfin nommés par le Sénat (1).

Pour apprécier le caractère illusoire du système en
rapport d'ailleurs avec le caractère de l'Assemblée de
Muets qu'il s'agissait de recruter, il convient de relever

(1) Il est inutile de faire observer que quand nous disons : nomination par *le Sénat*, cela revient à dire : nomination par *l'Empereur*.
Bien que chacun soit édifié sur ce point, il nous a paru intéressant
de reproduire une pièce indiquant comment les choses se passaient
à cet égard. C'est une lettre de Montalivet, ministre de l'Intérieur,
en date du 8 août 1810 (Archives Nationales. AF IV 1066, dossier
de l'année 1810, pièce numérotée 53.) : « Sire, S.A. le Vice-Grand-
Electeur m'a demandé si V. M. avait fait connaître la volonté
d'exclure quelques uns des candidats présentés par les collèges électoraux de la nomination au Corps Législatif. J'ai répondu que V. M.
ne m'avait donné aucun ordre de ce genre. J'avais examiné les listes
avant de les mettre sous les yeux de V. M., et loin d'y avoir rien
remarqué sur l'esprit qui a pu présider aux élections, il est de mon
devoir de dire que jamais peut-être, les choix n'ont été mieux dirigés.... Cette vérité est surtout sensible par la discussion ouverte au
Sénat sur chaque individu, et S. A. le duc de Bénévent en a été
frappé. Je suis, etc. »

certains détails. En ce qui touche l'Assemblée de canton, non-seulement elle est sous la direction d'un président nommé par le gouvernement, — ce qui atténue les garanties pour la sincérité du scrutin, — mais le vote qu'elle émet, dont l'influence sur le résultat final est du reste infime, ne peut le plus souvent, au moment où il produit son effet, être considéré comme l'expression de son opinion actuelle. Car les collèges électoraux sont nommés à vie. L'assemblée les a élus pour soutenir la politique consulaire au moment de la paix d'Amiens. Elle est censée leur continuer sa confiance quand ils vont soutenir la politique de la guerre d'Espagne.

En ce qui touche les collèges électoraux, leur droit de simple présentation, droit bien modeste, est cependant entouré de restrictions. Il faut qu'un des candidats soit pris hors du collège qui le présente. En outre, on ne veut pas que ces collèges puissent forcer la main au pouvoir en lui soumettant une liste trop étroite de candidatures. Cette liste contiendra trois fois autant de candidats différents qu'il y aura de places vacantes.

Enfin ces collèges dont les attributions sont si bornées ne sont même pas composés entièrement de citoyens élus. Aux collèges électoraux d'arrondissement, le Premier Consul peut ajouter 10 membres, parmi les citoyens appartenant à la Légion d'honneur et qui ont rendus des services. Il peut ajouter aux collèges électoraux de département 20 citoyens, dont 10 parmi les plus imposés du département, et 10 autres pris dans la même catégorie que ci-dessus. On peut juger de l'influence écrasante que cette disposition assurait au Premier Consul sur la formation des listes de présentation, quand le nombre des électeurs appelés, ou se décidant à venir voter était si restreint. Par exemple, nous voyons qu'en 1807, le collège départemental de la Seine, ne comprend que 167 électeurs, qu'en 1812, dans l'Aisne, il a suffi de 10 suffrages pour faire admettre sur la liste un candidat qui a été nommé par le Sénat.

Au surplus, on se passait même, au besoin, pour la nomination des représentants, de l'intervention des collèges électoraux. Le Sénat complaisant avait reconnu qu'il pouvait lui-même nommer des députés sur la simple présentation de S. M., toutes les fois qu'il y avait urgence. C'est ainsi qu'un premier Sénatus-Consulte du 22 février 1806 (1) a nommé 9 députés; qu'un second du 21 septembre 1808 en a nommé 6; qu'un troisième du 5 juillet 1809 en a nommé 12; qu'un quatrième du 19 février 1811 en a nommé un; qu'un cinquième rendu le même jour, en a nommé 25; qu'un

(1) « Le Sénat Conservateur, vu l'article 3 de l'acte des Constitutions du 16 vendémiaire an XIV, et *en attendant que les députations au Corps Législatif des départements des Apennins, de Gênes et de Montenotte puissent être nommées d'après les dispositions de l'acte des Constitutions du 16 thermidor an X.....* Décrète : Art. 1er. Les membres que les départements des Apennins, de Gênes et de Montenotte doivent fournir au Corps Législatif sont nommés ainsi qu'il suit, savoir.... Art. 2. Ces députés entreront en fonctions à compter du jour de leur nomination. Ils y resteront jusqu'au 1er janvier 1807. Art. 3. Il sera nommé dans le courant de l'année 1806, en la forme ordinaire pour les départements (*ci-dessus*), des députés au Corps Législatif lesquels quitteront leurs fonctions en même temps que les députés des séries auxquelles leurs départements appartiennent. »

sixième du 23 du même mois en a nommé 10 ; enfin qu'un septième du 2 avril 1812 en a nommé 12. (V. le journal le *Censeur*, tome 6, page 253).

Quoi qu'il en soit du rôle et du pouvoir des colléges électoraux, voici, d'après un tableau annexé au sénatus-consulte du 18 thermidor an X qui a créé les dits colléges, voici quel était à cette époque le nombre des électeurs. Pour une population de plus de 28 millions d'habitants, il y avait 24,656 électeurs dans les colléges départementaux, en y comprenant 1,700 adjoints facultatifs, et dans les colléges d'arrondissement 34,805, en y comprenant 3,520 adjoints.

CHAPITRE VI

LES CENT JOURS

La charte de 1814 introduisit en matière d'élections un régime nouveau, mais qui ne reçut son application qu'à la seconde Restauration.

Avant de l'examiner, il convient de parler de l'Acte Additionnel dont les principes furent mis immédiatement à exécution, et sous l'empire desquels fut élue la Chambre des Représentants de 1815. Le dit Acte, daté du 22 avril, et promulgué le 1er juin, apporte certaines modifications au système électoral. Les assemblées de canton ne seront plus, après avoir nommé une première fois le corps électoral, privées à tout jamais, comme elles l'étaient, de faire d'autres choix au cours des années suivantes, et d'exprimer un revirement possible dans leurs opinions politiques : à cet effet, elles pourvoiront par des élections annuelles à toutes les vacances dans les collèges électoraux. — Des garanties sont édictées pour la sincérité du scrutin : chaque collège départemental sera présidé par un membre de la Chambre des Pairs désigné à vie par l'Empereur et inamovible ; les présidents et vice-présidents du collège d'arrondissement seront nommés par le collège du département. — Les collèges nomment directement les députés, et ne sont plus réduits comme par le passé à faire de simples présentations de candidats. Les collèges de département nomment 238 députés. Les collèges d'arrondissement nomment un député par arrondissement. — Une plus grande liberté est laissée aux collèges dans le choix des représentants. Ils peuvent prendre ceux-ci indifféremment dans toute l'étendue de la France. Si le représentant est pris hors du département ou de l'arrondissement, les collèges nomment un suppléant qui, lui, devra nécessairement appartenir au département ou à l'arrondissement. — Enfin l'industrie et la propriété manufacturière et commerciale auront une représentation spéciale. Pour cela, aux termes d'un décret du 22 avril 1815, joint à l'Acte Additionnel, la France sera divisée en 13 arrondissements qui nommeront 23 députés. Ces députés seront nommés au chef-lieu d'un des départements compris dans l'arrondissement ainsi créé, et par les électeurs de ce département. Par exemple, Lille étant constitué chef-lieu d'un arrondissement (1), l'élection sera faite par les électeurs du Nord. Mais leur choix ne pourra porter que sur une liste d'éligibles qui aura été dressée par une assemblée composée de toutes les chambres de commerce et des cham-

----

(1) L'arrondissement de Lille comprend le département du Nord, de l'Aisne, du Pas-de-Calais, de la Seine-Inférieure, de l'Eure et de la Somme.

bres consultatives de commerce de l'arrondissement.

L'Empereur s'étant vu obligé de convoquer les Chambres avant que le peuple n'eût ratifié l'Acte Additionnel, rendit un décret en date du 30 avril qui détachait de l'Acte les dispositions essentielles pour les élections, en les modifiant d'une façon provisoire sur un seul point, savoir pour ce qui touchait la nomination du bureau des assemblées électorales. Les assemblées dans les collèges électoraux d'arrondissement comme dans celles de département devaient procéder elles-mêmes à ces nominations.

Quoi qu'il faille penser du système électoral des Cent-Jours, les électeurs ne se montrèrent guère empressés de répondre à l'appel qui leur était fait. Il résulte des documents authentiques que sur 86 départements, il n'y en eut que 17 où la moitié des membres des collèges concourut à l'élection. Sur 19,976 électeurs départementaux, il n'y eut que 7,669 votants (1).

Dans la Seine, où il y avait 213 électeurs, il n'y eut que 113 votants. Le premier élu fut nommé par 82 voix seulement. Ce fut bien pis encore dans les Bouches-du-Rhône, où il n'y eut que treize votants pour procéder à quatre nominations, où sur ces quatre, deux parmi lesquelles celles du comte Siméon, furent faites par sept voix seulement (2). L'incident devint légendaire sous la seconde Restauration.

---

(1) Si l'on prend en bloc le nombre d'électeurs à la fois dans les collèges de département et dans ceux d'arrondissement, on voit que sur 72,199 inscrits, il n'y eut que 32,533 votants.

(2) Sur tous ces documents statistiques, consulter Archives Nationales F 1 c Seine 5; F 1 c II 48; F c 1 III, Bouches-du-Rhône 3.

CHAPITRE VII

LA RESTAURATION

§ 1ᵉʳ. — **Première période jusqu'à la loi de 1817.**

Nous voici maitenant parvenus à la Charte. D'après
l'article 35, la Chambre des Députés sera composée de
deputés élus par les collèges électoraux, collèges dont
les fonctions ne sont plus ainsi bornées, comme elles
l'étaient sous l'Empire, au droit de présentation. —
Pour être éligible, il faut être âgé de quarante ans, et
payer une contribution directe de 1,000 francs (Art.
38.) Si, néanmoins, il ne se trouvait pas dans le département cinquante personnes de l'âge indiqué payant
au moins 1,000 francs de contribution directe, leur
nombre sera complété par les personnes imposées au-
dessous de 1,000 francs, et celles-ci pourront être élues
concurremment avec les premières. — Pour être électeur, il faut payer une contribution directe de 300 fr.
et avoir moins de trente ans. (Art. 40.) — Les Présidents de collèges électoraux seront nommés par le
Roi, et de droit membres du collège. (Art. 41.) — La

moitié au moins des éligibles sera choisie parmi les électeurs qui ont leur domicile politique dans le département.

La Charte ne faisait que poser les bases du système électoral. L'article 35 en disant que les députés seraient élus par les collèges électoraux ajoutait que l'organisation de ceux-ci serait déterminée par des lois. En attendant cette législation, le Gouvernement se vit dans la nécessité de pourvoir par ordonnance au fonctionnement des élections. C'est sous l'empire de l'ordonnance du 13 juillet 1815 que fut nommée la Chambre *introuvable*, et sous l'empire de l'ordonnance analogue du 5 septembre 1816, que fut élue la Chambre qui la remplaça. Le roi, ainsi qu'il le disait dans un préambule, prenait l'initiative de certaines modifications à la Charte, mais en disant formellement qu'elles ne deviendraient définitives qu'après avoir été soumises aux délibérations des Chambres. Ces modifications portaient sur l'augmentation du nombre des députés, sur l'âge requis pour être électeur et pour être député. Il suffisait désormais d'avoir vingt et un ans pour être électeur d'arrondissement, et vingt-cinq ans pour être député. Pour le surplus des dispositions de l'ordonnance de 1815, Louis XVIII ne crut pouvoir mieux faire que de conserver le système des collèges de département et d'arrondissement avec leur organisation telle qu'elle avait été réglée par Napoléon. Ce système avait servi le despotisme impérial ; et la monarchie légitime y trouvait aussi son compte. Mais elle eut soin de le purifier des dispositions libérales qu'y avait introduites l'Acte additionnel. Ainsi les collèges d'arrondissement perdaient le droit de nommer directement leurs députés. Ils nommaient seulement des candidats en nombre égal à celui des députés du département ; et c'étaient seulement les collèges départementaux qui, se réunissant huit jours après, procédaient à un choix définitif lequel devait pour moitié porter sur les candidats dont il s'agit. Le roi se réservait la désignation des présidents de collège, désignation à laquelle l'Acte additionnel avait renoncé.

Par contre, Louis XVIII prit bien soin de maintenir les dispositions du décret de 1806 qui avait subsisté sous les Cent-Jours, et qui permettait au Gouvernement d'adjoindre aux collèges des légionnaires ou des sujets ayant rendu service à l'État : une ordonnance du 21 juillet 1815 autorisa le préfet à adjoindre vingt membres aux collèges de département et dix à ceux d'arrondissement. On voit, par la correspondance des agents du ministère à l'époque, quelle importance le Gouvernement attachait à la mesure; et les efforts qu'il fait pour tirer de celle-ci tout le profit possible en font ressortir mieux encore la scandaleuse anomalie sous un régime prétendu parlementaire : « Monseigneur, — écrivait le préfet de la Seine au ministre le 24 juillet (Archives nationales, F1c Seine 5) — pour me conformer à l'instruction contenue dans la lettre confidentielle de V. Exc. du 21 juillet dernier, je viens de nommer une commission composée de MM..... à laquelle je compte adjoindre un négociant qui jouisse de l'estime publique pour sa probité et ses bons sentiments. La réunion de ces hommes recommandables... me permettra, je l'espère, de répondre aux vœux du Gou-

4.

vernement en faisant choix d'hommes dévoués au roi
et à la patrie. » Le 12 août, il écrivait encore : « J'ai
l'honneur d'adresser à V. Exc. la liste des électeurs
que l'ordonnance du roi du 21 juillet dernier m'a autorisé à adjoindre aux collèges électoraux. Dans le
choix que j'ai fait de ces nouveaux électeurs, je me
suis moins attaché à la lettre qu'à l'esprit de l'ordonnance ; et j'ai cru devoir préférer les hommes qui
avaient constamment professé des opinions saines
tant en morale qu'en politique à ceux qui ne se sont
fait connaître que par de grands services rendus le
plus souvent par l'effet d'une exaltation outrée ou
d'une ambition difficile à contenir dans de justes
mesures. »

Quoi qu'il faille penser de ces débuts de la Restauration dans l'organisation du régime électoral, c'est
sous ce régime que la France vécut jusqu'à la loi
de 1817, et que par conséquent furent élues et la
Chambre *introuvable*, et celle qui lui succéda (1).

Les Chambres furent cependant saisies à la fin de
1815 d'un projet organique, mais qui n'aboutit pas.
L'examen n'en est pas moins curieux, de même que la
discussion à laquelle il a donné lieu. On est ainsi à
même d'observer quelles idées étranges aussi bien
dans les sphères du pouvoir que dans une fraction du

(1) Il y eut encore pendant cette période beaucoup d'abstentions.
Sur 72.199 inscrits, il n'y eut pour les élections de la Chambre
introuvable en 1815 que 48.478 votants, et pour celles de 1816 que
47,427. (V. Archives Nationales, F¹ᶜ II Carton 48). Dans les Bouches-
du-Rhône, par exemple, sur 280 électeurs au collège départemental,
il ne s'en présenta que 185 aux élections d'août 1815.

parti libéral on professait alors sur le Gouvernement représentatif. Voici quelles étaient les dispositions principales du projet présenté par M. de Vaublanc, ministre de l'intérieur : Suffrage à deux degrés. Au premier degré, des collèges électoraux de cantons, composés des soixante plus imposés, de différentes catégories de fonctionnaires, électeurs de droit. Ces collèges nomment les électeurs de département dans une proportion fixée par ordonnance du roi. Pour le deuxième degré sont membres de collèges de département, outre ceux envoyés par les assemblées de canton, les archevêques et évêques, et les soixante plus imposés aux contributions directes, les dix plus imposés parmi les négociants et manufacturiers, et diverses catégories de fonctionnaires, électeurs de droit.

Ainsi, d'après ce projet, le droit de nommer une chambre censée représenter la nation aurait été sinon exclusivement réservé, du moins abandonné dans une énorme proportion à des fonctionnaires, c'est-à-dire à des agents du pouvoir. Ce plan suffisamment éloquent par lui-même ne l'était pas moins par le commentaire dont l'accompagnait le ministre : « Si vous pouviez, — disait-il au sujet des électeurs de droit, — former un vœu sur les choix, ce serait qu'ils portassent sur une collection d'hommes aussi recommandables. Pourquoi donc ne pas former ces choix tout de suite, tels qu'on désirerait qu'ils fussent formés ? » Que pouvait-on en effet répondre à ce bel argument ? Le ministre cependant ne s'en contentait pas ; et ce qu'il célébrait dans son œuvre, ce n'est pas seulement le fait qu'elle amenait à la Chambre des hommes *recommandables* ; c'est, — il ne craignait pas de le dire, — qu'elle consacrait la subordination du pouvoir législatif au pouvoir exécutif : « Dans un gouvernement monarchique, tous les pouvoirs doivent être subordonnés et dépendants... Or, quel pouvoir plus important que le pouvoir électoral ? Quel pouvoir dont l'abus pourrait devenir plus dangereux pour la couronne par la grande influence qu'il exerce sur la nation ? Il faut donc que ce pouvoir soit subordonné et dépendant. »

Ce qui est particulièrement curieux, ce n'est pas d'entendre cette théorie dans la bouche d'un homme qui a laissé la réputation d'un esprit étroit et arriéré, et qui était au ministère l'incarnation de l'ancien régime. Ce qui est tout à fait inattendu, c'est de retrouver ces principes mis en avant dans la discussion par les réprésentants les plus glorieux du libéralisme, par les de Serre et les Royer-Collard. Quels sont ceux au contraire qui revendiquent les vrais principes du Gouvernement représentatif, l'indépendance des électeurs, et par conséquent celle de la Chambre ? Ce sont les blancs, les ultras, ceux qui ont valu son nom à la Chambre introuvable. Cette interversion de rôle si étrange s'explique parce que le ministère alors au pouvoir était relativement modéré, et que c'est dans l'intérêt d'une politique de modération qu'il voulait étendre ses attributions, tandis que le parti royaliste, animé au contraire du fanatisme que l'on sait, voulait lui enlever le moyen de faire ainsi échec aux passions de la majorité, et ne pouvait y parvenir que par une Chambre indépendante.

Quoi qu'il en soit, la Commission à laquelle le projet ministériel avait été renvoyé et dont M. de Villèle fut le rapporteur se prononça pour des modifications atténuant dans une mesure d'ailleurs légère le caractère réactionnaire de la proposition : « Tous vos bureaux, dit M. de Villèle, ont voté contre le système des électeurs de droit présenté par le ministre. Ils ont pensé que la réalité du régime réprésentatif et la jouissance des avantages qu'il présente dépendaient absolument de la libre élection des députés. » La Commission composait les Assemblées cantonales de tous les citoyens âgés de 25 ans et payant 50 francs de contribution directe. Ils choisiraient, parmi les citoyens payant au moins 300 francs de contribution directe et âgés de 25 ans, 150 à 300 électeurs selon le nombre des députés que le département aurait droit d'élire. Ces collèges électoraux dont le président serait nommé par le roi auraient le droit de nommer les députés à la chambre. Ceux-ci devraient être âgés d'au moins 40 ans.

C'est dans la discussion qui suivit ce rapport que retentirent ces théories dont nous parlions tout à l'heure, formulées par des bouches desquelles on ne les attendait guère : « La France, — vint dire M. de Serre, — monarchique par ses habitudes, par ses affections, par toute sa constitution physique et morale, attend de ses députés un concours filial aux desseins paternels de son roi, *et non pas une indépendance qui le contrarierait.* » « Si une loi des élections était indispensable en ce moment, — dit M. Royer-Collard, — je n'hésiterais pas à demander la priorité pour la proposition du roi, par cela seul qu'en admettant des électeurs de droit, elle a l'avantage de s'écarter ouvertement des principes de la souveraineté populaire et de corrompre par là la représentation démocratique à sa source. » Ce furent au contraire des hommes comme MM. de la Bourdonnaye et de Bonald qui défendirent les droits du gouvernement représentatif. M. de la Bourdonnaye parla comme allaient parler quelques années plus tard les hommes de 1830 : « Par qui, demande-t-il, veut-on que les députés soient nommés ? Par l'intervention du souverain auquel ils doivent accorder les subsides, ou par le choix du peuple qui doit les payer? — Et si les députés ne sont pas nommés par la nation, comment pourra-t-on voir en eux les organes de l'opinion nationale ? »

Peut-être que le projet de la commission, sauf de légers amendements, aurait été adopté, si la commission elle-même n'avait capitulé en attribuant au roi le droit d'adjoindre aux collèges de département des électeurs de son choix dans la proportion d'un sur dix. C'est en ce sens que la Chambre se prononça : « Ainsi, dit M. Duverger de Hauranne (*Histoire du Gouvernement parlementaire*), dans un collège de 150 membres, il y avait 65 électeurs de droit, dont 50 à titre de plus imposés, et 15 à titre d'élus du roi. C'est à cela qu'aboutissaient tant de belles phrases sur l'indépendance de la Chambre, et la nécessité d'obtenir par des élections libres et sincères l'expression fidèle de l'opinion publique ! »

Après le vote de la Chambre des députés, M. de Vaublanc, ne tenant pas compte des amendements que son projet avait subis dans cette assemblée, le

présenta dans sa forme originaire à la Chambre des
pairs. Mais celle-ci, conformément à l'avis d'une
commission, dont M. Pastoret fut rapporteur, le rejeta
à une majorité de 89 voix sur 116 votants. Nous signalerons particulièrement ce passage du rapport où
M. Pastoret s'élevait contre la création d'électeurs de
droit : « Dans un gouvernement représentatif, disait-
il, l'élection doit être absolument indépendante. C'est
le seul droit politique que peut exercer un grand
nombre de citoyens. Qu'ils l'aient tout entier. L'aban-
donner nécessairement sans conditions aux fonctionnaires qu'on désigne, c'est la même chose pour les
résultats que si le gouvernement pouvait nommer
directement une quantité égale d'électeurs. Plus de
véritable représentation si ceux qui y concourent ne
sont pas eux-mêmes choisis par leurs concitoyens. »

§ 2. — Seconde période depuis la loi de 1817.

Quelques mois plus tard, le 28 novembre, un autre
projet était présenté à la Chambre des députés. C'est
ce projet qui est devenu la loi du 5 février 1817, loi
fameuse qui fit alors la joie des libéraux, tandis qu'elle
apparut aux royalistes intransigeants comme un fléau,
mais loi qui, en somme, est considérée dans l'histoire
comme un titre d'honneur pour le gouvernement de la
Restauration. Le projet fut préparé par M. Lainé,
ministre de l'intérieur, qui s'était fait officieusement
assister d'une commission où figuraient MM. Royer-
Collard et Guizot. Ce fut ce dernier qui prépara l'exposé des motifs. Le terrain sur lequel le législateur

avait à se placer était circonscrit par la Charte, qui n'admettait que des électeurs à 300 francs et des éligibles à 1,000 francs. Mais on pouvait agrandir le champ de la discussion, comme on n'y manqua point d'ailleurs, en faisant porter le débat sur l'interprétation des articles de cette même Charte, dont les termes n'excluaient pas la désignation des électeurs à 300 francs par d'autres moins imposés.

Le projet établissait l'élection directe. « Elle crée, — disait M. Lainé, — entre les électeurs et les députés, des rapports immédiats qui donnent aux premiers plus de confiance en leurs mandataires, aux seconds plus d'autorité dans l'exercice de leurs fonctions. Il y a là une responsabilité morale et réciproque qu'il faut autant que possible fortifier et étendre. Or on l'affaiblit et on la diminue quand on charge simplement les électeurs d'élire dans leur sein d'autres électeurs qui nomment eux-mêmes les députés. » Les électeurs d'un département n'étaient plus divisés en collèges : « La réunion de tous les électeurs d'un département tend à élever les élections, à les soustraire à l'esprit des petites localités et à diriger les choix vers les hommes les plus connus, les plus considérés dans toute l'étendue du département par leur fortune, leurs vertus et leurs lumières. L'intrigue et la médiocrité peuvent réussir dans un cercle étroit; mais à mesure que le cercle s'étend, il faut que l'homme s'élève pour attirer les regards et les suffrages. »

Une disposition du projet, peu en harmonie avec l'esprit libéral des dispositions principales, remettait au roi la nomination du président du collège électoral, et à ce président la nomination du bureau. C'était faciliter à un gouvernement sans scrupules la fraude dans les opérations du scrutin. Un adversaire fameux de la politique ministérielle, M. Fiévée, s'emparait de cette clause qui, d'ailleurs, ne fut pas complètement maintenue, pour travestir le projet tout entier, et le démolir avec un bon mot. Il proposait de remplacer ledit projet par un autre qui, suivant lui, devait atteindre le même but : « Art. 1. Conformément à la Constitution, le roi nomme les présidents des collèges électoraux. — Art. 2. Chaque président du collège électoral nomme le bureau. — Art. 3. Le bureau nomme les députés. — Art. 4. Les électeurs sont témoins. »

La discussion de la loi des élections, ouverte le 26 décembre, après le rapport de M. Bourdeau, ne fut close que le 8 janvier. Elle offre à l'historien une piquante étude. On a tout d'abord lieu de s'étonner de voir l'attitude des libéraux en présence d'un projet qui consacrait sans doute un réel progrès dans la voie des libertés publiques, mais un progrès bien restreint encore, les masses populaires étant exclues d'un suffrage réservé uniquement à la bourgeoisie, à la classe moyenne. On voit ces libéraux critiquer le projet sur des points de détail, se prononcer en faveur d'un cens peut-être un peu plus abaissé; mais c'est tout. Quant à un amendement qui ouvrirait aux masses le droit de suffrage, ils n'y songent même pas. C'est qu'à cette époque le parti libéral, dans toutes les revendications qu'il exerçait, ne se préoccupait que de la classe moyenne, et redoutait plus qu'il ne favorisait l'avénement du peuple à la conquête des droits politiques.

En même temps qu'on observe cette attitude des libéraux, on voit les royalistes ardents prendre pour tactique l'attitude contraire, s'emparer du champ que leur abandonnent les adversaires, se faire le champion des droits populaires, et réclamer une espèce de suffrage universel qui aurait trouvé place dans les assemblées primaires au moyen de l'élection à deux degrés. « Sur 25 millions, 100,000 sont appelés à élire, s'écriait M. de Marcellus. Cela pourra-t-il s'appeler un vœu national ? » Après lui, c'était un autre député, M. Cornet d'Incourt, qui lançait dans le même sens une apostrophe mélodramatique : « Braves Vendéens, qui avez si longtemps combattu pour la défense de l'autel et du trône, ... en vain prétendiez-vous au droit de choisir les électeurs chargés de nommer les députés qui doivent vous préserver du retour de ces calamités. Vous êtes étrangers à de si grands intérêts. Vos faibles contributions ne grossissent pas assez le trésor de l'Etat. Vous ne nous offrez pas de garanties suffisantes. »

En se prononçant ainsi, les royalistes ne trouvaient pas seulement une occasion de faire opposition au ministère. Grâce à leur système qui consistait à faire descendre aussi bas que possible le cens du premier degré, et à surélever au contraire celui du second, ils se flattaient que les masses seraient à la merci des grands propriétaires, des hommes influents du parti royaliste, et consentiraient à se laisser dicter leurs choix par ces derniers. La Droite ne poursuivait donc son plan que comme un instrument de règne. Si quelque esprit naïf prétendait y relever la manifesta-

tion d'un réel souci des droits populaires, il lui suffirait pour être édifié de lire ci-après les termes dans
lesquels ces singuliers tribuns du peuple dénonçaient
l'avènement de la bourgeoisie représenté par eux
comme le signal de la révolution et de l'anarchie.
Comment dès lors auraient-ils pu trouver plus rassu-
rant l'avènement du peuple? Mais ils ne se piquaient
pas d'être conséquents. Royalistes et libéraux inter-
vertirent donc, dans le débat sur le second projet de
loi électorale, les rôles qui leur semblaient naturellement dévolus, tout comme ils les avaient intervertis
dans la discussion du premier projet, quand, en
avril 1816, la question des électeurs de droit était
agitée. On put voir une fois de plus que la politique
est une affaire d'expédient; si les partis se fussent
alors cantonnés dans leurs principes, ils auraient fait
fausse route.

Parmi les royalistes qui combattirent le projet ministériel à l'effet d'y substituer le suffrage à deux degrés
avec un cens minime au premier degré, M. de Villèle
s'efforça de démontrer que ce système était le seul
qui pût assurer des élections indépendantes du
ministère: mais il laissa percer en même temps le
secret de cette tendresse si désintéressée que son
parti professait pour les masses : « 300 francs de
contributions, — disait-il en parlant du projet ministériel, — supposant un revenu de 1200 francs en fonds de
de terre, ceux qui en jouissent occupent un rang inter-
médiaire dans la société entre les classes pauvres et
les classes aisées. Ils sont dans une position assez pré-
caire pour être plus particulièrement sous l'influence

des administrations secondaires qui, vous le savez, sont à la disposition des ministres. Supposons qu'au lieu d'augmenter le nombre de vos électeurs, vous le diminuiez : plus vous vous éloignerez du point où vous vous êtes arrêtés, plus vous rendrez à la garantie de la fortune que vous cherchez la force que votre système lui enlève. Si vous aviez étendu votre système en descendant au dessous des imposés à 300 francs pour faire élire les électeurs, vous auriez admis au droit de les choisir les hommes qui exercent une industrie..., *qui sont les auxiliaires naturels des possesseurs des grandes propriétés et des grandes fortunes.* Vous auriez certainement augmenté l'influence de la fortune sur les élections, et mieux atteint le but que vous vous proposez, puisque c'est dans la fortune que vous cherchez une garantie. »

Il n'est pas d'argument auquel les orateurs royalistes ne recoururent, et dans un langage tout imprégné des passions du temps, pour combattre le projet ministériel. Ils feignaient de considérer comme matériellement impraticable la réunion des électeurs départementaux au chef-lieu. Ces objections sur la portée desquelles leurs auteurs eux-mêmes étaient bien édifiés, nous paraissent singulièrement enfantines, à notre époque où, avec le suffrage universel, on voit opérer sans encombre des agglomérations bien autrement nombreuses que celles soi-disant redoutées alors. « En supposant, — disait M. de Castelbajac le 26 décembre 1816, — un département où il y aura quinze mille électeurs, les sections de vote portées à six cents demanderont vingt-cinq réunions différentes. A dix-

huit mille, il faudrait encore en augmenter le nombre.
Quel est le chef-lieu qui, dans ce département, offrira
les locaux nécessaires aux réunions ? » M. Bourdeau,
dans son rapport, avait cependant donné des indications statistiques qui auraient dû dissiper ces prétendues craintes. D'après ce travail, sur 62 départements,
22 devaient fournir de 106 à 600, 14 de 600 à 1000,
19 de 1000 à 1800, 6 de 1800 à 2800, un seul devait
donner 4000 électeurs, et un seul aussi 12,843. Ces
chiffres n'avaient rien de bien alarmant au point de
vue de la question d'emplacement. Mais comment pouvait-on rassurer des gens qui ne voulaient pas l'être ?
« Que deviendront, s'écriait M. de La Bourdonnaye,
tous les raisonnements sur l'indispensable nécessité
de ne faire qu'un collège électoral de tous les imposés
à 300 francs de chaque département, lorsque les départements immensément accrus nous offriront un
nombre triple d'électeurs accourant de 50 lieues de
leur domicile pour venir se reposer dans ces édifices
hospitaliers que la munificence de deux orateurs nous
a solennellement promis, et qui, bâtis sans doute sur
les gigantesques proportions des caravansérails de
l'Asie, nous rappelleront par leur forme et leur usage
ce gouvernement de l'Orient auquel on essaie si mala-
droitement de nous façonner. » M. Cuvier s'efforça
spirituellement de calmer l'imagination du fougueux
orateur : « On a exagéré, dit-il, les difficultés de voi-
turer les hommes..., de les loger. On a désigné leur
réunion sous le nom d'armée électorale. A cette des-
cription de mauvais chemins, à cette impossibilité de
transporter des malades, des vieillards, je me suis

demandé s'il s'agit d'organiser des collèges électoraux pour la Sibérie, si nos grandes routes ont disparu ; si nous n'avons plus ni relais ni voitures publiques. »

Ceux qui ne soulevaient pas contre la réunion des électeurs l'objection d'obstacles matériels, mettaient alors en relief le danger de réunir ces individus auxquels ils prêtaient les passions les plus subversives. C'est dans l'argumentation de ces orateurs qu'apparaissait cette terreur de l'avènement de la bourgeoisie, terreur à laquelle nous faisions tout à l'heure allusion, et que nous signalions comme difficilement conciliable chez les hobereaux avec leur prétendu désir de favoriser l'avènement du peuple. « Au nom de la monarchie légitime, disait M. Josse Beauvoir, au nom de la France, je vous conjure de rejeter le projet de loi qui vous est présenté ! Si des divisions fâcheuses ont quelquefois éclaté dans des collèges électoraux de deux à trois cents personnes, que sera-ce dans des réunions de trois à quatre mille électeurs ? Quelle Chambre des Députés aurez-vous donné à la France ? Rien n'est plus facile que de dissoudre une Chambre de Députés loyaux. Elle se sépare aux cris de vive le roi ! Mais une chambre de révolutionnaires sous le règne d'un Titus, sous le règne d'un Bourbon, ne se séparerait pas. Elle se réunirait, et à quels cris ! L'ombre de Louis XVI vous le dira. » « Il suffit, disait M. de Villèle (7 janvier 1817), de relire le *Moniteur* des 7, 8, 9, 10 et jusqu'au 14 juillet 1789 pour se faire une idée de ce que peut devenir dans de graves circonstances un collège électoral nombreux. » Un autre membre considérait que des électeurs grands propriétaires pouvaient seuls

être le soutien de la monarchie : « Il est encore temps,
s'écriait-il, de ne pas donner à la France, à l'Europe,
le scandale d'une assemblée réunie sous Louis XVIII,
qui fait pour la grande propriété, pour l'unique base
de la civilisation moderne moins que n'avait fait Bona·
parte. Quand l'usurpateur voulut enchaîner la révolution comme les rois des Indes vont à la chasse avec
des tigres apprivoisés, il voulut aussi faire un système
électoral. Il dit d'abord : « Les corps électoraux sont
« tout faits dans un pays où l'on veut finir une révolu-
« tion. Son ennemie, c'est la propriété, c'est la grande,
« la plus grande propriété possible. Dans chaque
« département les deux cents, les deux cents cinquante,
« dans les plus nombreux les trois cents plus imposés,
« voilà les électeurs. » Au bout d'un mois ses fidèles
amis viennent lui dire : « Les grandes propriétés sont
« en général restées dans des mains qui consentent à
« votre règne, mais en désirent un autre. Nos plus
« imposés seront partout des bourboniens secrets, et
« vous appelez vos ennemis pour vous défendre ! »
Alors que fit le tyran ? Il ordonna de descendre un peu
plus bas, et de choisir par exemple trois cents électeurs
parmi les six cents plus imposés. Qu'en est-il encore
résulté ? La Chambre de 1815. C'est Bonaparte qui a
nommé la Chambre de 1815, parce qu'il avait fait des
électeurs grands propriétaires. « C'est Buonaparte qui
a préparé les élections ultra-bourboniennes. Voilà le
mal dont les députés de la France veulent à la
deuxième année de la Restauration garantir la
France ! »

Dans le camp libéral, M. Royer Collard défendit le

projet de loi. Il repoussa l'élection à deux degrés, les
assemblées primaires, et soutint le droit exclusif des
électeurs à 300 francs aux dépens de celui de la multitude. Les orateurs de la majorité ministérielle avaient
déjà tenu à cet égard un langage suffisamment signi-
ficatif et qui, de leur part, était tout naturel : « Ou la
masse sera vénale, — disait M. Cuvier, le 28 décembre
1816,—ou elle se laissera subjuguer par l'ascendant des
hommes puissants, ou elle se laissera entraîner par la
séduction des démagogues. Si elle devient l'auxiliaire
des grandes propriétés, ce sera un auxiliaire aveugle. »
Dans le même sens, le rapporteur du projet, M. Bourdeau s'écriait : « Le peuple paie l'impôt, dites-vous. Il
acquitte les charges, il doit exercer ses droits. Défenseurs indiscrets des droits du peuple, demandez-lui
s'il les réclame ! Il les méprisait quand il les avait. »
Si ces orateurs étaient dans leur rôle en traitant avec
ce dédain la multitude et ses droits, on s'étonne par
contre aujourd'hui de retrouver les mêmes accents ou
de plus violents encore dans la bouche de Royer-
Collard. Parlant de ce système qui voulait abaisser le
cens au premier degré pour le surélever au deuxième,
et accroître les assemblées primaires au détriment
du collège électoral réduit à un petit nombre de grands
propriétaires, il raisonnait ainsi (26 décembre) : « Est-ce
donc trop de cent mille voix pour nommer les députés de
30 millions d'hommes ? que gagneraient les assemblées primaires à faire taire cinquante ou soixante
mille de ces voix, si ce n'est en altérant la force des
élections, de ruiner l'autorité de la chambre élective...,
de créer de nouvelles factions, et de rentrer et la

France avec elles, sous leur empire? Car, messieurs, *appeler la multitude, qu'est-ce autre chose que d'inviter les factions à la remuer á toutes les profondeurs, à l'éni-vrer de fausses espérances, à lui promettre des proscrip-tions et des dépouilles ? c'est l'histoire de tous les temps, c'est aussi la nôtre.* » Un rapprochement presque forcé se fait ici. On songe à ce fameux passage sur *la vile multitude* qui, trente années plus tard, apparaissait dans un discours de M. Thiers, et que son devancier semble lui avoir suggéré.

Le projet de loi passa. On écarta dans la discussion un amendement que nous rappelons en passant parce que de nos jours une proposition analogue a été intro-duite à l'Assemblée nationale de 1871. M. de Serre proposait que dans les départements qui nomment plus d'un député, il y eût un collège des villes et un collège des campagnes, et que chacun des deux élût son représentant.

A la Chambre des Pairs, la discussion du projet se reproduisit dans les mêmes termes. Les pairs roya-listes cherchèrent, comme les royalistes de l'autre Chambre, à se populariser en demandant des assem-blées primaires, sauf à concentrer au deuxième degré le droit électoral aux mains d'un petit nombre. « Mais on consolerait la nation, — dit M. de Montcalm, — en l'assurant que les députés élus par les plus imposés seraient élus au nom de tous, au nom même de la multitude ». Dans le même ordre d'idées, M. de Poli-gnac revendiqua les droits de la garde nationale. Après avoir rappelé qu'un huitième de la population est reconnu en France comme ayant des intérêts assez grands pour être appelés à la défense générale, il ajoutait : « Eh quoi ! excluez-vous du droit d'élire ces généraux français que l'honneur et l'amour du roi et de la patrie seuls appellent à garder vos villes et vos campagnes? La loi nouvelle, si elle ne prend pas pour base l'aristocratie des grandes propriétés, atteindra directement ou indirectement la majorité d'une classe de citoyens que nous trouvons assez riches pour protéger à leurs dépens le sol de la patrie. »

Tous ces apôtres du droit populaire parlaient de ce qu'ils appelaient l'aristocratie bourgeoise dans des termes qu'ils devaient à plus forte raison appliquer *in petto* aux clients dont ils se faisaient les champions. Le marquis de Rougé divisait les électeurs à 300 francs en huit parties : « Un huitième ne fait qu'un avec le gouvernement légitime. Dans les sept huitièmes restant se trouvent des hommes enrichis par voies illicites, qui n'ont fait usage de leurs talents que pour satisfaire leur cupidité. Il n'est pas un département où ne se trouvent de ces hommes. Dans presque tous ils ont l'influence. On verra donc dans une assemblée de cinq ou six cents électeurs, la moitié et les trois quarts consulter, pour choisir les députés, une douzaine d'individus auxquels aucun de nous ne voudrait confier l'administration de ses affaires, ni peut être la clef de sa porte. »

Un des plus illustres défenseurs de la loi, faisait, en un langage excellent, justice de la bonne foi de ceux qui s'en portaient les adversaires au nom des intérêts de la démocratie : « Je remarque, disait M. de Broglie, que ce qu'il y a d'avoué, ce qu'il y a de définitif dans

leurs conclusions, c'est un certain goût pour le maintien de nos collèges actuels... Or je me rappelle fort
bien comment les assemblées primaires les ont composés jadis. Certes la démagogie n'y a pas dominé. Que
l'on convoque ainsi de nouveau les paysans et les artisans, la comédie sera la même. Autrefois c'était l'autorité, maintenant ce sont les privilèges que j'aperçois
à travers les trous du manteau de bure. »

M. de Broglie était bien autorisé à s'exprimer de la
sorte, quand M. de la Bourdonnaye, laissant percer le
bout de l'oreille, comme l'avait fait M. de Villèle, venait dire dans l'autre Chambre, après avoir reproché
au projet de prosterner la population devant le veau
d'or, qu'en appelant la classe des imposés au-dessous
de 300 francs, classe attachée par ses intérêts, par une
corrélation de services et de besoins aux grands propriétaires et aux capitalistes, « on donnerait à la grande
propriété *l'influence dont elle a besoin pour défendre
des intérêts constamment attaqués.* »

La loi de 1817 établissait pour la première fois le
principe de l'élection directe qui n'avait jamais figuré
dans nos constitutions, si ce n'est dans la Constitution
avortée de 1793. Est électeur tout français âgé de
30 ans, et payant 300 francs de contribution directe. —
Il n'y a dans chaque département qu'un seul collège
électoral, divisé en sections dans les départements où
il y a plus de 600 électeurs. C'est ainsi que pour la
Seine une ordonnance royale divise le collège en
20 sections. Chaque section concourt directement à la
nomination de tous les députés que le collège doit
élire. — Le président du collège, et les vices-prési-

dents des sections sont nommé par le roi. Les scrutateurs et le secrétaire sont nommés par le collège, ou
les sections. — La session des collèges est de dix jours.
Il ne peut y avoir qu'une séance par jour qui est close
par le dépouillement du scrutin. — Les électeurs votent par bulletins de liste contenant à chaque tour de
scrutin autant de noms qu'il y a de nominations à
faire. — Il n'y a que trois tours de scrutin. Après les
deux premiers tours, le bureau dresse une liste des
personnes qui au deuxième tour ont obtenu le plus de
suffrages. Cette liste contient deux fois autant de noms
qu'il y a encore de députés à élire. Les suffrages au
troisième tour ne peuvent être donnés qu'à ceux dont
les noms sont portés sur cette liste.

Il convient de remarquer que la loi n'établit pas encore une règle qui n'apparaitra dans la législation
électorale que trois ans plus tard, mais cette fois pour
y figurer à titre permanent. Il s'agit du secret du vote
édicté seulement dans la loi de 1820. On n'en fit pas
une obligation. Mais par contre, la Chambre des députés écarta le 7 janvier par la question préalable un
amendement de M. de Montcalm demandant qu'on vo-
tàt publiquement et une seule fois sur un registre.

La loi de 1817 ne fut critiquée par les libéraux qu'à
raison de certaines dispositions de détail, mais qui
pouvaient cependant avoir des conséquences graves, et
qui faisaient en effet tache dans une œuvre aussi libérale pour l'époque. On se plaignit vivement de ce que
la nomination des présidents des collèges fût réservée
au roi. Encore, en ayant proposé cette mesure, le gouvernement pouvait-il être considéré comme ayant fait

une concession, et avait-il ainsi rabattu de ses pré-
tentions primitives, puisque dans le projet originaire,
comme nous l'avons vu, c'était le bureau tout entier
qui était nommé par le roi.

Une autre mesure que l'opposition critiquait, c'était
l'article 5, aux termes duquel le Préfet seul devait
dresser la liste des électeurs, et statuer provisoirement sur les réclamations qui s'élèveraient contre la
teneur de cette liste. On faisait remarquer qu'il serait
facile ainsi au Préfet de composer ladite liste à sa
guise. Enfin, on s'élevait aussi contre l'article 6, défé-
rant au Conseil d'Etat les difficultés qui concerne-
raient les contributions ou le domicile politique du
réclamant. Cette juridiction n'offrait aucune garantie
d'indépendance. « Elle serait mieux nommée « Conseil
« du Ministère », disait le *Censeur Européen*, puisque le
ministère peut rejeter ses décisions. » Les dispositions
vicieuses qui étaient ainsi dénoncées n'enlevaient pas
d'ailleurs à la loi, ainsi que nous le disions plus haut,
son caractère de loi de progrès.

Elle conférait en fait le suffrage à environ 100,000
électeurs, répartis naturellement d'une façon inégale
entre les collèges. Par exemple, celui de la Seine en
comptait 9.000, et celui de la Corse n'en renfermait
que 40. C'est ainsi que le général Sébastiani se trouvait
élu pour ce dernier département par 28 votants. — La
contribution de 300 francs que payaient les électeurs
supposait un revenu de 1,200 francs en biens-fonds ou
de 1,500 à 2,000 francs en valeurs mobilières. La patente
figurait parmi les contributions qui donnaient droit
à l'électorat; mais, en fait, d'après ce que disait

M. Lainé à la Chambre en 1819, il n'y avait pas plus
de 400 électeurs admis à ce titre à raison de la patente
seule.

Nous parlons des électeurs. Nous n'avons encore
rien dit des éligibles. C'est que la loi n'en dit rien.
Elle était obligée de s'en référer implicitement sur ce
point au texte de la Charte, laquelle, s'étant prononcée nettement, ne lui laissait pas placé pour statuer.
Les éligibles, d'après les conditions prescrites par la
Charte, ne dépassaient pas le nombre de 16,000 (1).

Ces indications permettent de se rendre compte que
la loi ne consacrait pas l'avènement de la démagogie ;
et M. Lally-Tollendal touchait juste, lorsque raillant
la terreur des conservateurs à outrance, il s'écriait à
la Chambre des Pairs, le 23 janvier : « 100,000 électeurs concourent seuls à élire les représentants de
29,000,000 d'hommes ; 18,000 plus imposés entre les
100,000 sont seuls éligibles, et l'on parle des excès de
la démocratie ! » On sait cependant que la droite n'eut

(1) Ce chiffre est consigné dans un tableau déposé par le minis-
tère, dans la séance du 3 janvier 1817, comme annexe du projet, et
contenant l'indication des individus imposés à 300 francs et au-dessus dans les divers départements. Voici un extrait de ce tableau :
  Individus imposés à 300 francs y compris la patente : 90,878.
  Individus imposés à 300 francs, non compris la patente : 74,900.
  Individus imposés à 300 francs, en patente seule : 3,836.
  Citoyens âgés de 40 ans, et payant 1,000 francs : 16,052.
Dans la séance du 23 mars 1817, M. Lainé, se livrant à des développements sur la statistique électorale, disait qu'il y a en France
1 électeur sur 300 individus ; qu'il y a environ 7 à 8,000 candidats
aux fonctions législatives, soit environ 1 sur 4,000.
Un député, déduisant les conséquences des chiffres alors produits affirmait que sur 280 millions d'impôts, les électeurs et les
éligibles en fournissaient 230.

pas de cesse qu'elle n'eût obtenu le rappel de la loi
de 1817, et que les événements qui survinrent, soit des
élections comme celle de Grégoire en 1819, et qu'en
dernier lieu l'assassinat du duc de Berry eurent pour
effet d'assurer le succès de cette campagne.

§ 3. — Troisième période. — Tentatives pour modifier la loi
de 1817. — Loi du double vote.

Dès le 20 février 1819, l'ancien Directeur Barthélemy avait introduit à la Chambre des Pairs une proposition pour supplier le roi de proposer un projet de
loi tendant à faire éprouver à l'organisatiou des colléges électoraux les modifications dont la nécessité
pourrait paraître indispensable. Sous l'empire de la
loi de 1817, on avait constaté un tiers d'abstentions.
Barthélemy en concluait qu'il y avait un vice dans la
manière de donner les votes. L'argument est intéressant à signaler. Car les orateurs qui s'en servirent, au
travers de leurs aperçus passionnés, fournissent du
moins des indications précises, à savoir des chiffres
qui ont leur éloquence pour l'histoire du droit électoral. « Dans le département du Nord, — disait M. Lainé
le 20 mars 1819, à la Chambre des Députés, — le plus
riche et le plus peuplé de France, le nombre des électeurs inscrits ne s'est élevé qu'à 2,103. Dans ce même
département il y a eu deux élections depuis la loi du
5 février. En 1817, sur 2.303 électeurs, il ne s'en est
rendu au collège que 439, et en 1818 que 994. Dans
les Landes, sur 674 électeurs inscrits, le collège n'a

reçu que 336 votants. Dans les Basses-Pyrénées où il y a 321 électeurs, 83 seulement ont paru (1).

M. de la Bourdonnaye se préoccupait, lui aussi, des abstentions qui mettaient le salut de la monarchie à la merci d'un nombre infime de voix : « Sur 100,000 électeurs répartis en quatre-vingts collèges, un tiers a renoncé à l'exercice de son droit. On peut dès lors avancer avec quelque probabilité que 70,000 mille électeurs seulement concourront dans l'ordre habituel des choses à la nomination des membres de la Chambre... Or, il résulte du relevé des procès-verbaux des collèges électoraux que la majorité jusqu'ici peu nombreuse ne s'y élève pas au dixième de la masse des électeurs admis au scrutin. Ce seraient donc 7,000 votes qui décideraient de la majorité des collèges électoraux.... Le nombre habituel des collèges est de 1,000 à 1,600 ; moitié compte au dessus de 1,200 électeurs ; quelques-uns en comptent de 100 à 200. Ainsi dans les uns, 10 à 15 voix, 100 ou 150 dans les autres détermineraient la majorité ! »

Outre l'argument de l'abstention, argument pour

(1) Le journal *le Conservateur* (tome IV, année 1819, page 621), donne encore quelques chiffres intéressants. Dans la Seine-Inférieure, sur 4,800 électeurs il n'y avait eu que 2,500 votants. — A Chartres, 938 votants sur 1,700 électeurs. — Dans l'Allier, 752 votants sur 1,200 électeurs.

Pour le département de la Seine, sur 10,113 inscrits, le nombre des votants avait été en 1817 de 7,378, et en 1818 de 7,630. (V. aux *Archives Nationales* F¹ᶜ II Carton 48, le tableau comparatif du nombre des électeurs et des votants aux élections des Cent Jours, de 1815, 1816, 1817, 1818.)

lequel Barthélemy avait ainsi nombre d'auxiliaires autour de lui, l'ex-Directeur en produisait un autre, dérisoire celui-là, et qui montre ce que vaut la bonne foi des partis : « Tout citoyen, disait-il, est électeur de par la Charte en payant 300 francs de contribution directe. Or les patentes sont assimilées à la contribution foncière ; et comme la perception des patentes se fait par douzième, et que l'on n'exige pas un espace de temps déterminé pour acquérir par cette voie les droits politiques, il suit qu'avec 25 francs une fois payés, un individu peut voter légalement dans une assemblée électorale française. » M. Beugnot, rapporteur de la proposition quand elle vint à la Chambre des Députés mettait à néant d'un mot ce beau raisonnement : « A-t-on, — disait-il le 18 mars 1819, — reçu des individus récemment imposés à la patente, et qui n'en ont acquitté que le douzième ? Rien de pareil n'a eu lieu dans Paris où quatre patentes seulement ont été délivrées dans l'intervalle de la convocation à la dissolution du collège électoral. D'ailleurs l'article 40 de la Charte appelle ceux qui *payent*, non ceux qui n'ayant payé qu'un douzième pourraient se dispenser de payer le reste. »

La vraie raison de la proposition Barthélemy, c'est qu'on voulait assurer le monopole de l'élection aux grands propriétaires. C'est dans ce but qu'au cours de la discussion à la Chambre des Pairs, M. de Fontanes rappelait la réponse de Napoléon à ceux qui voulaient le détourner de maintenir les 600 plus imposés dans les collèges électoraux : « Ces hommes-là, dites-vous, sont grands propriétaires. Ils ne veulent donc pas que le sol tremble. C'est leur intérêt et le mien. »

La proposition Barthélemy fut adoptée à la Chambre des Pairs par 98 voix contre 55 ; mais elle fut rejetée à la Chambre des Députés par 150 voix contre 94. Cependant, moins d'un an après, le 15 février 1820, M. Decazes se voyait dans la nécessité d'introduire un projet pour modifier la loi de 1817. C'est ce projet qui devint la loi du 29 juin 1820, connue sous le nom de loi du double vote.

Dans l'exposé des motifs, M. Decazes signalait les vices de la législation existante, un scrutin de liste pouvant porter sur un nombre de députés allant jusqu'à 12, et puis le vote au chef-lieu. Il disait sur le premier point : « Des propriétaires enlevés à leur sol, contraints de faire porter leurs choix sur des noms qui sont nouveaux pour eux ne peuvent pas exprimer un vote personnel, un suffrage réel. Ils arrivent à se désintéresser de l'élection. Une conséquence inévitable de cet état de choses est d'assurer au chef-lieu toute l'influence électorale. Les trois cinquièmes des arrondissements n'ont pas élu de députés. » Il dénonçait encore un autre prétendu vice de la loi, et il se livrait à la plus bizarre argumentation pour placer à l'ombre des principes d'égalité un projet préparé en vue d'assurer le triomphe du privilège : « En faisant, disait-il, de l'aptitude reconnue par l'article 40 de la Charte, un droit positif pour tout citoyen payant 300 francs de contribution directe, la loi du 5 février a voulu donner à tous les propriétaires rangés dans cette classe un avantage commun. Mais elle n'a pas eu la pensée de choisir de préférence une portion d'entr'eux, celle même qui se rapproche le plus de la propriété inférieure, que la Charte n'a pas élevée à l'aptitude reconnue par l'article 40, et de conférer de fait à cette seule portion un privilège exclusif. Tel est cependant le résultat de la loi. La division des propriétés fait que la classe des électeurs de 3 à 500 francs est relativement aux autres électeurs dans la proportion de trois cinquièmes, de sorte qu'elle a partout la majorité, et qu'elle fait ou peut faire exclusivement les choix. »

Le projet Decazes, qui dut d'ailleurs être retiré, reposait sur une base qui, après bien des vicissitudes, devint celle de la loi. Il créait des collèges d'arrondissement nommant 258 députés, et des collèges de département en nommant 172. Les membres du grand collège, au nombre de 600 au plus et de 100 au moins, seraient nommés par le collège d'arrondissement, parmi les imposés de 1.000 francs. — Le bureau des collèges était composé d'un président nommé par le roi, et de fonctionnaires déterminés. — En outre le projet augmentait le nombre des députés porté à 430. — Il établissait le renouvellement quinquennal de la Chambre. — Enfin, il édictait aussi deux dispositions qui, ni alors ni depuis, n'ont passé dans notre législation. L'une avait trait à la création de députés suppléants. L'autre organisait le vote public en se basant sur des arguments déclamatoires : « La publicité, disait l'exposé des motifs, est l'âme du gouvernement constitutionnel. S'il était vrai que le vote public fût contre la nature des choses en France, il faudrait renoncer ou au gouvernement représentatif ou à la liberté. Le vote secret, c'est l'hypocrisie dans la politique. »

Benjamin Constant, appréciant dans un cours de politique constitutionnelle le projet Decazes, disait qu'il avait pour but de fortifier le pouvoir ministériel. « De là, — faisait-il observer, — la quinquenalité, la formation illusoire du bureau, le vote public comme moyen de maintenir les fonctionnaires dans la dépendance. Quant à l'avantage donné à l'oligarchie par la nomination de 172 députés choisis par elle, il est évident que c'était une concession dont on avait même tâché d'atténuer l'effet en plaçant ces élus de l'oligarchie en minorité. »

Quoi qu'il en soit, le projet Decazes dut être retiré. Les royalistes le trouvèrent trop démocratique à raison du choix des électeurs du grand collège. Au contraire les libéraux ne pouvaient admettre la création d'un collège supérieur, et étaient opposés au système de nomination et de composition du bureau. Le 17 avril, M. Siméon, ministre de l'Intérieur, présentait à la Chambre des Députés un autre projet. Les deux classes de collèges électoraux étaient maintenues ; mais il y avait des modifications dans les attributions des collèges d'arrondissement, et dans le recrutement des collèges de département. Les premiers choisissaient autant de candidats que le département avait de députés à nommer. Les seconds composés du cinquième des électeurs pris dans les plus imposés devaient nommer les députés entre les candidats présentés par les collèges d'arrondissement.

Benjamin Constant comparant le projet Siméon au

projet Decazes dont nous l'avons vu plus haut caractériser l'esprit, prétendait que cette seconde mesure était calculée pour assurer cette fois la victoire non du ministère, mais de l'oligarchie : « De là, dit il, ces collèges des plus imposés qui, dans presque tous les départements seront formés des anciens riches. De là cette combinaison à l'aide de laquelle la minorité la plus imperceptible pourra être choisie par le grand collège, au détriment du candidat d'une majorité des dix-neuf vingtièmes. » Tel est le langage que tenait un adversaire du projet. Mais le ministre de l'Intérieur défendait ainsi son œuvre, dans l'exposé des motifs présenté le 14 juin 1820 à la Chambre des Pairs : « La division des électeurs en collèges d'arrondissement et de département a pour but de faciliter leur réunion en rapprochant de leur domicile le lieu des assemblées, de diminuer l'influence des grandes villes, et de donner à chaque arrondissement électoral la nomination d'un député. Lorsqu'on n'aura qu'un choix à faire, on y apportera plus d'attention. On ne se déterminera que par sa propre volonté. » Le ministre disait en outre que les collèges de département balanceraient les élections quelquefois trop démocratiques des collèges d'arrondissement. Enfin, répondant au grief formulé contre la loi, et tiré de ce que les électeurs du grand collège pourraient en même temps voter dans les collèges d'arrondissement, et avoir ainsi un *double* vote, il disait « qu'exclure le quart des plus imposés des collèges d'arrondissement ce serait trop augmenter l'influence des électeurs de cent écus. » M. Royer-Collard, avec sa puissante argumentation, faisait justice de ces beaux raisonnements : « Les articles 38 et 40 de la Charte, — disait-il le 17 mai 1820, — n'ont considéré la propriété que comme une garantie morale de l'intérêt et des lumières…. La Charte n'a point offert de prime à ceux qui paient au delà du cens exigé pour être électeur ou éligible. Il ne s'agit pas de payer *plus*. Il ne s'agit que de payer *assez*. *Plus* imposés, *moins* imposés au delà de la capacité constitutionnelle sont des mots vides de sens. Il en est de même de la grande et de la petite propriété : en supposant que dans la répartition actuelle de la propriété il y ait lieu d'appeler l'une grande, l'autre petite, ce n'est ni celle-ci, ni celle-là, ni la propriété moyenne qui sont représentées dans les Chambres : c'est toute la propriété dans son intérêt général, et avec la propriété, la liberté, la sûreté, l'égalité, et tous les droits qui sont le patrimoine commun des Français. L'égalité des électeurs, l'égalité des suffrages, l'élection directe, c'est une même chose ; d'où suit qu'il n'y a de député légitime que celui choisi par la majorité. »

On sait avec quelle ardeur le projet de loi fut débattu, comment la discussion qui dura un mois et demi à la Chambre des Députés tint pendant tout ce temps la France en suspens, et aboutit à des émeutes dans Paris. Voici quelles étaient les dispositions principales de la loi : Il y a dans chaque département un collège électoral de département et des collèges électoraux d'arrondissement. (Art. 1er.) — Les collèges de département sont composés des électeurs les plus imposés en nombre égal au quart de la totalité des électeurs du département. Les collèges de département nomment 172 nouveaux députés. La nomination des 258 députés actuels est attribuée aux collèges électoraux d'arrondissement, à raison d'un par arrondissement.

La loi maintient, on le voit, le principe de l'élection directe. Seulement, comme le fait observer M. Audiganne dans son *Histoire électorale de la France*, « le principe de l'égalité de droit entre tous les électeurs était détruit : on donnait des droits séparés, et des représentants particuliers aux débris de l'ancienne aristocratie ; on faisait voter deux fois la grande propriété, d'abord dans les collèges d'arrondissement avec les autres électeurs, ensuite seule dans les collèges *aristocratiques*. » Cette dernière épithète convenait d'autant mieux aux collèges de département qu'en fait, le cens pour y être admis, cens variable suivant la richesse des départements, dépassait dans quinze de ceux-ci le taux requis pour être éligible.

La loi à titre exceptionnel édictait que les électeurs se réuniraient en un seul collège dans les départements qui n'avaient à l'époque du 5 février 1817 qu'un député à nommer, dans ceux où le nombre des électeurs n'excédait pas 300, et dans ceux qui, divisés en cinq arrondissements ou sous-préfectures, n'auraient pas au-delà de 400 électeurs. Ces différentes exceptions portèrent sur huit départements seulement.

La circonscription de chaque arrondissement électoral devait être déterminée par une loi. Cette loi qui intervint en effet le 10 mai 1821 dut nécessairement fondre plusieurs arrondissements administratifs en un

seul arrondissement électoral, puisque pour 335 arrondissements il n'y avait que 247 députés. La division
de la ville de Paris en 8 arrondissements, division qui
avait été faite provisoirement par ordonnance royale
fut maintenue. Cette loi sur les circonscriptions offrait
les inégalités les plus choquantes, que le rapporteur
du projet à la Chambre des Députés essayait de
justifier en rappelant d'autres inégalités non moins
choquantes, mais nécessaires, suivant lui, qui exis-
taient dans la loi électorale. A ce dernier point de vue,
ce passage du discours de M. de La Bourdonnaye est
des plus piquants : « Sans doute il serait désirable que
chaque électeur investi des mêmes droits pût les exercer dans la même proportion. Mais s'il est démontré
que ce but ne puisse être atteint dans toute l'étendue
de la France, si cette inégalité se trouve même sanc-
tionnée par nos lois, si elles l'ont consacrée dans
7 départements, si elle existe déjà de fait de département à département dans une proportion telle que le
collège électoral de la Seine, qui ne nomme qu'un
député, contient à lui seul autant d'électeurs que
quatre ou cinq collèges réunis de quelques départements du midi qui en envoient à la Chambre 8 à 10 ;
si le collège électoral de la Corse, qui se compose de
36 votants, élit deux députés, tandis que plusieurs
collèges électoraux de départements industrieux qui
renferment un nombre vingt fois plus considérable
d'électeurs, n'ont le droit que d'en choisir un seul, il
faut bien convenir que l'égalité de nombre dans les
électeurs de collèges d'arrondissement d'un même
département n'est ni dans l'esprit de la Charte, ni le

but d'un travail de circonscription parce que la nature des choses y résiste. »

La loi de 1820, si elle restreignit les droits d'une catégorie d'électeurs au profit de l'autre, ne put pas du moins diminuer d'une façon directe le nombre même des électeurs. Le législateur à cet égard venait se heurter contre l'article de la Charte, qui constituait un obstacle insurmontable. Mais par une voie indirecte, le but fut tout de même atteint dans une certaine mesure, d'une part au moyen de dispositions comprises dans la loi même de 1820, d'autre part au moyen de dispositions postérieures. D'abord l'article 4 de la loi, édictant une règle qui ne se trouvait pas dans la loi de 1817, porte que les contributions ne seront comptées pour être électeur ou éligible que lorsque la propriété foncière aura été possédée, la location faite, la patente prise, et l'industrie sujette à patente exercée une année avant l'époque de la convocation du collège électoral. Ensuite les divers dégrèvements dont la propriété foncière, par suite de considérations économiques ou politiques, fut l'objet sous la Restauration, eurent pour effet qu'un contribuable qui, à l'époque de la Charte, payait 300 francs d'impôts, était quelques années après en deçà du cens, et cessait d'être électeur. Nous voyons ainsi que le nombre des électeurs, qui était en 1817 évalué à 110,000, n'était déjà plus en 1820 que de 105,586. Si on prend cette dernière époque comme point de départ, on constate, qu'en 1829 pour 1830, le nombre n'était plus que de 88,275. En neuf ans, il y avait donc eu disparition de 17,830 électeurs. De même pour les éligibles : en 1820 on en comptait 18,571. En 1828, pour 1829, on n'en compte plus que 14,548, soit, en huit ans, une diminution de 4,023.

Les électeurs se répartissaient entre les départements, suivant des chiffres qui varient entre 9,414 pour le département de la Seine et 41 pour la Corse. La Seine-Inférieure arrive, comme nombre, immédiatement après la Seine avec un chiffre de 3902. Viennent ensuite quatre autre départements qui ont plus de 2,000 électeurs ; trente en ont plus de mille. En queue de la liste figurent huit départements qui ont moins de 400 électeurs.

Nous venons de parler du nombre des électeurs en bloc. Il convient, pour montrer les effets de la loi de 1820, de préciser pour quelle proportion figure dans ce nombre les électeurs à double vote. Sur 102,028 électeurs, il y en avait 25,507 qui, en 1820, faisaient partie du grand collège. Aux élections de juin et juillet 1830, le nombre des électeurs inscrits a été dans les arrondissements de 92,542, dans les collèges de départements de 22,445.

Le nombre des éligibles dans chaque département se trouvait assez restreint. D'après un rapport fait en 1820, il n'était pour toute la France que de 16,062 et le nombre des candidats était comme de juste bien plus restreint encore : car, outre que le cens d'éligibilité était fort élevé, et que tel département ne renfermait pas plus de sept contribuables imposés au taux de 1000 francs, ce taux même n'impliquait pas une fortune assez indépendante pour permettre à un homme de province d'opérer un déplacement coûteux, et de

venir exercer à Paris des fonctions gratuites. La
Charte avait bien atténué les rigueurs du cens en décidant qu'il y aurait en tous cas un minimum de 50 éligibles par département. Mais qu'était-ce que ce chiffre
dans le département des Hautes-Pyrénées, par exemple, qui avait à nommer 2 députés? Le département de
la Seine, qui renfermait naturellement le plus grand
nombre d'éligibles n'en contenait que 2,333 pour huit
sièges (tableau dressé en 1817). « Mille francs de contributions, — écrivait en mai 1828 Ch. Comte (*Revue Ency-
clopédique*), — supposent tout au plus un revenu
de 5 à 6,000 francs. Or un homme de cette fortune,
qui a famille, ne peut tous les ans passer six mois
dans la capitale. Différentes combinaisons autorisées
par la loi peuvent faire qu'un individu payant cet
impôt n'ait pas même le revenu que cet impôt paraît
supposer. D'ailleurs, il peut n'être éligible que comme
comptant parmi les plus imposés. » Comte prenait la
Corse pour exemple : « On y compte tout au plus 30
ou 32 électeurs. Il n'y en a donc pas plus de 30 payant
plus de 300 francs de contributions. Cependant en
Corse, il y a 50 éligibles. » L'écrivain faisait remarquer justement qu'en fait les fonctions de député,
fonctions gratuites, ne pouvaient être briguées que
par un très petit nombre de citoyens, soit par les fonctionnaires publics, par les hommes appelés par leurs
affaires ou leurs plaisirs dans la capitale, et par les
habitants de Paris qui ont du talent et des loisirs.
« Les trois quarts des départements, — disait à la
Chambre, M. Bérenger, rapporteur de la loi électorale
de 1831, — ne comptaient pas 100 éligibles : de sorte que

le plus souvent le choix des électeurs pouvait à peine
se porter sur huit ou dix citoyens ; et leur députation
se composant de deux ou trois députés, la loi ne leur
offrait réellement pour chacun d'eux qu'une candidature de deux ou trois personnes. » D'après une déclaration faite à la même époque à la tribune, par
M. Eusèbe Salverte (4 mars 1831), il était arrivé dans
plus d'un arrondissement qu'il n'y avait qu'un éligible :
« Cela, disait l'orateur, m'a été confirmé par des députés en 1828. » Il paraîtrait même qu'il y aurait eu une
élection pour laquelle aucun candidat ne se serait
présenté.

La loi de 1820, outre qu'elle consacrait l'inégalité
entre les électeurs, avait ce grave défaut de porter atteinte à la sincérité de l'élection par cette organisation
de collèges d'arrondissement, soit d'assemblées trop
peu nombreuses pour se dérober à l'influence d'un intrigant habile qui devait avoir facilement raison d'une
poignée d'électeurs. Si, sous l'empire du suffrage universel, on a adressé cette critique au vote par arrondissement, combien devait elle porter davantage sur
une loi d'après laquelle les collèges n'étaient composés
que de quelques centaines d'électeurs (1) !

La loi de 1820 fut tellement impopulaire dans le parti
libéral qu'on vit, lors des élections de 1824, des hommes très honorables annoncer qu'ils n'accepteraient
leur nomination qu'autant qu'elle émanerait d'un col-

(1) Dans un état dressé au ministère de l'Intérieur pour une partie
seulement des départements (V. *Archives Nationales*, F1c II carton 50),
on peut relever de 1820 à 1823 plus de 300 arrondissements qui n'ont
pas 200 électeurs.

lège d'arrondissement. Cette loi qui devait être le salut
de la monarchie, la digue contre le flot montant du
libéralisme ne parut bientôt plus suffisante à la Restauration. On sait que dans les Ordonnances de juillet,
figuraient des dispositions pour la modifier. La Chambre des députés ne se composerait plus que de députés
de départements. Ils seraient élus par des collèges
composés du quart des électeurs du département. —
Quant aux collèges d'arrondissements, ils ne pourraient
présenter que des candidats parmi lesquels le collège
de département devrait choisir au moins la moitié de
la députation. — Le cens électoral et le cens d'éligibilité
étaient augmentés. On ne tenait plus compte que de
l'impôt foncier et de l'impôt personnel et mobilier. Celui
des patentes et celui des portes et fenêtres était laissé
de côté. — En outre, il fallait que l'électeur fût inscrit
personnellement à la cote. On abrogeait les lois de
1817 et 1820 qui autorisaient les délégations des veuves,
et permettaient de se servir des contributions des enfants mineurs, femmes, etc.

§ 4. — **Inscription sur les listes. — Manœuvres électorales.**

Nous venons d'exposer le système des lois électorales de la Restauration. Il faut donner ici comme ap-
pendice à ce système un aperçu de la législation concernant l'inscription sur les listes électorales. Ce qui
a trait à cette matière est une partie essentielle de
l'étude que nous entreprenons. Car une loi sur les
élections est sans portée, si elle ne ménage pas de garanties pour que tous les électeurs, et les électeurs

6.

seuls, puissent avoir accès au scrutin. Or la législation de la Restauration a jusqu'en 1828 été des plus défec-tueuses à cet égard, et facilitait les abus d'une adminis-tration peu scrupuleuse. C'est cette administration'qui tranchait souverainement, — et avec quelle partialité, les documents contemporains le disent assez, — la question des droits de l'électeur, du moins pour ce qui touchait les difficultés souvent fort délicates, relatives à ses contributions et à son domicile politique. Aucune mesure n'était édictée pour assurer au citoyen omis sur la liste les délais suffisants à l'effet de recourir contre la décision prise à son égard. Le droit des tiers de se pourvoir contr'une radiation ou une inscription illégale n'était ni réglementé ni même suffisamment assuré. Enfin le recours, même formé dans le délai, n'était pas suspensif, si bien que les erreurs intéres-sées du préfet ayant introduit de faux électeurs, ou omis des électeurs légitimes, n'en produisaient pas moins leur effet pour l'élection en vue de laquelle il les avait commises.

Nous nous reprocherions de ne pas signaler quelques unes des manœuvres que se permettait l'Administra-tion, et qui ont été rappelées lors de la discussion de la loi de 1828 dont le but était précisément de les préve-nir. Ainsi, — pour parler du ministère d'abord, avant de parler de ses agents, — en 1823, l'ordonnance royale du 24 décembre fixait les élections pour le 25 fé-vrier suivant, et déclarait qu'elles auraient lieu sur les rôles de 1824 non encore publiés. C'était s'arranger de façon que les préfets pussent dresser ces rôles à leur guise, les électeurs ne devant pas avoir matériellement le temps de réclamer avant la clôture des listes. Les préfets n'avaient garde de manquer à ce genre de manœuvres auquel ils étaient ainsi conviés. « D'innombrables cris s'élèvent à la fois de tous les points de la France contre les manipulateurs de la matière électorale, s'écriait le *Constitutionnel* le 26 février 1824. Des milliers d'électeurs sont privés de leurs droits, les uns en cheveux blancs et courbés par l'âge pour n'avoir pu prouver, leur extrait baptistaire à la main, qu'ils étaient nés antérieurement au 24 février 1794, les autres pour n'avoir pas produit l'acte en vertu duquel ils possèdent des biens héréditaires, ceux-là pour avoir été dégrevés à l'improviste, et sauf rectification, d'une partie de contribution suffisante pour les faire descendre au-dessous du cens électoral, et ceux-ci parce qu'une lettre omise ou ajoutée à leur nom, parce qu'un déplacement dans l'ordre des prénoms ont fait naître des scrupules convenus. Ici la loi du 20 juin méconnue ou violée a vainement autorisé les veuves à faire compter le montant des contributions dans la cote de celui de leurs enfants qu'elles ont choisi. Là il faut prouver un fait négatif, que domicilié dans un département on ne vote pas dans un autre où on ne réside pas. » « Sous l'empire de l'ancienne loi, — dit M. Moureau qui faisait un commentaire de la loi nouvelle — il était impossible de vérifier dans quelle commune un intrus payait l'impôt dont il était gratifié sur la liste. La loi du 5 février 1817 n'exigeait pas que la liste mentionnât où cet impôt était payé, et celle du 29 juin 1820 qui avait amélioré la première, n'exigeait que le nom du département. Aussi, en 1824, disait-on sur la liste électorale qu'un individu qui n'avait aucun titre à l'électorat avait ses propriétés territoriales dans le Var. »

A la Chambre des Pairs, le 17 juin 1828, le duc de Choiseul parlait d'un département « où les électeurs, d'abord portés au nombre de 409 se sont trouvés, disait-il, réduits à 303 par l'exactitude et la probité d'un nouvel administrateur. » Il ajoutait : « Nous avons vu les listes définitives affichées à 4 heures du matin, le jour même des élections, et nul recours possible contre cette honteuse escobarderie. Grâce à la loi nouvelle, nous ne verrons plus ces électeurs nomades portant de préfecture en préfecture leur domicile passager, venir voter, eux et même quelques membres de leur famille, dont les titres de propriétés connus d'eux seuls ont toujours été soustraits à la vérification publique. On ne verra plus s'introduire dans les collèges électoraux des hommes connus pour n'avoir pas le droit d'y être. »

Signalons encore le détail suivant au sujet de la façon dont les préfets s'acquittaient de l'obligation de faire afficher les listes. « Cette obligation, dit M. Boyard (1), conseiller à la cour de Nancy, ne plut point à l'administration. La manière dont on s'y conforme ne plait point aux électeurs... On remarque qu'au lieu d'imprimer les listes par ordre alphabétique, et de les afficher de manière à ce qu'elles puissent être consultées,

____

(1) *Des élections selon la Charte et les lois du royaume.* Toul 1828. Sur la couverture de cet opuscule, M. Boyard, par un procédé caractéristique du temps, fait suivre l'indication de sa profession de la qualité d'*éligible.*

on avait affecté de faire des affiches de sept à huit
pieds de longueur sur cinq à six colonnes, et de les
placarder à quatre à cinq pieds du sol, de sorte qu'il
aurait fallu une échelle pour découvrir les noms des
colonnes supérieures. Une ordonnance du 4 septembre
1820 remédia en partie à de tels inconvénients (*en pres-
crivant de publier des listes cantonales au lieu de listes
départementales*), mais elle n'eut pas le soin de pres-
crire le mode de publication. Les affiches disparurent
presque partout à Paris dans les vingt-quatre heures
de leur publication. » Le *Constitutionnel* du 2 mars
1824 donnant le tableau comparatif des élections parisiennes en 1822 et en 1824, (8,680 votants en 1822, et 9,133
en 1824), faisait remarquer que, comme de nombreux
dégrèvements avaient eu lieu en 1824, on ne pouvait
expliquer que par la fraude cette augmentation de
453 votants en deux ans.

Ces manœuvres de l'administration en ce qui touche
la manipulation des listes électorales étaient l'objet
des constantes et légitimes préoccupations de la
gauche. La presse encourageait les électeurs à s'entendre pour prévenir les fraudes. « L'expérience des
dernières années, disait le *Constitutionnel* du 13 février
1824, faisant craindre aux électeurs constitutionnels
qu'on n'introduise parmi eux des hommes qui se per-
mettraient de voter sans avoir les qualités requises
par la Charte, il s'est formé à Paris et ailleurs des
associations d'électeurs jurisconsultes qui recueillent
les preuves de cette infraction aux lois et se proposent
de les dénoncer en temps opportun aux magistrats
compétents. Elles se chargent de recevoir toutes les

réclamations que les électeurs auraient à faire valoir contre tout acte illégal. »

La loi de 1828 introduite par le ministre le plus libéral de la Restauration, par M de Martignac, vint empêcher d'une façon absolue le retour d'abus qui étaient constants. Tout d'abord, pour ne pas permettre à l'administration de procéder par surprise, et de radier tout à coup d'une année à l'autre un électeur, ou d'en introduire un subrepticement, la loi décrète la permanence des listes. En treize ans, — disait M. Lainé, le rapporteur de la loi, — de 1815 à 1827, on a dressé et publié neuf fois des listes électorales à chaque élection, chacun étant obligé de représenter ses titres à la qualité d'électeur. Le vœu public était que des électeurs dont la fortune et l'état ne changeaient pas fussent pas dispensés de démarches et de productions si souvent renouvelées. » Les listes étant permanentes, il y aura seulement chaque année un tableau rectificatif dressé sur la réclamation de l'intéressé ou des tiers. En ce qui touche ces derniers, leur droit de demander l'inscription ou la radiation d'un citoyen est formellement reconnu, pourvu qu'ils figurent sur la liste du département. — Le mode d'affichage des listes, et les délais de recours contre les décisions en la matière sont ménagés de façon que les parties intéressées soient prévenues en temps, et puissent utilement recourir contre la décision qui leur fait grief. De plus leur recours est suspensif, si bien que si l'électeur a été injustement radié, la mesure prise contre lui n'aura pas eu d'effet sur l'élection. Enfin, si l'administration statue en premier ressort sur les difficultés qui surgissent, la décision en dernier ressort est dévolue à la cour royale, et les électeurs trouvent ainsi dans les juges de droit commun les garanties requises.

La loi nouvelle souleva des fureurs dans le camp royaliste qui affectionnait le régime ancien sous lequel il pouvait fabriquer les élections à sa guise. On dénonçait notamment la permanence des listes. On affectait de croire que cette disposition avait pour effet de maintenir en permanence un corps électoral de 80 mille électeurs, élément démocratique à l'égard du trône et de l'aristocratie, et élément aristocratique à l'égard du reste de la nation : « M. le rapporteur proclame luimême, — disait M. de Rougé à la Chambre des Pairs le 17 juin 1828, — que la permanence de la liste donne aux amis politiques la facilité de se concerter et de s'entendre. Ces différents comités, une fois organisés pour remplir une fonction devenue légale, (*le droit d'intervention des tiers*) ne se borneront pas longtemps à vérifier des cotes d'imposition. Ils voudront s'assurer si, dans la confection des listes, l'Administration n'a pas usé de négligence. si elle ne s'est pas rendue coupable de partialité. Vous aurez bientôt ainsi une foule de petites Administrations secondaires composées de tout ce que la classe des électeurs renferme d'hommes désœuvrés et mal intentionnés, n'ayant d'autre occupation que de harceler les autorités locales. D'un autre côté, qui vous garantira que ces réunions partielles, mues par un même genre d'intérêts, ne voudront pas correspondre entr'elles, peut être même recevoir la direction de celle qu'elles auront choisie pour leur centre commun? Arrivés à ce point, nous ne serions

plus longtemps à acquérir la preuve que de comités
de délations à des clubs d'insurrection, il n'y a pas
loin. » M. de Martignac démolissait aisément l'écha-
faudage de ces craintes chimériques, et faisait ressortir le caractère salutaire, mais restreint de la mesure : « On a conclu, dit-il, de ce que des individus
devaient être maintenus sur une liste tant qu'il pos-
sédaient le droit d'y être inscrits, que ces individus
recevaient des attributions d'une autre nature, des
droits nouveaux pour l'exercice desquels ils pouvaient
braver l'autorité publique et le respect dû aux lois.
Le recours de l'électeur radié sera suspensif. C'est le
seul avantage que lui donne la permanence des listes.
Il est impossible d'en indiquer un autre. Nous n'avons
donc pas besoin d'examiner cette grave question de
savoir si dans un pays où tout est isolé et morcelé,
où on ne compte que des individus et des intérêts privés, où aucune corporation, aucune masse, aucun intérêt d'ensemble ne s'élèvent pour créer des digues
ou former des barrières, il serait d'une politique bien
saine de s'affliger à l'idée de 80 mille propriétaires ré-
pandus sur la surface du royaume, et s'unissant plus
intimement dans un intérêt commun. »

Nous signalions plus haut les manœuvres qu'on avait
pu relever contre l'Administration au sujet de la confection des listes. Son attitude ne fut pas moins déplorable dans toutes les autres opérations qui avaient
trait aux élections, et on vit se produire alors tous les
abus de pouvoir qui sont le cortège des candidatures
officielles. Ces abus dont on trouve la trace à chaque
pas dans les procès-verbaux de vérifications des pou-

voirs furent dénoncés tour à tour par la Droite et par
la Gauche, suivant que le ministère du jour poursuivait le triomphe d'une politique libérale ou d'une
politique rétrograde.

Après les élections qui suivirent la dissolution de
la Chambre introuvable, quand M. Decazes avait fait
des efforts pour amener l'avènement d'un parti
modéré, c'est M. de Châteaubriand qui, à la Chambre
des Pairs, le 29 novembre 1816, faisait entendre des
accents indignés : « Il paraît, disait-il que la liberté
des dernières élections a été violée ; que plusieurs
citoyens ont été désignés nominativement à l'exclusion. J'ai l'honneur de vous proposer de présenter une
adresse au Roi. Dans cette adresse, le Roi sera hum-
blement supplié de faire examiner ce qui s'est passé
aux dernières élections afin d'en ordonner ensuite
selon sa justice. » L'assemblée décida d'ailleurs qu'il
n'y avait pas lieu de s'occuper de la proposition.

En 1823, sous le ministère Villèle, c'était le général Foy qui, demandant l'annulation de l'élection de
M. Méandre, à Roanne, s'écriait à la fin de son discours :
« J'ai présenté ces développements parce que j'ai eu
mission de la part des électeurs qui ont protesté. Mon
intention n'est pas d'appuyer ou de repousser l'admission de M. Méandre. Que m'importe à moi une élection isolée quand il n'y a plus d'élections en France! »
Parlant dans le même sens, M. Casimir Périer invitait les électeurs à s'élever contre « un système d'élection qui menace de détruire leurs droits et leur indépendance... Car d'après ce qui s'est passé, avec des
fonctionnaires, le ministère fait des électeurs ; avec

des électeurs et des fonctionnaires, il fait des députés;
avec des députés en grande partie fonctionnaires, il
fait des lois ; avec des lois ainsi faites, et à l'aide de
distinctions de mots sur les articles de notre pacte
fondamental, il renverse ce pacte de fond en comble.»

C'est à tous les degrés que le pouvoir exerçait une
pression sur les électeurs. Le roi lui-même donna, à
plusieurs reprises, l'exemple d'une immixtion qui ne
parut pas toujours conforme aux règles du gouvernement représentatif. La première fois que Louis XVIII
intervint, ce fut en Septembre 1816, à la veille des élections générales, au lendemain de la dissolution de la
Chambre introuvable. Dans une instruction du 19 Septembre, revêtue de sa signature, et contre-signée par
M. Decazes, il disait : « Le roi attend des électeurs
qu'ils dirigent tous leurs efforts pour éloigner des
élections les ennemis du trône et de la légitimité..., et
les amis insensés qui l'ébranleraient en voulant la
servir autrement que le roi veut l'être, qui dans leur
aveuglement veulent dicter des lois à sa sagesse et
prétendent gouverner pour lui. »

Il intervint de nouveau quelques mois plus tard, en
1817, lors des élections qui suivirent la loi nouvelle.
Le ministère craignait l'avènement à Paris des candidats dits indépendants, et le roi en présence du Conseil Municipal exprima l'espoir « que son peuple justi-
fierait par son choix la confiance qu'il avait placée
dans son amour et dans sa sagesse. »

Il prit encore la parole le 15 Octobre 1820, après la
loi du double vote. Sa proclamation lithographiée fut
adressée à tous les électeurs. Il leur demandait « d'é-

carter des nobles fonctions de député les fauteurs de troubles, les artisans de discorde, les propagateurs d'injustes défiances contre son Gouvernement, sa famille et lui-même. » La proclamation contre-signée par le duc de Richelieu était surtout dirigée contre les libéraux qui s'en offensèrent et s'en plaignirent.

Charles X s'adressa lui aussi aux électeurs, à la veille des Ordonnances : « Français, — leur disait-il, le 13 Juin 1830, dans une proclamation contre-signée par M. de Polignac, — la dernière chambre des députés a méconnu mes intentions. J'avais droit de compter sur son concours pour faire le bien. Elle me l'a refusé... Maintenir la Charte constitutionnelle et les institutions qu'elle a fondées a été et sera toujours le but de mes efforts... Ne vous laissez pas égarer par le langage insidieux des ennemis de votre repos. Electeurs, hâtez-vous de vous rendre dans vos collèges !... Qu'un même sentiment vous anime, qu'un même drapeau vous rallie! C'est votre roi qui vous le demande, c'est un père qui vous appelle. » Si les partisans des doctrines constitutionnelles eurent raison de signaler comme une incorrection le fait de l'intervention royale, il faut convenir du moins que dès l'instant où le roi croyait pouvoir s'adresser directement à son peuple, son langage par cela même était peu critiquable.

Mais il en était autrement du langage et des actes des ministres. C'est ainsi qu'on les voit en 1817, en plein milieu des élections qui paraissaient tourner contre eux, interrompre sans autre forme de procès les opérations électorales pendant deux jours à Paris, sous prétexte qu'il y aurait eu quelque confusion dans le dépouillement du scrutin, en réalité pour se donner le temps de rallier des partisans.

C'est ainsi encore qu'en 1822, ils faisaient des lois de finances l'usage le plus répréhensible à l'effet d'écarter du scrutin certaines catégories d'électeurs les moins imposés et leur présentant dès lors moins de garanties. Des dégrèvements avaient été votés par les Chambres pour l'année 1822, dégrèvements qui allaient enlever la capacité électorale à un grand nombre de citoyens se trouvant sur la limite du cens. Or par suite de certains retards, les rôles nouveaux non seulement n'étaient pas encore en recouvrement, mais n'étaient même pas confectionnés. Suivant les lois et ordonnances, la capacité électorale aurait donc dû demeurer provisoirement fixée d'après la cote pour laquelle le contribuable figurait au rôle de 1821, le seul subsistant, le seul officiel. N'importe : l'administration en décida autrement, et prescrivit aux Préfets des calculs officieux de façon à faire produire immédiatement au dégrèvement ses effets éliminatoires. . Nous voyons cependant que, dans les bureaux même, une note à la date du 26 juillet avait été préparée pour le ministre à l'effet de le détourner d'entrer dans cette voie contraire aux précédents : « ... Sans doute, disait cette note (1), il serait possible de réduire par un calcul proportionnel les articles du rôle foncier de 1821 aux sommes réellement dues en 1822. Mais si la rigueur des principes sur les conditions qui constituent le droit électoral demande cette réduction, d'autre part

(1) *Archives Nationales*, F ¹ᵉ II; carton 52.

les exemples antérieurs militent en faveur de l'application pure et simple des rôles de 1821. » La question fut résolue en sens contraire par le Conseil des Ministres ; et par une circulaire du 27 Septembre 1822, le ministre donnant des ordres en conséquence se retrancha derrière l'interprétation de la loi qui veut que ce soient les contributions payables pour l'année et non celles payées précédemment qui règlent le cens électoral. Il oubliait ou feignait d'oublier que la première condition pour que cette règle fût applicable, c'est que les contributions de l'année courante fussent connues. Or le défaut des rôles empêchait précisément de les connaître (1).

En juin 1830, les ministres se livrèrent encore à une autre manœuvre avant d'en arriver au coup d'Etat. Ils prorogèrent de quinze jours, sous prétexte de nécessités administratives, les collèges électoraux de 20 départements, y compris le département de la Seine, et cela parce que, comme l'avouait franchement le *Drapeau blanc*, on voulait affranchir la province de l'exemple de Paris et peser au contraire sur Paris et le département par l'exemple de la province (2).

----

(1) Sur la polémique soulevée à cette occasion, lire aux Archives Nationales (V. le carton indiqué dans la note précédente) une protestation de M. Béjot fils, électeur de Seine-et-Marne, adressée au préfet le comte de Goyon.

(2) Le fait a été rappelé, dans le procès des ministres de Charles X, par M. Bérenger, rapporteur de la Commission d'accusation à la Chambre des Députés : « Une dernière mesure inouie jusque-là, vient surprendre la France au moment où les citoyens quittent leurs foyers pour se rendre à leurs collèges respectifs. Vingt dépar-

A côté des mesures générales, les ministres prenaient aussi contre les individus des mesures toujours conçues dans le même but, et prêtant le flanc aux mêmes censures. En 1822, une ordonnance rayait de la liste des conseillers d'Etat le baron Louis, parce que son attitude dans le bureau électoral avait déplu au président du collège (1). Le 6 janvier 1830 une ordonnance rayait des contrôles de la garde royale le comte de Sesmaisons, colonel, chef d'état-major, pair de France, à l'occasion d'une lettre par lui publiée, et dans laquelle il déclarait ne pouvoir voter pour M. Dudon, candidat ministériel et président du collège de Nantes.

Ces révocations dont on apprécie la moralité n'affec-

tements s'étaient plus particulièrement signalés par l'indépendance de leurs choix antérieurs : ils sont momentanément frappés d'interdit. Une ordonnance transmise par le télégraphe vient annoncer l'ajournement de leurs élections. Cette ordonnance donnait pour motifs le retard dans le ressort de 7 cours royales au jugement des contestations relatives aux droits politiques des électeurs, et le désir que rien ne fût négligé pour apporter la plus grande régularité dans les listes. Ce désir était mensonger. Le Conseil ne l'eut pas pour la cour de Grenoble par exemple, où un grand nombre de contestations de même nature étaient pendantes. C'est que l'un des ministres, M. d'Haussez, croyait avoir quelque chance d'être élu dans le département de l'Isère qu'il avait administré..... »

(1) Le *Constitutionnel* disait à cette occasion, le 14 mai : « Des électeurs, au nombre desquels se trouvait M. le baron Louis, ont réclamé le droit de surveiller par leurs propres yeux la sincérité du dépouillement du scrutin. Rien de plus légitime.... Nul désordre n'a eu lieu. Ce qui ne permet pas d'en douter, c'est que le président du collège, seul chargé de la police intérieure au collège n'a point fait de rapport à l'autorité... Cependant un rapport a eu lieu..... Qui l'a fait? Le préfet de police. Mais ni lui, ni ses agents n'ont droit de pénétrer dans les collèges électoraux. »

taient pas du moins la sincérité des élections, puisque les fonctionnaires n'étaient frappés qu'après le scrutin. Mais il en était autrement des circulaires d'intimidation adressées aux fonctionnaires avant l'élection. A l'occasion des élections générales de 1824, le 20 janvier, M. Peyronnet s'adressait en ces termes aux procureurs du roi : « .... Le gouvernement ne confère les emplois publics qu'afin qu'on le serve et qu'on le seconde..... Si le fonctionnaire refuse au gouvernement les services qu'il attend de lui, il trahit sa foi et rompt volontairement le pacte dont l'emploi qu'il exerce avait été l'objet ou la condition.... Le gouvernement ne doit plus rien à celui qui ne lui rend pas tout ce qu'il doit... Prescrivez à vos substituts une conduite prudente et uniforme. Condamnez sans ménagement toute division de votes dont l'effet le plus sûr serait d'offrir des chances de succès à l'opposition. » Le ministre de la guerre, baron de Damas, renchérissait encore dans sa circulaire sur celle du garde des sceaux. Il y disait « que les militaires ont aussi des devoirs qui tiennent à leur position ; qu'on ne peut servir à la fois le gouvernement du roi et l'opposition, et que la loyauté autant que le devoir exigent l'option entre l'un et l'autre. » Il concluait ainsi : « Je vous prie, si votre intention est, comme j'ai tout lieu de croire, de vous rallier à ceux qui voteront pour les honorables candidats présentés par le gouvernement, de me mander que vous en prenez l'engagement. Je ne vous dissimulerai pas que tout autre vote, même en faveur d'un candidat connu par son attachement au gouvernement du roi, ne pourrait être considéré que

comme hostile, puisqu'il tendrait à troubler l'unanimité et l'harmonie qu'il est à désirer de voir régner
parmi les électeurs. »

En 1822, M. de Villèle, ministre des finances, avait
écrit dans le même style aux agents de son département, et le général Foy avait justement dénoncé le fait
à la tribune le 6 juin, en faisant remarquer que le gouvernement représentatif n'est qu'une dérision, si dans
un pays où il y a 500,000 fonctionnaires, le ministre
peut dire à chacun d'eux : « Vote contre ta conscience
ou tu mourras de faim. » L'orateur flétrissait de pareils
procédés comme violant l'article de loi qui prescrivait
le secret des votes : « Il est de fait, s'écriait-il, que cet
article a été violé dans toute la France ; et en effet, dès
le moment où le ministère a dit aux fonctionnaires
publics : vous serez destitués si vous ne votez pas
pour tel candidat, — les fonctionnaires ont été obligés
de montrer leurs bulletins pour échapper à la destitution. »

Nous signalerons aussi les circulaires aux approches
de la Révolution de Juillet, bien qu'il soit superflu de
relever de mesquins abus de pouvoir à la charge de
ministres qui allaient faire plus grand dans cet ordre
d'idées, et violer si monstrueusement la Charte et les
lois. Le 27 mai 1830, M. de Polignac, chargé par inté-
rim du ministère de la guerre, écrivait aux généraux :
« ...... Déjà plusieurs fois, vous avez fait entendre aux
militaires appelés à prendre part aux élections, la
nature et l'étendue des devoirs qui tiennent à leurs
fonctions, et ce qu'aurait d'incompatible avec ces
fonctions une conduite qui contrarierait la direction

que S. M. a jugé le plus convenable... à la situation
présente du royaume. Il n'est aucun d'eux qui ne doive
comprendre que s'ils sont libres de leur suffrage, ils
ont aussi des obligations inséparables de leur position;
qu'on ne peut servir à la fois le gouvernement du roi
et l'opposition, et que la loyauté autant que le devoir
exige l'option entre l'un et l'autre. Vous aurez aujour-
d'hui à appuyer de vos instructions et de votre
exemple les mêmes doctrines, et à employer pour les
faire prévaloir.... les moyens légitimes que la confiance
de S. M. a mis à votre disposition.... Je vous invite à
vous entendre avec MM. les préfets qui sont spécialement chargés de donner aux opérations électorales la
direction et l'ensemble qui doivent en assurer le résultat. »

M. Bérenger, rapporteur à la Chambre des députés
dans le Procès des Ministres, disait en reproduisant
des extraits de circulaires analogues de MM. de Mont-
bel et de Peyronnet : « Le sentiment qu'a éprouvé la
Commission est celui d'un dégoût profond lorsqu'elle
a vu le degré de perversité du ministère, et le degré
d'avilissement dans lequel un grand nombre de fonctionnaires de tous les ordres sont tombés. Elle n'hésite
pas à le reconnaître, c'en était fait de la morale
publique, si cet odieux système se fût prolongé. »

Quels qu'aient été les agissements des ministres
aux approches des Ordonnances, ils ressemblent singulièrement aux actes des ministres antérieurs. On
pense dès lors si les agents dirigés par de tels chefs
devaient se donner carrière ; aussi leurs exploits sont-
ils restés célèbres. En 1815, lors des élections qui

7.

amenèrent la Chambre introuvable, les préfets usant de ce droit bizarre, — legs du despotisme à la monarchie représentative, — du droit d'adjoindre un nombre déterminé de notabilités au collège électoral, dépassaient le chiffre légal, et surchargeaient les collèges. En 1816, M. de Villèle, alors simple député, et dans l'opposition royaliste, faisait entendre des accents indignés à l'occasion de faits qu'il allait bientôt patronner comme ministre. Il signalait la lettre du préfet Malouet aux électeurs du Pas-de-Calais : « Veuillez, messieurs, réfléchir à l'esprit qui a dicté l'Ordonnance du 5 septembre (1816). Le roi a-t-il dissous la Chambre pour la recomposer entièrement des mêmes éléments? Non, sans doute. Je suis autorisé à le dire, à le répéter, à l'écrire : Le roi verra avec mécontentement siéger dans la nouvelle Chambre ceux des députés qui se sont signalés dans la dernière session par un attachement prononcé à la majorité opposée au Gouvernement. A votre arrivée à Arras, faites-moi l'honneur de venir chez moi. Moi seul je puis vous faire connaître la pensée du roi, ses véritables intentions (1). » La Chambre cependant valida les élections qui étaient attaquées en raison de ladite lettre.

Lors des élections de 1824, le maréchal de camp Avizard, s'inspirant de l'esprit de son chef dont nous

(1) En 1830, lors d'une élection dans le Nord, le sous-préfet d'Hazebrouck, patronnant la candidature du comte de Murat écrivait une circulaire ainsi conçue : « Je viens réclamer l'usage loyal et légitime de votre influence en faveur d'une élection pour le succès de laquelle Sa Majesté a daigné exprimer un vœu personnel. »

avons reproduit plus haut la circulaire, écrivait aux officiers de la subdivision du Finistère : « .... J'aime à croire que vous ne voterez qu'en militaires franchement dévoués à Sa Majesté. S'il en était autrement, ce que je ne puis penser, je suis autorisé à vous déclarer que vous devriez renoncer au service militaire... Car la perte de votre emploi serait le résultat inévitable d'une conduite déloyale en cette circonstance. Mais le bon esprit des officiers dans le Finistère ne me permet pas de douter qu'aucun d'eux s'expose au juste mécontentement dont le Gouvernement lui ferait éprouver les effets s'il n'agissait d'après ses serments (1). »

A la même époque, le sous-préfet de Soissons se livrait sans vergogne à la corruption électorale : « Il dépend de vous — disait-il dans sa circulaire à ses administrés, — d'obtenir pour votre ville le plus grand de tous les avantages, celui qui vous a été ravi lors de l'établissement du chef-lieu dans la ville de Laon. Ce bienfait d'un gouvernement paternel, mais justement sévère s'il est outragé, peut être le prix de vos suffrages. Electeurs de Château-Thierry, secondez vos frères et alliés naturels. La proximité de Soissons vous offre le même intérêt dans cette mesure, et doit vous réunir dans les mêmes intentions. » Le préfet de Laon entonnait la même note dans un *Dernier mot aux Electeurs* : « Le sort de l'arrondissement, celui du chef-lieu sont entre vos mains. Du parti que vous allez prendre résultera votre salut ou votre perte. Faire un choix offensant pour la majesté royale, c'est renoncer

(1) *Courrier français* du 12 février 1824.

à jamais aux grâces d'un gouvernement paternel mais juste, et qui est nécessairement sévère lorsqu'il est outragé. »

En 1827, lors de l'examen de l'élection de M. Syrieys de Marinhac, élection qui fut d'ailleurs validée, Benjamin Constant produisit une circulaire du préfet du Lot où on lisait ce passage : « Une démission spontanée doit précéder toute démarche hostile, toute attitude indifférente. Une disgrâce doit frapper ceux que la délicatesse n'aurait pas retenus. Veuillez donc informer tous les fonctionnaires que, s'ils sont électeurs, ils doivent voter pour le président du collège, candidat du gouvernement. Tous indistinctement doivent chercher à lui rallier les suffrages de leurs amis ou de leurs clients. Telles sont les intentions bien précises du roi. » M. Casimir-Périer prouva, pièces en main, que la circulaire n'était que l'application d'un ordre de M. Corbière en date du 22 octobre 1827.

D'une façon générale le ton de la correspondance des préfets avec le gouvernement indique quelles passions ils apportaient dans la lutte, et comme celles-ci devaient dès lors leur faire oublier tout scrupule. Aux élections de 1817, le préfet de la Seine Chabrol envoyant au ministre la liste du ballottage, sur laquelle figuraient les noms de Benjamin Constant, de Manuel et de Lafayette ajoutait : « Je vais employer *tous les moyens qui sont en mon pouvoir* pour empêcher que le résultat du ballottage ne donne des choix *honteux* pour la capitale et dangereux dans leurs suites. J'espère que je serai secondé dans mes efforts (1). »

(1) *Archives Nationales*, F ¹ᵉ II Carton 48.

Ce ne sont pas seulement les hommes de parti qui dénoncèrent à l'époque les manœuvres de certains préfets. Elles furent flétries à la Chambre des pairs par un royaliste éprouvé, dont l'opposition recueillit précieusement le témoignage. Le baron de Montalembert, lors de la discussion de la loi de septennalité en 1822, signalait « l'emploi dans les élections de manœuvres peu dignes du gouvernement du roi. Les vues des fonctionnaires du gouvernement du roi, — disait-il, — ont été pures sans doute..... Mais il faut jeter un voile sur la conduite de quelques agents subalternes, et éviter à tout prix qu'un pareil spectacle se renouvelle. »

L'histoire doit retenir encore sur ces scandales électoraux un témoignage dont l'impartialité ne paraîtra pas moins incontestable. Car il émane du gouvernement lui-même. En 1828, après les débats auxquels donna lieu la vérification des pouvoirs pour les élections de 1827, M. de Martignac dut charger un comité d'enquête d'examiner les pétitions relatives à ces élections. Du rapport du comité (1) il résulte que huit préfets avaient procédé d'une façon irrégulière ; et que sur ces huit, quatre tout particulièrement, les préfets de l'Ardèche, de la Corse, de l'Isère et des Deux-Sèvres méritent un blâme. Les faits prouvés contre eux sont : 1° D'avoir négligé de vérifier les contributions payées en 1827 par des électeurs inscrits en 1824; de s'être contentés de pièces irrégulières quant à la forme, ou même de la simple notoriété pour

_____

(1) *A rchives nationales*, F¹ᶜ ɪɪ carton 52.

attribuer à des individus des contributions qu'ils ne payaient pas ; d'avoir mal appliqué les règles sur le domicile, et d'avoir par suite de cette légèreté ou de cette négligence, effectué des inscriptions d'électeurs sans droit ; 2° De n'avoir point notifié, comme ils auraient dû le faire, les décisions par lesquelles ils retranchaient des électeurs qu'ils avaient d'abord inscrits d'office ; de n'avoir donné aucune suite à des pièces remises entre leurs mains, et d'avoir négligé d'indiquer aux intéressés les formalités qu'ils avaient à remplir pour régulariser ces productions....., et d'avoir empêché par cette conduite des individus possédant la capacité électorale d'en justifier en temps utile et d'exercer leurs droits politiques.

§ 5. — Mœurs électorales.

La physionomie des élections sous la Restauration était bien différente de celle que nous avons de nos jours sous les yeux. La mise en œuvre du suffrage de 90,000 électeurs ne pouvait ressembler à celle d'une législation qui appelle plus de dix millions d'hommes au scrutin. Les mœurs électorales se trouvaient donc toutes autres, et d'ailleurs la loi elle-même contenait certaines dispositions compatibles seulement avec le suffrage restreint.

Aujourd'hui l'entente entre électeurs ne peut, par la force des choses, s'exercer que jusqu'au jour du vote. Ce jour-là, l'action commune disparaît. Le lien qui pouvait unir un électeur à l'autre est dénoué. Il n'y a plus que des individus isolés qui défilent autour des

urnes, sans se soutenir les uns les autres, ayant sans
doute pu et dû conserver la mémoire des réunions de
la veille, mais ne combattant plus désormais que
comme des soldats détachés. Les influences qui
opèrent à ce moment sur eux ne peuvent plus être que
celles du souvenir. Avec la législation de la Restauration au contraire, c'est à l'heure même de la bataille
que l'électeur était soutenu par son compagnon. C'est
à l'instant même du scrutin qu'opérait l'esprit d'association, favorisé par une législation qui provoquait les
électeurs à un vote simultané comme dans une académie. Ils ne se trouvaient pas simplement rapprochés
dans une circonscription administrative. Le collège
électoral était une espèce d'être moral, de corporation
d'ailleurs éphémère puisque l'acte par lequel elle prenait vie marquait en même temps l'heure de sa dissolution.

Cette fusion entre les membres du collège s'opérait par l'effet des dispositions qui avaient trait à la
constitution du bureau. Le président était nommé par
le roi. Le choix tombait toujours sur un personnage important du département ; et même, pour les premières
élections de la monarchie, en 1815, le roi crut devoir
investir de la présidence de deux collèges électoraux
de la Seine le comte d'Artois et le duc de Berry, et
confier celle du collège électoral de Bordeaux au duc
d'Angoulême. Le président ouvrait la séance par un
hymne en l'honneur des monarques ; et le simple sentiment de la curiosité, même quand l'orateur n'était pas
de sang royal, devait attirer les électeurs.

Mais une raison plus sérieuse déterminait leur

exactitude. Le président devait être assisté de quatre scrutateurs et d'un secrétaire nommés par le collège. Or les électeurs attachaient la plus grande importance à cette nomination. Les partis accusaient constamment le ministère de fraudes en matières électorales; et affectant de ne trouver aucune garantie dans la présence du Président désigné par le pouvoir, ils tenaient essentiellement à ce que le scrutin fût contrôlé par leurs adhérents. La presse était là d'ailleurs pour leur rappeler leur devoir, et pour stimuler leur présence par le récit vrai ou faux des manœuvres de l'administration, manœuvres qui auraient tendu à les écarter. Le *Constitutionnel* du 25 février 1824, dans un *Avis très important à MM. les électeurs*, disait : « ... Les dernières listes n'ont été affichées que deux jours avant la tenue des collèges. On sait encore que les électeurs n'ont point été envoyés à telle ou telle section, suivant telle ou telle localité, mais suivant le caprice de l'autorité ; de sorte qu'il n'est pas rare de voir deux électeurs logeant dans la même maison voter par exemple l'un à la Sorbonne et l'autre au Conseil de guerre. Toutes ces ruses n'ont été employées que pour empêcher les électeurs constitutionnels de s'entendre, principalement sur la formation du bureau définitif... Que ceux d'entr'eux qui ne sauraient pas quels sont les candidats au bureau ou à la députation ne se pressent pas de voter. Le scrutin doit rester ouvert jusqu'à 3 heures. Ils auront le temps dans la journée de s'enquérir. »

Le président du collège était d'autant plus suspect à l'opposition qu'il était dans chaque département le candidat obligé du ministère. Il touchait même dans l'intérêt de cette candidature officielle des frais de représentation. On trouve en effet aux Archives Nationales (F^{io} ii Carton 52) des minutes de lettres d'envoi d'argent à des présidents de collèges électoraux. L'une est libellée « à titre d'indemnité pour la présidence du collège électoral de la Corse. » On trouve aussi différents accusés de réception signés par les présidents pour des sommes variant entre 1500 et 3000 francs. Dans la minute d'une proposition faite au ministre pour régler les dépenses secrètes des élections de 1824, on lit que « les fonds mis à la disposition de plusieurs présidents de collèges électoraux se montent à 47.032 francs (1).

Quoi qu'il en soit, il est certain que pour le succès d'une cause qui était la leur propre, les présidents de collège méconnaissaient trop souvent leurs devoirs, et que, sinon par des illégalités flagrantes, du moins par des manœuvres mesquines et peu loyales, ils tâchaient d'assurer leur triomphe (2). Il fallait donc que

(1) Une lettre du comte Chabrol du 26 mars 1824 rappelle au ministre « les promesses qui ont été faites à M. Pagès, président du collège de Riom. Il a puissamment secondé l'Administration dans ses vues. Il a reçu chez lui la majeure partie des électeurs. Sa fortune ne lui permet pas de supporter des dépenses dans lesquelles l'entraînerait bien volontiers son zèle. Votre intention, monseigneur, a toujours été de le dédommager, etc. ».

(2) Il faut dire aussi que souvent la passion politique travestissait en de véritables méfaits des actes insignifiants. Citons à cet égard une protestation d'électeurs de la 3me section du cinquième collège électoral d'arrondissement de la Seine, en 1824, protestation aussi formidable par son contenu que grave par le nom d'un de ses signataires, M. de Schonen, conseiller à la cour de Paris. On y signalait les attentats com-

leurs tentations ne trouvassent pas un bureau complaisant pour les seconder, comme par exemple à Mamers, où — nous dit un contemporain, — « lors de la première nomination de M. Dupin aîné avocat à Paris que toute la France connait, un bureau provisoire qui avait été confirmé à une faible majorité ne craint pas de décider que des bulletins portant *M* *Dupin aîné, avocat* ou *Dupin aîné* ne désignent pas suffisamment l'habile défenseur des Béranger et des Isambert. »

L'examen de la vérification des pouvoirs en août 1830 nous révèle encore le fait de M. de Vaulchier, président du collège électoral de Dol, dont l'élection fut annulée, parce qu'il avait organisé la violation du secret des votes : « Considérant que M. de Vaulchier était président du collège ; qu'en se refusant à faire droit aux justes réclamations qui lui étaient faites re-

mis par le vice-président du collège présidant la section. Ils étaient détaillés comme suit : 1° Attentat contre la liberté des suffrages en ordonnant, malgré l'opposition unanime du bureau et des electeurs, l'affiche dans le lieu le plus apparent de l'intérieur de la salle des élections du nom de l'un des candidats, le sieur X ; 2° Attentat contre la sincérité des votes et le texte formel de la Charte en recevant sciemment le vote de X, âgé de moins de 30 ans, ainsi qu'il appert de l'acte de naissance authentique de cet individu qui lui a été présenté ; 3° Attentat contre les droits du bureau à lui conférés par l'article 10 de la loi du 5 février 1817, en ordonnant audit X de ne point répondre aux sommations qui lui étaient faites, et de voter ; en refusant tout sursis pour la vérification d'une articulation si grave et reposant d'ailleurs sur la foi d'un titre authentique, se contentant de la simple dénégation de l'inculpé, en refusant au bureau le droit de statuer sur cet incident, en employant la violence pour mettre dans l'urne un vote illégal. » Examen fait, tout cet acte d'accusation se trouva réduit à des bagatelles.

lativement à ceux qui voteraient à bulletin ouvert, il travaillait pour son propre compte puisqu'il était le candidat proposé par le ministère; que, directeur général lui-même, il avait écrit des circulaires à tous ses subordonnés, auxquels il donnait l'ordre de voter pour le candidat du gouvernement sous peine de destitution. Dès lors, en affectant le maintien de la liberté des votes, en laissant à chacun des électeurs la liberté de voter à sa fantaisie, il est évident que ceux qui précisement auraient eu le désir et le besoin de voter secrètement se seraient fait distinguer s'ils eussent voté dans un autre mode que ceux dont le suffrage était acquis au candidat ministériel ».

Déjà, à la suite des élections de 1822, des faits analogues avaient été signalés au ministre par sa propre administration. Le secrétaire général, en lui présentant au mois de janvier 1823 un rapport (1) contenant des renseignements sur les attaques qui pourraient être faites contre les élections du mois de novembre précédent, disait : « ..... Une manière de voter adoptée pour la première fois donnera lieu à de vives attaques qui tomberont particulièrement sur les élections de l'Indre, du Finistère, de la Loire, du Nord, de Seine-et-Marne, de la Sarthe et de la Vendée. Il s'agit des bulletins remis ouverts au président. On objectera que cet usage est contraire au secret du vote prescrit par l'article 6 de loi de 1820. C'est surtout au collège d'arrondissement de Châteauroux que ce mode a été vivement contesté. La liberté de présenter les

(1) *Archives nationales* F^{ic} ii Carton 52.

bulletins sans les fermer a été maintenue par une décision du préfet seul qui a prétendu que le bureau
n'avait pas à statuer sur ce point ».

Le vote de chaque électeur était précédé d'une formalité qui nous apparait aujourd'hui avec un cachet
d'archaïsme, et qui était un legs de la législation de
la République et de l'Empire. Il s'agit de l'obligation
de prêter serment (1).

Signalons encore, à titre de mention anecdotique,
parmi les dispositions de pure forme, celle exhumée de
la loi du 12 décembre 1790 par l'Administration, et interdisant aux citoyens de se rendre au scrutin en uniforme.
La mesure avait sa raison d'être à l'origine, à une époque
où les salles de vote étaient le théâtre de continuelles
violences (2). Sous la Restauration elle n'était plus que
puérile. N'importe : il paraît que les électeurs se mon-
traient susceptibles sur la matière. Aussi lit-on dans
le *Moniteur* du 22 septembre 1817 : « Nous sommes
informés que le ministre de l'intérieur, considérant
que les choix confiés aux électeurs doivent être le
résultat des votes et des notables de la nation sans
distinction de classes et de fonctions, a décidé qu'aucun uniforme de la garde nationale ou de l'armée ne
pourra être porté dans les réunions électorales. » En

______

(1) Chaque électeur en votant pour la première fois prononcera
le serment dont la teneur suit : « Je jure fidélité au Roi, obéissance
à la Charte constitutionnelle et aux lois du royaume. »

(2) Le décret des 6-12 décembre 1790 concernant l'organisation
de la force publique est ainsi conçu : « L'Assemblée déclare comme
principes constitutionnels ce qui suit : ..... 6° Les citoyens actifs
ne pourront exercer le droit de suffrage dans aucune des assemblées politiques s'ils sont armés ou seulement vêtus d'un uniforme. »

outre, en 1822, au moment des élections, une note très
intéressante au point de vue historique était rédigée
dans les bureaux du ministère de l'intérieur pour
remettre la mesure en vigueur : « Il serait utile, —
dit la note dont il s'agit (1), — que la circulaire sur les
élections recommandât l'exécution de cette disposition.
Elle avait servi de base à un ordre du jour de la garde
nationale en 1818, et M. le président du collège électoral en avait recommandé l'exécution. Un des vice-
présidents en a fait l'application avec les égards con-
venables à feu M. le maréchal duc de Dantzick, et le
maréchal a donné l'exemple de l'obéissance aux lois
en allant quitter l'uniforme, et en revenant voter avec
l'habit civil. Ces exemples ont été suivis de suite par
des officiers généraux et par des gardes nationaux de
différents grades. Dans un département, l'Aisne, un
des vice-présidents (c'est, je crois, le général Caffa-
relli), s'est présenté en uniforme dans les élections
de 1819, et cela a excité des murmures que la brièveté
des élections a seule empéché de dégénérer en plaintes
publiques. D'autres vice-présidents choisis dans la
garde nationale se sont aussi présentés sur quelques
points en uniformes d'officiers supérieurs de la garde
nationale..... »

La durée du scrutin pouvait se prolonger jusqu'à un
terme de dix jours ; et pendant ce temps, des incidents
politiques pouvaient survenir de nature à amener des
revirements dans les votes (2). Aujourd'hui ce ne serait

(1) V. *Archives nationales* F¹ᶜ ıı (carton 52).
(2) Cette prolongation de scrutin était aussi de nature à favoriser les manœuvres de la dernière heure. En octobre 1818,

plus sans péril qu'on aurait la pensée de prolonger ainsi l'agitation électorale, de tenir pendant une période aussi longue les esprits en suspens. Mais les inconvénients n'étaient pas les mêmes alors que les masses étaient désintéressées dans le vote, et qu'un petit nombre de privilégiés seulement était mis en mouvement. Cette effervescence qui signale à l'heure présente la période électorale, ces affiches de toutes couleurs qui recouvrent nos murs, ces réunions publiques qui sont souvent transformées en scènes de pugilat, toutes ces manifestations et ces incidents qui sont l'accompagnement des luttes populaires, tout cela était inconnu à cette époque où on briguait un siège de député comme on brigue un fauteuil à l'Académie. On n'enfle pas sa voix, on n'embouche pas la trompette pour parler dans un salon, et c'est un peu dans les salons, discrètement, à voix basse, que se décidaient les élections. Qu'on n'oublie pas en effet que, même sous la loi de 1817, la plupart des collèges ne renfermaient que quelques centaines d'électeurs, sans parler de la Corse où il n'y avait en 1819 que 40 électeurs, et où le général Sébastiani était nommé par 28 voix

Benjamin Constant qui était candidat pour le département de la Seine avait, dans la journée du 27 octobre, réuni 2.900 suffrages contre 1.950 à M. Ternaux, et 900 à M. Bonnet. Cependant le préfet de la Seine. M. Chabrol, adressait le lendemain aux maires la circulaire suivante : « Vous connaissez le résultat de la séance d'hier. Il est instant que les bons citoyens se montrent. Je vous prie donc d'engager tous les électeurs de votre commune à se rendre immédiatement à leurs assemblées, et de leur indiquer M. Ternaux aîné *comme le candidat qui réunit l'assentiment général.* »

sur 35 votants. Il est vrai que, comme contre-partie,
à côté de la Corse, il y avait le département de la
Seine qui figurait avec 10.000 inscrits (1). Mais d'une
part ce département constituait une exception ; d'autre
part après la loi du double vote, les électeurs départementaux s'y trouvèrent réduits à 2.000, et les autres
furent répartis entre huit arrondissements (2) ; si
bien que, même à Paris, le champ électoral était
peu étendu. Dans ces conditions le triomphe d'un
candidat dépendait souvent de démarches de société :
c'était de cette façon qu'il faisait campagne. On en
peut juger par le témoignage d'un contemporain,
Mahul, qui écrivait en 1830 (3) : « La liberté de l'élection entraîne inévitablement la discussion personnelle
des candidats. Jusqu'ici on a procédé parmi nous à
cette discussion avec des formes timides et circons-
pectes, et par la voix sourde de la conversation. » Le
même auteur continue en signalant une transforma-
tion qui commence à s'opérer dans les mœurs électorales, mais qui, telle qu'il la décrit, demeure bien
modeste : « L'esprit de liberté, dit-il, a substitué

---

(1) Aux élections de 1817, il y eut 9.677 électeurs et 6.625 votants
au premier tour. En 1818, il y eut 10.101 votants, et 7.630 votants
au scrutin de ballottage.

(2) D'après un état dressé au ministère de l'intérieur, et conservé
aux Archives nationales (F 1e II carton 50), pour les élections
de 1822 le collège départemental de la Seine renfermait 2.483 électeurs. Quant aux électeurs des huit arrondissements, le nombre
maximum était 1.672 pour le premier arrondissement, et le plus
faible, 540, pour le huitième arrondissement.

(3) Tableau de la Constitution politique de la monarchie française selon la Charte (p. 316).

d'abord aux candidatures obscures des coteries, la candidature par la voie de la presse. Finalement la candidature directe et publique paraît devoir s'introduire dans nos mœurs. » On voit par ce passage que la *candidature* était chose toute nouvelle.

C'est ce qui nous est encore confirmé par un extrait très curieux à ce point de vue d'une brochure électorale publiée lors des élections de 1824 (1). L'auteur, opposant les mœurs anglaises aux mœurs françaises, dit qu'en Angleterre ceux qui forment le projet d'aspirer à la Chambre des communes se montrent à visage découvert : « En France, on se borne à intriguer en secret ou en confidence. On veut bien être nommé ; mais l'orgueil et l'amour-propre défendent de le faire savoir en public. On se croirait humilié en se montrant sur la brèche. Parlez en public à un homme qui, dans le fond de son cœur, désire ardemment être membre de la Chambre des Députés ; demandez-lui s'il aspire à cette faveur ; il vous répondra que jamais il n'y a songé..... Ne vaudrait-il pas mieux entrer franchement (*en lice*) ?..... Une loi sur ce sujet rentrerait bien dans l'esprit de la Charte, si elle ordonnait que, pour être élu, la candidature serait de rigueur (2). »

____

(1) Du gouvernement représentatif et des élections de 1824 (Bordeaux). Catalogue de la Bibliothèque Nationale, L ° 54 150.

(2) Voici encore ce qu'on lit dans un numéro de la *Minerve* de septembre 1818 : « On ne voit pas encore beaucoup les candidats se mettre sur les rangs, et appeler eux-mêmes la discussion sur leur mérite. Cet usage des anciens peuples libres n'a point encore passé entièrement dans nos mœurs. Mais il faut s'efforcer de l'acclimater parmi nous...... En attendant,..... les citoyens suppléent à ce qui nous manque encore à ce sujet ; ils font des candidats, et les soumettent

Les choses allaient bientôt changer, et peu à peu les écrits du temps nous dévoilent des pratiques moins éloignées de nos pratiques contemporaines. On sent que la vie commence à bouillonner dans le corps élec·toral, mais bien lentement encore. Au début, en 1817, les élections des libéraux se décidaient dans le salon de ce fameux *Comité-Directeur*, qui fut la bête noire des royalistes pendant toute la Restauration, et où siégeaient alors MM. Laffitte, Manuel, Benjamin Constant, Lafayette. Elles se décidaient encore en 1819 dans les appartements de M. Gevaudan et Simon Lorière, qui étaient à la tête de la société des *Amis de la Presse* dont la dissolution fut prononcée cette année-là. Même dans cette première période, la lutte présentait déjà des incidents trop démocratiques au goût des chevau-légers du temps. « N'est-ce pas honteux, — disait en 1821, le duc de Rovigo à M. Molé, — d'avoir affaire à toute cette canaille électorale quand on habite le palais de ses pères ? » Martainville, le fondateur du *Drapeau blanc*, dénonçait en 1818, dans le *Conservateur*, « l'effronterie démagogique avec laquelle, à la dernière élection de Paris, un candidat s'est prostitué aux suffrages d'une certaine partie des électeurs. » Il ajoutait : « Ces lettres jetées à profusion dans les salles des sections du collège, dans les carrefours, dans les rues, dans les cafés, dans les boutiques, dans les mai·sons de jeu, que sais-je où ? étaient accompagnés *d'appels adressés au nom de la patrie à tous les amis de la*

à une discussion sévère après laquelle ils se réunissent tous pour porter le candidat sorti victorieux d'une comparaison toujours honorable, puisqu'elle ne s'établit qu'entre les plus dignes. »

liberté pour qu'ils réunissent leurs voix sur l'ami du
peuple. On sentait je ne sais quel arrière goût de l'élection d'Henriot par les sections de Paris, ou de celle de
Robespierre et d'autres *amis de la liberté* par les électeurs de Septembre. »

Quoi qu'il en soit de ces indignations un peu pré-
maturées, ce n'est qu'à partir de 1824 que s'agrandit le
théâtre où se produisent les candidatures. On constate
alors des assemblées préparatoires d'électeurs encou-
ragées par la presse et par le Comité-Directeur. Les
feuilles de l'opposition annoncent que « pour aider les
électeurs à surmonter les difficultés qu'ils rencontrent,
un bureau est ouvert tous les jours, quai Pelletier 22,
de 11 heures à 4 heures, où des électeurs donneront
gratuitement des conseils. » Le mouvement gagne la
province, ainsi que l'attestent les renseignements donnés par le *Constitutionnel*. Dans une lettre de Caen,
reproduite par ce journal le 8 février 1824, on lit : « Les
amis des institutions que le roi nous a données se sont
réunis dans les chefs-lieux des divers arrondissements
électoraux, et se sont occupés du choix de candidats
véritablement constitutionnels.... Ces choix n'ont
excité parmi eux aucune espèce de division. Ils proposent *(suivent les noms des candidats)...* » Le même
journal reproduit quelques jours plus tard une circulaire des électeurs constitutionnels de la ville de Provins aux électeurs constitutionnels de l'arrondissement
de Coulommiers : « Vous suivrez l'exemple que nous
vous avons donné aux dernières élections..... Nous
nous sommes rendus à Coulommiers où le devoir nous
appelait. Le vôtre vous appelle à Provins. Nous comp-

tons sur vous. Chacun de vous trouvera en arrivant un logement préparé où il sera reçu comme un ami, comme un frère. Si vous répondez à notre appel, nous verrons sortir de l'urne le nom d'un digne mandataire, défenseur de nos droits constitutionnels. Craignez, en nous abandonnant, de laisser le champ libre aux amis des privilèges de la septennalité et du pouvoir absolu. » En reproduisant cette circulaire, le journal engage les électeurs constitutionnels à se mettre d'accord sur des candidats ; et il recommande, en cas de doute, une assemblée préparatoire formée du plus grand nombre d'électeurs possible.

A la fin de 1827, les assemblées préparatoires prirent plus de développement encore lors des élections générales. « Hier au soir, — dit le *Constitutionnel* du 8 novembre, — un nombreux concours des défenseurs de la monarchie constitutionnelle se sont réunis. On comptait dans cette assemblée tous les ex-députés constitutionnels actuellement à Paris et une foule de notables citoyens. Ils ont désigné une liste approximative de candidats pour les départements ». En même temps, la fameuse société « Aide-toi, le ciel t'aidera » organisa des comités électoraux par toute la France. C'est de ce mouvement que sortit la Chambre des 221.

Enfin, quelques mois plus tard, au commencement de 1828, lors des réélections partielles qui suivirent les élections générales, l'opposition offrit aux royalistes à la fois indignés et stupéfaits le spectacle d'une réunion publique de 7 à 800 électeurs qui se rendirent dans un café des Champs-Elysées, pour y entendre la profession de foi des candidats : « On vit — dit le duc de Broglie, dans ses *Souvenirs* — ce qui ne s'était pas vu depuis de longues années, et ne s'est guère vu depuis, on vit dresser en plein vent des *hustings* du haut desquels les candidats s'adressaient au public, exposant leurs principes, rendant compte de leur vie passée, prenant des engagements pour l'avenir. »

Le tableau de cette agitation électorale qui signala la fin de la Restauration, se trouve dans les doléances que M. de Martignac faisait entendre le 29 avril 1828 à la tribune : « Je dois croire — disait-il — que ceux qui se sont plaints avec tant d'amertume de l'influence exercée par le gouvernement dans les élections précédentes, reconnaîtront avec moi l'influence fâcheuse, illégale, tyrannique qui a été exercée récemment par d'autres que le gouvernement. Dans plusieurs départements, tous les moyens ont été employés pour effrayer les électeurs paisibles. Des circulaires leur ont été adressées par des hommes auxquels la loi ne reconnaît aucune autorité pareille. On les a sommés de produire leurs titres, on les a menacés de les poursuivre s'ils refusaient de justifier de leurs droits électoraux. A Paris, sous nos yeux, les choix ont été imposés par la minorité et subis par la majorité. Les plus étranges moyens, je dois le dire, ont été employés. Des électeurs se sont rassemblés pour choisir entre eux les candidats par un scrutin préparatoire. Des promesses ont été exigées. Des candidats ont affirmé que, si d'autres qu'eux étaient préférés dans ce scrutin, ils se retireraient, et refuseraient même les fonctions de députés si elles leur étaient déférées par le scrutin légal; les électeurs ont promis de donner leurs suffrages aux candidats qui auraient réuni cette majorité factice. C'est ainsi qu'une fraction d'une portion des électeurs a d'avance déterminé les choix. »

CHAPITRE VIII

LE GOUVERNEMENT DE 1830

§ 1. — Législation.

La révolution de juillet recula, mais d'un bien petit espace, les bornes du pays légal. D'ailleurs un fait capital ne doit pas être perdu de vue quand on veut apprécier équitablement la portée des concessions octroyées par le régime nouveau : c'est que, si le parti avancé se plaignit de voir ses espérances déjouées, il ne s'éleva pas cependant contre le principe du suffrage restreint, et se serait déclaré satisfait avec la *réforme*. Il faut répéter ici ce que nous avons dit plus haut, à savoir combien on se préoccupait peu en ce temps là des droits politiques des classes populaires, et comme elles-mêmes en avaient alors peu souci. Lorsqu'on discuta à la Chambre des députés la loi électorale, une seule voix s'éleva en faveur d'assemblées primaires, dans lesquelles les masses auraient été appelées à voter au premier degré. Cette voix était celle de Berryer qui, par une tactique d'opposition, reprenait sur cette question l'attitude prise par les ultras sous la Restauration. Mais sa voix demeura sans écho dans la Chambre comme dans le pays.

La Charte ne règle ni le cens électoral, ni le cens d'éligibilité, permettant ainsi de concevoir sur ces deux points l'espérance de dispositions libérales, espérances que va démentir, comme nous l'allons voir, la législation de 1831. Par contre, elle règle ce qui a trait à l'âge requis pour être électeur ou député. Les historiens ont à bon droit trouvé étrange que ce point ait été ainsi fixé par la Constitution, tandis que le cens était laissé dans le domaine du pouvoir législatif. Car dès l'instant qu'on admet que les garanties électorales peuvent être modifiées, celle relative à l'âge apparaît comme susceptible de l'être tout autant que celle du cens; et en fait même, elle avait été modifiée plusieurs fois sous la Restauration, tandis que l'autre était restée fixe. Quoi qu'il en soit, l'âge pour le député était abaissé de 40 ans à 30. Pour l'électeur, il était abaissé de 30 à 25. Nous parlons d'un abaissement; et cependant il convient de rappeler qu'un instant, sous le gouvernement précédent, l'ordonnance du 13 juillet 1815 avait fixé l'âge des électeurs à 21 ans et celui des députés à 25 ans.

La Charte décréta le renouvellement intégral de la Chambre élective, et réduisit de 7 ans à 5 ans le mandat de député. Elle confirma les anciennes dispositions pour que le nombre des éligibles de chaque département ne fût pas au-dessous de 50, et pour que chaque département eût au moins la moitié de ses députés choisis parmi les éligibles qui y sont politiquement

domiciliés. En même temps qu'elle empruntait au passé,
elle pourvut à l'abrogation des dispositions qui étaient
les plus choquantes dans la législation du régime déchu.
C'est ainsi qu'elle donna aux collèges électoraux la
nomination de leurs présidents. C'est ainsi qu'elle pro-
mettait (art. 69) qu'il serait pourvu dans le plus bref
délai possible, par une loi, à l'abolition du double vote.

Tout cela n'était qu'une entrée en matière. Quelques
bases seules étaient posées. Restait à savoir comment
on allait recruter les électeurs et les éligibles. Le cens,
si cens il y avait, pouvait être abaissé, de manière à
introduire un renfort d'électeurs pris dans la même
classe que par le passé, ou de manière à appeler une
classe nouvelle, celle de la petite propriété, restée jusqu'alors en dehors de la loi. Les législateurs de l'époque ne se soucièrent que du premier point. La discussion
témoigna, à cet égard, des dispositions égoïstes de la
majorité. « Deux idées dominèrent — dit M. des Baux
(*Des systèmes électoraux en France*). — La première fut
de ne pas déposséder le corps électoral qui avait bien
mérité du pays en envoyant la Chambre de 1830; la
seconde fut de vouloir qu'on considérât le corps électoral comme représentant la nation. Le gouvernement
par la classe moyenne ne pouvait définitivement s'asseoir et se conserver qu'à ce prix. De là cette hâte de
tout régler selon l'ordre établi... On redoutait le nombre de nouveaux électeurs qu'une loi démocratique
pouvait faire. » Pour résumer en deux mots les dispositions principales de la loi, disons qu'elle établit le
vote secret par arrondissement, fixa à 200 francs le
cens d'électorat, et à 500 francs le taux de l'éligibilité;

qu'enfin elle admit à l'électorat, moyennant un demi-cens, les capacités.

Le projet présenté par M. de Montalivet le 30 décembre 1830 prenait pour base de l'électorat le cens variable au lieu du cens fixe. Il appelait tous les citoyens les plus imposés de chaque arrondissement, jusqu'à concurrence du double du nombre des électeurs inscrits sur les listes closes le 16 novembre 1830. Dans les calculs du ministre, ce nombre devait être ainsi porté à deux cent mille. Le projet justifiait l'établissement du cens variable en invoquant la nécessité de tenir compte de l'état véritable de la richesse suivant les localités. Il fallait que le citoyen des Basses-Alpes, relativement aussi riche dans son département que le citoyen du Nord dans le sien, fît partie comme lui du corps électoral. — Aux électeurs censitaires, le projet adjoignait les *capacités*, c'est-à-dire les citoyens présentant des garanties suffisantes en raison de leurs fonctions ou de leurs diplômes. — Enfin le projet établissait un cens d'éligibilité qu'il fixait à 500 francs.

La seule disposition vraiment libérale du projet, celle qui avait trait à l'adjonction des capacités, fut mutilée par la Chambre, comme on va le voir. Quant au cens, celle-ci répudia le cens variable. « L'opinion publique s'est unanimement prononcée contre lui, disait M. Bérenger, rapporteur de la Commission. C'est à l'Empire que nous le devons. Au premier aspect, il paraît mettre le nombre des électeurs en rapport avec la richesse et la population ; mais en réalité il n'établit qu'une proportion imparfaite, et qui, en rendant la capacité électorale très variable, offre l'inconvénient de créer une sorte d'oligarchie au sein de laquelle cette capacité se trouve concentrée. On sait d'ailleurs combien un tel système est susceptible de favoriser les fraudes de l'Administration dont les opérations pour la formation des listes ne pourraient être que difficilement surveillées ; ce qui rendrait à peu près illusoire le droit d'intervention des tiers. »

Le cens variable étant ainsi écarté, quel allait être le taux du cens fixe ? Car sur le point de savoir s'il y aurait un cens, l'hésitation ne naissait même pas. Nous avons déjà dit que l'amendement Berryer (1) ne fut qu'une manifestation platonique. Berryer eut pour imitateur à la Chambre des Pairs M. de Dreux-Brézé qui reprit son amendement le 30 mars, en disant que « s'il y avait des Assemblées primaires comme en 1791, que le peuple nommât les électeurs, puis ceux-là les députés, il y aurait peu de chance pour les anarchistes, et que les comités centraux auraient moins de prise sur les masses. » Ce n'étaient là que de vaines réclames d'un tout petit état-major qui se croyait sûr du vote des campagnes, et voulait les flatter. Ces artifices ne firent pas oublier le seul terrain du débat. C'est là qu'apparut l'esprit étroit et timoré de la majorité se préoccupant d'organiser le cens non comme une garantie de la capacité électorale, mais comme une barrière contre le trop grand nombre

(1) Tout français âgé de 25 ans, inscrit depuis un an au rôle de la contribution foncière, est membre de l'Assemblée primaire de la commune. Les Assemblées primaires sont convoquées par le Roi dans chaque commune, à l'effet de nommer des électeurs... (25 février 1831).

d'électeurs. La commission chargée de l'examen du projet de loi ne dissimule pas ses idées à cet égard, et son rapport a le mérite de la franchise. Elle n'ose pas abaisser le cens à 200 francs, chiffre que la Chambre finit cependant par adopter. Le rapporteur reconnaît bien que l'abaissement n'amènerait pas un flot bien effrayant d'électeurs. N'importe, il ne faut pas de nouveaux venus. Ce sont des intrus pour ceux qui sont en possession. « Avec le cens à 200 francs, disait M. Bérenger, le nombre des électeurs serait à peine doublé dans 60 départements. Il serait un peu plus que doublé dans 6. Il ne se trouverait que triplé dans 10 départements, et encore celui qui, après le département de la Seine, serait le plus libéralement partagé (le Calvados), n'atteindrait-il que le nombre de 6,000 réparti entre 7 arrondissements électoraux. » M. Bérenger faisait remarquer encore que s'il y avait en France 200,000 individus payant un cens de 200 francs, un quart au moins de ces contribuables étaient des incapables au point de vue du droit électoral. Il était donc obligé de convenir qu'avec le cens en question le nombre des électeurs n'allait pas croître dans une proportion bien terrible. Aussi disait-il : « La première majorité de votre commission ne pensa pas que ce nombre amenât dans les collèges une telle confusion qu'elle pût en dénaturer l'esprit... Mais des considérations nouvelles ont changé la majorité. On est parti du point que les collèges créés par la Charte de 1814, ayant été reconnus éminemment bons, il y aurait du danger à changer trop brusquement les conditions de capacité qui étaient alors exigées. Ce n'est pas que les membres de la majorité nouvelle se méfient de la nation. Mais ils redoutent la confusion qui peut résulter (*du nombre des électeurs*), et l'altération que le véritable caractère de l'élection peut en recevoir. Ils appréhendent l'action des partis qui se fait toujours plus vivement sentir sur les masses que lorsqu'elle s'exerce sur un nombre plus limité et plus éclairé. » A côté de ces arguments d'ordre moral que nous nous reprocherions de qualifier, venaient les arguments tirés de raisons matérielles, et qui valaient les premiers : on a craint une trop grande agglomération d'électeurs sur un même point. « Pour les grandes villes, (*la mesure en question*) aurait pu offrir des difficultés matérielles et d'exécution impossibles peut-être à surmonter. *Comment peut-on à Paris faire voter sans confusion* 36 *à* 40,000 *électeurs ?* » Bref, la commission s'arrêtait au taux de 240 francs, qui par suite des différents dégrévements votés depuis 1814 représentait un revenu à peu près égal à celui que supposait le cens de 300 francs, établi par la Charte de Louis XVIII. En 15 ans, on avait fait peu de progrès. C'est ce que dit La Fayette à la tribune lorsqu'il vint appuyer l'amendement qui proposait l'abaissement à 200 francs : « Nous venons d'entendre un éloquent discours ; et néanmoins de toutes ces fleurs il ne résulte qu'un fruit unique, c'est le maintien du chiffre de Louis XVIII et de sa Charte octroyée... Dans l'alternative où nous sommes placés entre le cens de 240 francs et de 200 francs, je voterai pour l'amendement, ne fût-ce que pour sortir de ce chiffre malencontreux de Louis XVIII. Mais c'est avec une sorte

d'embarras, j'en conviens, que je me trouve réduit à
n'avoir à voter que pour un cens aussi élevé que celui
de 200 francs. » Ce cens, d'après les évaluations
faites dans la discussion, représentait un revenu de
1,000 à 2,000 francs.

La loi, maintenant les dispositions de la législation
antérieure, établit que les contributions directes payées
par une veuve ou par une femme séparée ou divorcée
seraient comptées à celui de ses fils, petits-fils, gendres
ou petits-gendres qu'elle désignerait. Le projet du gouvernement admettait la délégation dans une mesure
beaucoup plus large, et qui était empreinte d'un cachet
d'ancien régime : la délégation pouvait être faite par
la femme non seulement à un, mais à plusieurs de ses
descendants. Elle pouvait aussi être faite de la même
façon par le père de famille qui conservait néanmoins
ses droits électoraux, s'il se réservait la quantité d'impôts suffisante. M. Eusèbe Salverte s'éleva contre ce
système, et fit adopter l'article tel que nous venons de
l'indiquer plus haut : « Les femmes, condamnées à une
nullité politique, dit-il, doivent au moins être représentées par leurs enfants ou leurs gendres. Mais aucun
motif de cette espèce ne milite en faveur des pères. Je
cherche en vain sur quels principes le gouvernement
et la commission ont pu se fonder pour attribuer à un
homme qui déjà exerce personnellement ses droits
électoraux, la faculté d'en déléguer une partie à ses
enfants ou gendres, et de faire ainsi, tout en restant
électeur, trois, quatre électeurs, s'il était assez riche,
ou s'il avait une famille assez nombreuse. Cette disposition serait une injustice à l'égard des personnes qui,

payant la même contribution, n'auraient pas une famille aussi nombreuse. »

En ce qui touche l'adjonction des capacités, la Chambre introduisit dans le projet, comme nous l'avons dit plus haut, des restrictions graves. Tout d'abord, le projet affranchissait les *capacités* de tout cens. La loi, elle, ne les admet qu'avec un demi-cens de cent francs. Suivant un mot assez heureux, l'intelligence fut ainsi calculée à la valeur d'un demi-cens. L'autre restriction introduite par la Chambre des députés porte sur les catégories de capacités. Ici, la passion politique joua son rôle, tout autant que l'esprit rétrograde dont pouvait être animée la Chambre. Le gouvernement avait compris les magistrats dans les électeurs affranchis du cens. Or la majorité qui ne pardonnait pas à la magistrature de Louis XVIII tint à l'exclure ; et dès l'instant qu'elle l'excluait, elle se vit obligée de rayer aussi les avocats et d'autres catégories de diplômés ou de fonctionnaires auxquels elle eut sans doute fait grâce, mais qui succombèrent, dit M. de Carné (1), dans des scrutins de jalousie et de récrimination. Au résumé, elle n'admit que les membres et correspondants de l'Institut, et les officiers jouissant d'une pension de retraite de 1200 francs.

Après avoir imposé un cens d'électorat, allait-on imposer un cens d'éligibilité ? La mesure paraissait peu logique. Dès l'instant que l'électeur présente les garanties suffisantes, pourquoi le limiter dans son choix ? Mais sur ce point comme sur les autres, la

____

(1) *Du Gouvernement représentatif en France.* Tome II, p. 354.

majorité avait ses idées arrêtées. Elle repoussa, sans hésiter, un amendement de M. Eusèbe Salverte, qui dispensait de tout cens l'éligible. On crut faire une grande concession en abaissant le taux à 500 francs, chiffre qui représentait un revenu d'environ trois mille francs (1). On estimait qu'il y aurait ainsi 4,200 éligibles, soit 9 ou 10 candidats pour chaque choix.

Telle fut la loi de 1831. Les députés avaient une si grande hâte de clore l'ère de la révolution, et de boucler les questions irritantes soulevées par la mesure en discussion que leur précipitation leur attira un blâme sévère du Président : « Je le dis avec douleur, s'écriait-il le 17 février : il n'y a aucune dignité dans cette délibération. »

Il convient de donner quelques indications sur les résultats statistiques de la loi. Sous son empire, le nombre des électeurs inscrits s'éleva progressivement de 166,583 (juillet 1831) à 241,000 en 1847. Que si on fait la division de ces chiffres entre les arrondissements, on constate qu'à la fin de la monarchie de Juillet il y avait 61 collèges ayant plus de 800 électeurs (2), 139 qui en avaient de 800 à 500, 87 de 500 à 400, 95 de 400 à 300 et 77 qui en avaient moins de 300.

---

(1) D'après le *National* du 4 décembre 1837, 3,000 francs à cette époque représentaient le revenu d'un capital de 30,000 francs, ou d'une terre de plus de 100.000 francs.

(2) Le *Moniteur* du 22 octobre 1847 donne les indications suivantes au sujet des *Listes pour le département de la Seine* : Censitaires 18,261 ; Electeurs départementaux 2,664. — A cette même époque, à Paris, le collège qui renfermait le plus grand nombre d'électeurs, le second, en comptait 2,968. Le douzième, qui en renfermait le moins grand nombre, en comptait 565.

M. Duvergier de Hauranne qui écrivait en 1847 dit
même que d'après les dernières listes, il y avait 172
collèges qui pour se constituer étaient obligés de recourir aux plus imposés (1), c'est-à-dire qui ne com-
prenaient ainsi que 150 électeurs.

Il est inutile de développer ici les critiques dont la
loi de 1831 a été l'objet. Elles sont connues. On entend
résonner encore le cri de « Vive la Réforme ! » aux
sons duquel s'est écroulée la monarchie. Un vice capital de la loi, vice qui existait déjà, et que nous avons
déjà relevé dans la loi de 1820, c'est l'institution du
vote par arrondissement, soit d'un mode peut être bon
avec le suffrage universel ou tout au moins avec un
suffrage étendu, mais détestable assurément sous une
législation qui maintenait un suffrage aussi restreint.
Il suffisait sous ce régime au candidat de se ménager
l'influence de quelques grandes familles pour être sûr
de son élection. On aboutissait aux bourgs pourris. Car
nous parlions plus haut de ces 172 collèges où il n'y
avait que 150 électeurs. Mais les votants n'égalaient
naturellement pas le chiffre des inscrits, et on pense
dès lors si la majorité qui faisait un député était réduite à des proportions modestes. A Boussac et dans
d'autres collèges encore, une élection avait abouti
avec 75 suffrages. Dans une ville comme Paris, il y
avait un collège, le douzième, qui ne contenait que
565 électeurs ; et le député était nommé par 262 voix

(1) Article 2 de la loi de 1831 : Si le nombre des électeurs d'un
arrondissement électoral ne s'élève pas à 150, ce nombre sera complété en appelant les citoyens les plus imposés au-dessous de
200 francs.

seulement, en 1847 (1). Sur une si petite échelle, que de facilités offertes à l'intrigue, à la corruption, aux coteries!

Les autres critiques auxquelles la loi prêtait le flanc sans parler de celles ayant trait aux rigueurs du cens, étaient tirées de la façon choquante dont le droit de représentation était réparti. D'une part, les contribuables dont l'ensemble des cotes représentait la plus grande partie des impôts étaient laissés en dehors du corps électoral. D'autre part, le nombre de députés n'était en rapport ni avec le chiffre de la population, ni avec la richesse de la circonscription. On signalait même une proportion trop souvent inverse. En ce qui touche le premier point, un auteur pouvait justement écrire en 1846 (2): « Sur plus de 10 millions d'imposés, il n'y en a que 239 mille qui soient admis à prendre une part plus ou moins directe au vote de l'impôt. Si on considère la population, il n'y a qu'un individu sur 150 qui jouisse du droit électoral. Les contribuables non électeurs paient 276 millions de contributions directes. Les électeurs ne paient que 95 millions. » En ce qui touche le deuxième point, répartition vicieusement inégale du droit de représentation entre les circonscriptions, M. Duvergier de Hauranne disait à la tribune le 22 mars 1847 : « Le deuxième collège électoral de Paris a près de 3000 électeurs. Les collèges d'Embrun, de Bourganeuf, de Saint-Palais, en ont 150. Chacun de

____

(1) Autre exemple : Aux élections de 1837, à Paris, dans les 12 arrondissements, il n'y a que 2 députés qui arrivent avec plus de 800 voix, l'un avec 812, l'autre avec 1,106.

(2) *Les élections générales au 2 août* 1846, par Th. Boudon de S.A.

ces colléges nomme pourtant un député. D'où suit qu'un électeur d'Embrun, de Bourganeuf, de Saint-Palais, pèse 20 fois plus qu'un électeur du deuxième arrondissement dans la balance électorale. Sur 240,000 inscrits, 139,000, c'est-à-dire la majorité, nomment 177 députés seulement, tandis que 282 sont nommés par 102,000, c'est-à-dire par la minorité. »

La loi de 1831 demeura intacte pendant tout le règne de Louis-Philippe. Le gouvernement et la majorité repoussèrent toutes les demandes de réforme, avec un dédain qui n'eut d'égal que la persistance avec laquelle elles furent soutenues par l'opposition libérale et par l'opposition dynastique. Le mouvement se dessine presque dès le début de la monarchie. En 1834, des pétitions furent adressées à la Chambre pour réclamer, soit l'abaissement presqu'illimité du cens, soit l'adjonction de diverses capacités. Aux yeux du rapporteur M. Amilhau, cela équivalait à réclamer le suffrage universel : et voici, en conséquence, comment il s'exprimait : « C'est lorsque les partis n'ont prouvé que leur impuissance dans des émeutes réprimées par la milice citoyenne, que, sous espoir de faire des prosélytes, ils cherchent à troubler la France, en faisant pénétrer l'anarchie dans la législation. C'est alors qu'ils en appellent au suffrage universel. Une société qui prend Robespierre pour symbole et la république pour gouvernement, a provoqué partout des pétitions collectives adressées au pouvoir de l'État. (*La proposition du suffrage universel*) est contraire à nos mœurs... En juillet, lorsque la révolution encore palpitante donnait à notre législation cette puissance que l'on ne rencontre pas deux fois dans un siècle, il ne se trouva pas un seul homme qui méconnût assez les intérêts et la position de la société française pour réclamer le suffrage universel. *En appeler au suffrage universel, c'est rétrograder vers l'origine des sociétés humaines.* » La Chambre passa à l'ordre du jour.

En 1835, nouvelles pétitions dont le rapporteur (7 février) propose encore le rejet, en dénonçant l'esprit dans lequel elles sont conçues : « Les deux partis qu'une haine commune dirige contre le gouvernement se trouvent réunis sous le drapeau de la réforme. Bizarre coalition que celle où... le bonnet phrygien est parsemé de fleurs de lys ! » Le rapporteur continuait en justifiant par l'argument alors à la mode la législation existante : « Il faut que la loi assure la prépondérance à la classe de la société qui peut le mieux assurer le triomphe des intérêts généraux et le développement de la civilisation. Or cette classe, aujourd'hui c'est la classe moyenne. » La Chambre passa encore à l'ordre du jour.

Les pétitions reparaissent en 1840. Elles critiquent le cens comme base du suffrage, et rappellent qu'il est tel arrondissement dont le député peut être nommé par 51 suffrages, quand d'autres ont besoin de plus de 1200 voix pour pénétrer à la Chambre. La Chambre passa à l'ordre du jour sur les chefs de ces pétitions relatifs à : 1° l'élection à deux degrés; 2° la fixation à un minimum de 600 du nombre des électeurs; 3° la réunion des électeurs d'un même département en un seul collège; 4° l'adjonction des capacités et des citoyens inscrits sur la deuxième liste du jury.

Deux ans plus tard, le 14 février 1842, la Chambre eut à se prononcer sur une proposition de réforme émanant de l'initiative parlementaire. M. Ducos demandait que les droits électoraux fussent conférés aux citoyens inscrits sur la deuxième partie de la liste du jury (1). M. Dufaure fut au nombre de ceux qui soutinrent cette proposition ; mais il essaya vainement d'avoir raison de la résistance de M. Guizot en lui rappelant ce que celui-ci avait écrit en 1820 : « Sachez satisfaire ce qui est légitime, et vous aurez le plus fort point d'appui pour réprimer ce qui est déréglé. » Par 234 voix contre 193, la Chambre repoussa la proposition.

La Chambre repoussa encore en 1845, par 179 voix contre 151, la proposition Crémieux tendant à l'adjonction des magistrats et des jurés. Elle rejeta enfin en 1847 une proposition de M. Duvergier de Hauranne, demandant que le cens fût réduit à cent francs, en prenant pour base la seule contribution principale ; que l'élection fût concentrée en un seul collège dans toutes les villes de France élisant plus d'un député, Paris excepté ; qu'en outre le nombre des députés fût augmenté. C'est dans la discussion de cette proposition que M. Guizot prononça contre le suffrage universel des paroles demeurées fameuses par la réponse que les évènements allaient lui faire à onze mois de date :

(1) La deuxième partie de la liste du jury comprenait aux termes de la loi du 2 mai 1827, les fonctionnaires publics nommés par le roi et exerçant des fonctions gratuites, les officiers en retraite, les docteurs et licenciés, les membres et correspondants de l'Institut, les membres des autres sociétés savantes reconnues par le Roi.

« La France a été de 1789 à 1817 dans un effort conti-
nuel, tantôt pour réaliser tantôt pour éluder, je ne
dirai pas le principe du suffrage universel : le principe du suffrage universel est en soi-même si absurde
qu'aucun de ses partisans même n'ose l'accepter et le
soutenir tout entier. Il n'y a pas de jour où toutes les
créatures humaines quelles qu'elles soient puissent
être appelées à exercer des droits politiques. » L'orateur continuait en faisant l'apologie du système en vigueur, et il l'opposait comme la dernière expression
du progrès aux prétendues erreurs du passé : « C'était
l'effort constant de notre législation de placer le droit
électoral dans les régions les plus nombreuses de la
société et de le faire sortir de là pour remonter et jouer
son rôle dans le gouvernement. Toutes nos lois électorales sincères ou hypocrites de 1789 à 1817 ont été
conçues dans cet esprit. Pour la première fois la loi
électorale de 1817 a eu le courage de renier absolument ce principe, de ne plus placer le droit électoral
dans le nombre, et de proclamer que le droit appartenait à la capacité politique. Elle a ensuite donné à
chaque groupe naturel son député. Tels sont les deux
principes essentiels sur lesquels notre système électoral repose, la capacité politique et l'adoption légale
des groupes naturels d'électeurs. » Par 252 voix
contre 154, la proposition Duvergier de Hauranne fut
écartée.

§ 2. — Mœurs électorales.

La physionomie des élections et les mœurs électorales apparaissent sous le gouvernement de Juillet

légèrement différentes de ce qu'elles étaient sous le régime précédent. La propagande faite par le candidat se révèle avec un caractère un peu plus démocratique, pas bien accentué encore, puisque ledit candidat n'a toujours à faire qu'à un cénacle d'électeurs ; mais enfin ce cénacle s'est agrandi. Ce ne sont pas encore les masses, mais ce n'est pas non plus tout à fait une académie, et les moyens d'action se ressentent naturellement du nombre et de la qualité des citoyens sur lesquels l'aspirant député opère. Le système des réunions publiques prend davantage racine, et est appliqué sur une plus large échelle. En ce qui touche la moralité dans la façon dont les élections sont conduites, il semble que l'attitude du gouvernement soit beaucoup meilleure que celle de la Restauration, et qu'on ne voie plus réapparaître les manœuvres tant reprochées au ministère Villèle. Quant aux candidats ou à leurs partisans, ils ne méritent pas le même éloge, et plusieurs procès scandaleux de corruption jettent sur cette époque un jour fâcheux.

Avant d'y arriver, la justice commande d'insister sur le rôle généralement irréprochable que sut tenir le pouvoir, et de citer tout de suite la belle circulaire du ministre de l'Intérieur, M. Guizot qui inaugura le règne : « Ces devoirs (*de l'administration*) sont simples, écrivait-il le 29 septembre 1830. La mauvaise politique d'un pouvoir trop faible pour se passer d'artifice les compliquait en les défigurant..... Le temps n'est pas si éloigné où la puissance publique se plaçant entre les intérêts et les consciences s'efforçait de faire mentir le pays contre lui-même, et de le suborner comme un

faux témoin..... C'est par votre administration seule
que vous devez influer sur l'opinion publique. »

Si cette circulaire obtint l'assentiment général, en
revanche l'opposition attaqua vivement, avec plus de
passion, il faut bien le dire, que de justice, la circulaire
suivante que le Président du Conseil, Casimir-Périer,
adressa quelques mois plus tard aux préfets sur le
même objet. En leur demandant des renseignements
sur l'esprit de leurs départements, il ajoutait : « Pour
moi, M. le préfet, je vous dirai sans détour l'intention
générale du gouvernement. Il ne sera pas neutre dans
les élections. Il ne veut pas que l'administration le
soit plus que lui. Sans doute sa volonté est avant tout
que les lois soient exécutées avec une rigoureuse impartialité..... Mais entre l'impartialité administrative
et l'indifférence pour toutes les opinions, la distance
est infinie. Le gouvernement est convaincu que ses
principes sont conformes à l'intérêt national. Il doit
donc désirer que le vœu national les confirme..... Il
n'en fait pas mystère, et vous devez, ainsi que lui,
le déclarer hautement. » En traçant aux préfets la
règle qui devait déterminer la préférence de l'administration entre les divers candidats, il continuait ainsi :
« Cependant vous sentez qu'il ne faut pas s'attacher trop
exclusivement aux nuances.... Un honnête homme dé-
voué au roi et à la Charte est toujours un bon député....
L'administration guidée par les intérêts généraux ne
doit prendre contre personne l'initiative de l'hostilité.
Elle doit accueillir tous ceux qui ne l'attaqueront
point. » Cette circulaire nous paraît irréprochable,
comme elle l'a paru longtemps après à des républi-

cains les plus éminents et les plus purs. C'est le devoir d'un gouvernement de ne pas se désintéresser des élections (1). Le danger est que, quand il entre dans la lice, il se laisse trop souvent aller à mettre en œuvre les moyens irrésistibles d'influence dont il dispose. Mais s'il a l'énergie de se maintenir dans les principes que professait Casimir-Périer, s'il se borne à faire connaître le véritable esprit de sa politique, à le défendre loyalement contre la calomnie et les mensonges, sans dénoncer comme des ennemis ceux qui ne pensent pas comme lui, ce gouvernement là remplit vraiment son office ; il combat le bon combat, et ceux qui le blâment sont ceux qui voudraient le voir renversé vic-

(1) Les différents ministres de la Monarchie de Juillet ont successivement proclamé ce principe. Au cours de la vérification des pouvoirs, M. Thiers, ministre de l'Intérieur, interpellé sur l'attitude d'un juge de paix dans une élection disait : « Tout le monde sait dans cette assemblée, excepté sans doute celui qui m'a demandé de m'expliquer à cet égard, que les préfets et les sous-préfets sont chargés de l'application des lois électorales. Leur demander de ne pas se mêler des élections, c'est leur demander de ne pas se mêler de leurs devoirs. »

Toujours à l'occasion de la vérification des pouvoirs, en 1837, M. Montalivet disait à la tribune : « Au nom des principes constitutionnels, je repousse l'amendement Saint-Albin qui est opposé à la candidature officielle. Comme lui, nous blâmons ce qui est entaché de fraude électorale ; mais s'il est vrai qu'il y ait une action de l'administration qui doive être repoussée, il est aussi une action légitime, un droit d'intervention qui appartient essentiellement à l'administration du pays. Oui, cela est ainsi, cela a toujours été ainsi. Cela était ainsi en 1830 alors qu'on était encore dans la candeur des principes constitutionnels. Cette action a toujours eu lieu. Elle est morale, elle est sociale, elle est un droit et un devoir de l'administration. »

Enfin en 1846, M. Duchatel s'exprimait dans le même sens.

time de son inertie et de son apathie. Leur excuse, c'est qu'ils savent par expérience que les principes sont réservés pour le *Moniteur*, que les ministres les oublient vite, et que leurs agents les oublient plus vite encore ; et en effet, si un parfum de vertu austère s'exhale des circulaires Guizot et Périer, un incident fut relevé presque contemporainement qui ne se conciliait guère avec les prémisses posées par le cabinet.

Il s'agit de révélations qui furent faites lors de la vérification des pouvoirs pour les élections du Rhône, le 26 juillet 1831. M. Merilhou, rapporteur de l'élection de M. Jars, signalait le fait suivant : « Après le dépouillement de quelques bulletins, le président reçut de M. le préfet une pièce dont il crut devoir donner connaissance à l'Assemblée, qui lui est adressée en sa qualité de président : « Préfecture du Rhône, cabinet. « Lyon, 6 juillet 1831, 8 heures matin. Dépêche télé- « graphique du 6 juillet, à 4 heures matin. Le ministre « de l'Intérieur au préfet du Rhône. Paris est parfaite- « ment tranquille. Les élections s'y annoncent comme « dans d'autres localités sous des augures très favo- « rables. Des majorités considérables se sont pronon- « cées. » Après cette courte lecture, les électeurs conti- nuent à déposer leur bulletin. » M. Merilhou, donnant lecture de ce document, rappela l'article 40 de la loi de 1831 (1), et exprima en ces termes l'opération du bureau : « Le bureau n'est pas d'avis d'invalider l'élec- tion. Pourtant il m'a chargé d'exposer en son nom à la

(1) Les collèges électoraux..... ne peuvent s'occuper d'autres objets que de l'élection des députés. Toute discussion, toute délibération leur sont interdites,

Chambre la haute réprobation qu'il croit devoir donner à la conduite tenue par l'autorité administrative dans cette circonstance..... La communication n'a pas été donnée dans un autre but que celui d'influencer par une sorte de réseau moral, par la connaissance d'un fait extérieur, une opération à laquelle les électeurs devaient se livrer avec une conscience libre de toute influence étrangère. »

Indépendamment de ces écarts qu'on peut ainsi relever contre l'administration centrale, il y a aussi ceux de ses subordonnés qui ne furent pas toujours impeccables. Tel le préfet de la Haute-Loire, dont le *National* reproduisait une circulaire du 27 mai 1834. Ce journal la dénonçait hautement comme conçue en des termes de nature à exercer une pression sur les fonctionnaires, et comme contenant une menace voilée à leur adresse ; et en effet, elle ne vaut pas mieux que les circulaires de la Restauration : « M. le Maire, les dernières tentatives d'un parti qui ne veut que le désordre et l'anarchie ont dû faire sentir aux hommes qui ne désirent que la tranquillité et le bien de leur pays, la nécessité de se réunir au Gouvernement, et les disposer à le seconder. Cette obligation qui doit être commune à tous les bons Français devient un devoir rigoureux pour les fonctionnaires et employés de tous les services. J'aime à penser qu'il n'en est aucun qui ne s'empresse de seconder l'administration... pour faire arriver à la Chambre un député qui sache à la fois faire valoir les intérêts de son département, défendre et maintenir la monarchie de Juillet et nos institutions constitutionnelles. La sagesse de vos opinions politiques, votre dévouement... me garantissent l'assurance que vous userez de toute l'influence que votre position sociale vous donne sur vos concitoyens de manière à les disposer à se joindre à nous pour cet heureux résultat (1). »

Si le pouvoir généralement correct dans son attitude n'apparait pas cependant comme étant toujours sans reproche, le candidat et les électeurs ont, à leur tour, comme nous l'avons dit plus haut, contribué pour la plus large part à discréditer les élections par leurs agissements. Nous ne signalerons que pour mémoire ce fait qui n'est que plaisant, et qui était relevé par le *National* (9 juin 1834), d'un propriétaire de la Somme prévenant les propriétaires de son arrondissement que *jusqu'au 15 juin courant*, 16 étalons seront chez lui, destinés à saillir *gratis* toutes les juments qu'on y présentera, et cela, dans l'*unique* but d'améliorer l'espèce des chevaux dans le pays. »

Il y eut d'autres faits vraiment graves qui montrè-

<hr>

(1) Le Gouvernement n'était pas seul à pratiquer la candidature officielle. Il y avait des corporations qui la pratiquaient aussi à leur manière. Le *National* du 2 novembre 1837 dénonce l'attitude de la Compagnie des avoués au sujet de la candidature du Président du Tribunal de la Seine, M. de Belleyme, dans le VII° arrondissement : « Par les soins de leur Chambre de discipline, ils viennent d'être convoqués extraordinairement ; et chacun d'eux a été invité par le président de l'assemblée à chercher, dans les listes électorales déposées sur le bureau, les électeurs du VII° sur lesquels il peut exercer son influence, et à faire usage de cette influence *dans l'intérêt de la Compagnie*, en faveur de la candidature de M. de Belleyme... C'est aux électeurs à examiner si celui-là gardera comme député son indépendance qui, comme président, s'occupe si peu de la conserver. »

rent la corruption organisée sur une large échelle. La Chambre dut, pour ce motif, annuler, en 1843, une élection à Langres, et en 1846, l'élection de Quimperlé. Quelques détails sur l'une et l'autre affaire montreront comment on manipulait alors la pâte des électeurs censitaires. L'élection de Langres fut comprise dans une série d'autres pour lesquelles la Chambre, en 1842, à la suite d'un débat très vif, ordonna une enquête. Le candidat, M. Pauwels, avait été élu par 129 voix sur 254. Il ne l'avait emporté qu'à *une voix* de majorité (1). La commission d'enquête rendait compte en ces termes des constatations par elles faites à la suite des protestations qui avaient surgi : « Un fait grave, — disait le rapport, en date du 22 avril 1843, — c'est l'hébergement d'un grand nombre d'électeurs dans les hôtelleries où ils étaient conduits et défrayés gratuitement au nom de M. Pauwels, et si ce n'est de ses deniers, au moins de ceux de son ami, M. Abreuveux. Il a été dit également que des électeurs ainsi défrayés dans les auberges s'étaient présentés au scrutin dans un état d'ivresse. M. Abreuveux avoue qu'il a écrit 10 à 12 bulletins pour des électeurs illettrés. On pense qu'il en a écrit davantage. Voici comme se passaient les choses : au fur et à mesure que les électeurs entraient dans la salle, ils étaient accueillis par M. X..., qui les faisait asseoir près de lui sur une banquette que ne quit-

(1) Des *majorités* de ce genre n'étaient pas rares sous le régime censitaire. Ainsi nous voyons qu'aux élections générales de 1846, M. Delangle était nommé avec une voix de majorité, dans la Nièvre, par 143 voix sur 284 votants.

taient pas M. Pauwels et d'autres électeurs dévoués.
Lorsque cette banquette se trouvait suffisamment
garnie, M. X... conduisait lui-même les arrivants jusqu'à moitié de la salle où ils étaient réunis à
M. Abreuveux, qui les rangeait de nouveau sur une
autre banquette, se plaçait derrière eux, de manière à
ce qu'aucun ne pût sortir sans passer devant lui.....
M. Pauwels et ses amis cherchent en vain à couvrir
ces abus du prétexte *des usages du pays. On n'y fait
pas un marché,* nous dit M. Pauwels, *sans que cela
passe au cabaret.* Nous pensons, nous, qu'il n'en est
que plus nécessaire d'apprendre aux électeurs qu'on
ne se prépare pas ainsi à l'accomplissement d'un
devoir aussi sérieux que l'exercice du droit électoral. »

L'annulation de l'élection de M. Drouillard, nommé
par 82 voix sur 158, eut un bien autre retentissement,
puisqu'elle eut son contre-coup à la Cour d'assises de
Maine-et-Loire où l'élu fut condamné le 17 février 1847
avec quatre complices à cinq ans d'interdiction des
droits civiques et à une forte amende pour avoir acheté
des votes. Voici ce que révélait sur cette affaire le ré-
quisitoire de l'avocat général : « Dès le mois d'août 1845,
M. Drouillard se présentait comme candidat aux
élections de Quimperlé. Il se mit en relations avec
M. Peyron. S'il en faut croire MM. Drouillard et Peyron, M. Drouillard aurait eu la pensée d'une sorte de
banque agricole en dehors de toute préoccupation
électorale. Il voulait signaler son arrivée dans le pays
par un service. » Or, au sujet de cette banque l'avocat
général disait : « Quelle était cette banque, quels en

étaient les directeurs, les agents? Le directeur, c'était Peyron, les agents, les courtiers, c'étaient Jossin, Curré (*complices*). Ils parcouraient la campagne, disent-ils, pour annoncer que M. Drouillard prêtait de l'argent à 4 0/0. Mais voyez ce qui se passait chez X... ; à X... ils disent : « Voulez-vous voter pour « M. Drouillard? vous recevrez 1.200 francs. » Le magistrat du ministère public expliquait que de l'examen des livres de Peyron il résultait que « 114 articles sont relatifs à des prêts d'argent plus ou moins réels; que les 114 articles s'appliquent à quarante-cinq personnes, et que dans ces quarante-cinq figuraient 39 électeurs de Quimperlé. M. Drouillard, — continuait l'avocat général, — avait eu recours à d'autres moyens encore. Des aubergistes et des cafetiers avaient ordre de recevoir et d'héberger gratis tous les électeurs, leurs femmes, leurs enfants et leurs familles. Au jour des élections, on apprit que des électeurs avaient été conduits loin du théâtre de la lutte, à Auray, et ne pourraient voter. Ces hommes sont fort religieux. On avait abusé de leurs sentiments de piété pour leur faire visiter une église qui est l'objet de la vénération de tout le pays, et son ancienne Chartreuse. Quelques jours avant les élections, M. Drouillard avait pris possession d'une maison appelée le Pavillon qui était ouverte à tous les électeurs favorables. Mais tous les concierges avaient ordre de ne laisser entrer ou sortir qui que ce fût qu'en compagnie d'un agent bien connu de l'élection. Aussi on vit des électeurs s'esquiver en escaladant les murs, d'autres en criant : « *Vive Guilhem !* (*le candidat adverse*). » On fit dire une messe pour sept électeurs douteux en les entourant d'une garde dévouée, et en éloignant tous les suspects. Le jour de l'élection. les électeurs étaient conduits à Quimperlé et au collège électoral sur des voitures où étaient des gens de M. Drouillard. M. Drouillard présidait luimême au transport des électeurs, et les recevait au débarquement. »

Dans cette même année 1847 où se déroulait le procès Drouillard, des poursuites analogues étaient intentées contre un sieur Boutmy, candidat dans la Creuse. non plus cette fois aux fonctions législatives, mais à celles de conseiller général ; et on entendit un procureur général s'écrier : « La corruption électorale n'est plus un vain mot. Le mal existe. Il est flagrant. » Avait-il tort, et à ces électeurs de Langres, de Quimperlé, à ceux de la Creuse, M. Guizot aurait-il pu renouveler la fameuse apostrophe qu'il adressait avec tant de confiance à ses électeurs de Lisieux : « Vous sentez-vous corrompus ? »

A côté de la corruption exercée en détail sur des membres du collège pris individuellement, on relevait aussi des cas où elle avait été pratiquée en bloc sur le collège tout entier. C'était le cas par exemple de l'élection de M. Charles Laffitte, nommé à Louviers, en 1844 par 286 voix sur 671 votants. Voici comment un député expliquait la situation à la Chambre, lors de la vérification des pouvoirs de l'élu : « M. Laffitte était inconnu dans l'arrondissement de Louviers. Tout à coup, le 1er janvier, paraît dans le *Courrier de l'Eure* une lettre ainsi conçue : « Vous avez, a-t-on
« dit, un vif désir d'avoir un chemin de fer. Je le com-

« prends. Ma position dans la Compagnie du chemin
« de fer de Rouen..., ma situation comme banquier et
« comme grand entrepreneur de chemins de fer me
« permettent d'exécuter ce chemin. Quant à moi, je
« désire être député. Vous pouvez me faire député.
« Maintenant vous m'avez compris; si oui, oui ;
« si non, non. » Cette lettre était la conséquence
d'engagements positivement et solennellement pris.
M. Laffitte, l'administrateur du chemin de fer de
Rouen, concessionnaire du chemin du Havre, et
soumissionnaire du chemin de Lyon, entreprise
qui s'élève à 85 millions, prenait l'engagement de
construire à ses risques et périls l'embranchement de
Louviers sur le chemin de Rouen, long de huit kilomètres; et d'autre part les électeurs s'engageaient à
procurer à M. Laffitte, l'entrée de la Chambre des
députés ». En présence de ces révélations, le devoir de
la Chambre se trouvait tracé. « La corruption collective, disait M. Dufaure, est bien plus grave que la
corruption isolée. C'est la pire de toutes, c'est un
procédé qui tend à constituer une aristocratie de
fortune, la plus détestable de toutes. » L'élection fut
cassée, et cela par quatre fois, les électeurs ayant
persisté à retourner leur candidat. Il ne fut admis
qu'à la cinquième élection.

Ne nous arrêtons pas davantage sur ce vilain côté
des élections, sur ce vice qui les déshonora souvent à
cette époque, et qui, en France, n'a été heureusement
que passager. Disons maintenant un mot de la manière
dont se produisaient les candidatures. Les réunions
publiques dans lesquelles elles sont débattues devien-

nent fréquentes (1). On s'habitue à ce mode, et il n'excite plus l'indignation ni l'étonnement qu'il excitait en 1828. Les dites réunions ne laissaient pas parfois que d'être orageuses, comme les électeurs censitaires ne laissaient pas non plus que d'être, à leurs jours, aussi bruyants que les électeurs démocratiques du temps présent. Voici par exemple une réunion préparatoire du IVe arrondissement, où les candidatures de MM. Odilon Barrot et Ganneron étaient en discussion : « Une ligue tumultueuse, — nous dit le *National*, — qui paraissait déterminée à empêcher M. Barrot de repousser les accusations dont il avait été l'objet a rangé du côté de ce candidat beaucoup d'hommes sages qui ont été indignés de pareilles manœuvres. »

Les réunions étaient quelquefois organisées d'une manière spéciale, et pour prononcer dans un vote préparatoire sur les candidatures non plus seulement de l'arrondissement, mais du département tout entier. Par exemple, en juillet 1831, avait lieu au passage du Saumon une réunion de 300 électeurs désignés par le sort dans chacun des 14 arrondissements de la Seine. Le *National* du 2 juillet donnait la liste des candidats qui avaient été adoptés.

L'examen des candidatures dans les réunions paraît au début s'être fait en l'absence des candidats ; et il est assez piquant d'assister à la naissance de ce mode de discussion contradictoire qui nous semble aujourd'hui l'essence même d'une candidature. Les journaux

(1) Le *National* du 1er juillet 1831 signale une réunion préparatoire ou il y avait 445 électeurs.

républicains saluaient l'avènement de ces mœurs nouvelles. « L'usage, — dit le *National* du 12 octobre 1837, — s'est établi depuis longtemps dans les assemblées préparatoires qui précèdent les opérations électorales d'adresser des interpellations aux candidats qui se présentent pour le département. Cet usage nous semble parfaitement raisonnable. Les interpellations n'ont rien de commun avec les mandats impératifs..... Pour s'être prononcé dans une réunion préparatoire, le député n'en sera pas moins libre de voter comme sa conscience le lui commandera. Les électeurs patriotes doivent, suivant nous, adresser à tout candidat les questions suivantes : ..... » Revenant quelques jours plus tard sur l'usage en question, le même journal ajoutait (2 novembre) : « C'est par là peut-être surtout que les habitudes démocratiques s'implanteront parmi nous. D'ici à quelques années, il ne se nommera pas un député, pas un maire, pas un officier de garde nationale qui ne soit d'abord obligé d'exposer ses opinions et sa vie au jugement de ses compatriotes. Une telle obligation équivaudra à une sorte de censure sévère exercée par tous sur chacun. »

Si l'Opposition approuvait, par contre les conservateurs étaient un peu choqués du mode nouveau, trop démocratique pour les hobereaux de la bourgeoisie. Là où les libéraux voyaient la répétition des *hustings* anglais, ils ne voyaient, eux, que les tréteaux, et ils jugeaient au dessous de leur dignité d'y monter. M. Locquet, maire du 9ᵉ arrondissement, candidat aux élections, refusait de se rendre à une réunion préparatoire ; et le *Journal des Débats* du 24 octobre 1837, sans oser nettement approuver sa conduite, écrivait dans des termes dont la portée à ce point de vue était assez apparente qu'en pareille matière chacun doit être maître d'agir à sa guise. Au surplus, avec l'encouragement des uns, comme au travers de l'humeur des autres, les interpellations aux candidats dans les réunions préparatoires acquirent bientôt force de loi.

Pendant la Monarchie de Juillet, les électeurs paraissent avoir montré assez de zèle pour se rendre au scrutin, et l'abaissement du cens semble avoir eu pour effet de diminuer les abstentions. D'après un tableau figurant au *Moniteur* du 31 octobre 1842, en 1831, les trois quarts des électeurs inscrits étaient venus voter. Cette proportion s'est à peu près maintenue jusqu'en 1842, époque à laquelle elle atteignait les quatre cinquièmes.

CHAPITRE IX

LA SECONDE RÉPUBLIQUE

Nous voici maintenant à l'avénement du suffrage universel qui éclata, on le sait, comme un coup de tonnerre. Ce prodige monstrueux contredisait aux yeux des conservateurs toutes les lois morales et même physiques. L'Académie des sciences s'était demandé si l'opération arithmétique à laquelle donnerait lieu le dépouillement du vote ne serait pas matériellement impossible. La docte assemblée avait calculé que pour les élections de Paris par exemple, le dépouillement du scrutin exigerait au moins 354 jours de 12 heures chacun en suivant les formes ordinaires (1). Les cal-

(1) Voir dans le Compte-rendu de l'Académie des sciences du 3 avril 1848 le *rapport sur les moyens proposés par les auteurs de divers mémoires pour la solution des difficultés que présentent le dépouillement et le recensement des votes dans les élections nouvelles*. Il faut dire que le rapporteur après avoir fait le calcul ci-dessus reproduit, ajoutait : « Doit-on conclure qu'il est impossible d'imprimer à l'opération électorale le caractère mathématique essentiel à tout calcul qui offre quelque intérêt, à toute opération qui a quelque importance, et qui, pour atteindre le but qu'on se propose en l'exécutant,

culs de l'Académie furent déjoués, et les craintes des conservateurs s'évanouirent, du moins au début, quand ils virent un quart des leurs entrer avec le nouveau régime dans la Constituante, et quand le parti de l'ordre eut obtenu la majorité dans la Législative. Ils s'apprivoisèrent si bien avec le suffrage universel dans ses premières manifestations que c'est sans débats qu'ils le laissèrent introduire dans la Constitution.

Un des hommes de 1848, M. Garnier-Pagès nous a initiés aux préliminaires du fameux décret du Gouvernement Provisoire : « MM. Cormenin et Isambert chargés d'élaborer un projet de loi électorale avaient été mandés à la séance du 2 mars au Ministère des affaires étrangères. M. Cormenin donna lecture du travail préparatoire. Le principe fut mis aux voix et adopté en ces termes : « Le Gouvernement provisoire arrête en « principe et à l'unanimité que le suffrage sera univer- « sel et direct sans la moindre condition de cens. » La discussion des articles fut ajournée. »

C'est le 5 mars que fut rendu le décret qui déterminait le mode d'élection des représentants du peuple à l'Assemblée nationale, et établissait le suffrage direct et universel. L'élection devait avoir pour base la population, et les représentants au nombre de 900 étaient répartis entre les départements, conformément à cette base. — Sont électeurs tous les Français âgés de

doit être non seulement praticable, mais encore exacte et porter sa preuve avec elle? Nous ne le pensons pas. » Aussi le rapporteur concluait-il en encourageant au nom de l'Académie les auteurs des mémoires à poursuivre leurs recherches.

10

21 ans résidant dans la commune depuis 6 mois. — Sont éligibles tous les Français âgés de 25 ans. — Les électeurs voteront au chef-lieu de canton par scrutin de liste. — Nul ne pourra être nommé représentant du peuple, s'il ne réunit pas 2000 suffrages.

On lit dans une proclamation du Gouvernement au peuple à la date du 16 mars, le commentaire enthousiaste de ce décret : « La loi électorale provisoire que nous avons faite est la plus large qui, chez aucun peuple de la terre, ait jamais convoqué le peuple à l'exercice du suprême droit de l'homme, sa propre souveraineté. L'élection appartient à tous sans exception. A dater de cette loi, il n'y a plus de prolétaires en France... Il n'y a pas un citoyen qui puisse dire à l'autre : Tu es plus souverain que moi. — Contemplez votre puissance, préparez-vous à l'exercer et soyez digne d'entrer en possession de votre règne. »

La Constitution du 4 novembre maintint le principe du décret du 5 mars. Un débat surgit au sujet du vote au chef-lieu de canton. Le représentant Bérard fit observer qu'il y avait là pour l'électeur un déplacement de nature à l'effrayer, et à favoriser les abstentions. Il demanda le vote au chef-lieu de la commune. Mais l'Assemblée repoussa l'amendement, sur l'avis de M. Dufaure, rapporteur de la commission. « Il faut, dit-il, rapprocher autant que possible l'urne électorale de l'électeur. On a parfaitement raison, et on sera dans le vrai, tant qu'en la rapprochant on ne portera pas atteinte à toutes les garanties exigées par les lois pour la sincérité du vote.... Quand l'expérience nous a montré que, même au chef-lieu de canton, avec les

lumières qui s'y trouvent, nous rencontrons tant
d'irrégularités dans les procès-verbaux qu'on nous
apporte, je demande si, quand on nous apportera les
trente-sept mille procès-verbaux rédigés aux chefs-
lieux des communes de France, nous aurons jamais
cette régularité que vous n'avez pas au chef-lieu de
canton. » L'Assemblée adopta un moyen terme et décida
« qu'en raison des circonstances locales, le canton
pourrait être divisé en plusieurs circonscriptions. »

La législation électorale dont les grandes lignes
seulement avaient été posées par la Constitution fut
organisée par la loi du 15 mars 1849 (1). Il faut signaler
l'article 64 de cette loi, disant que nul n'est élu ni proclamé au premier tour de scrutin, s'il n'a réuni un
nombre de voix égal au huitième de celui des électeurs
inscrits sur la totalité des listes électorales du département. « La législation antérieure, — disait le rapporteur M. Billault, — exigeait pour les deux premiers tours
de scrutin la réunion sur le candidat d'un nombre de
voix égal à la moitié plus un des suffrages exprimés et
supérieur au tiers des voix de la totalité des membres
composant le collège. Le suffrage universel, en appelant des masses électorales qu'il ne faut ni fatiguer par
des déplacements trop fréquents, ni décourager par des
séjours prolongés au chef-lieu électoral, ne semble pas
permettre des conditions si sévères. La majorité absolue que l'on pouvait demander pour un seul candidat à
des électeurs peu nombreux et qui bien souvent encore

(1) Dans la discussion de la loi, M. Charton voulut introduire un
amendement imposant à l'électeur l'obligation de savoir lire et écrire.
L'amendement fut écarté comme contraire à la Constitution.

ne la donnaient pas aux deux premiers tours de scrutin
serait une condition bien autrement difficile à obtenir
d'un scrutin de liste, auquel participent des milliers
d'électeurs. Théoriquement, sans doute, la logique
représentative préfère la majorité absolue. Pratique-
ment, ce qui pouvait n'avoir aucun inconvénient grave
sous une législation qui, divisant chaque département
en plusieurs collèges, laissait toujours aux minorités
un certain nombre de chances électorales, nous a
semblé trop absolu aujourd'hui que le vote par département ne maintient plus en France que 86 collèges. »

M. Wolowski avait présenté un amendement tendant
à ce qu'on exigeât le cinquième des électeurs inscrits.
Ce n'était pas, suivant lui, fixer trop haut la limite,
puisque, jusqu'à présent les candidats élus avaient
réuni un nombre de voix bien supérieur à cette proportion. La Chambre maintint cependant la proportion
au huitième, par crainte de faire dépendre la validité
des élections d'une condition qui, dans des temps
calmes, pourrait ne pas être remplie sans que l'absence
des électeurs témoignât de leur indifférence.

Nous venons d'exposer la loi. Voyons maintenant
comme a fonctionné le suffrage universel dans les premiers temps de son histoire. Pour la nomination de la
Constituante, les électeurs se présentèrent en foule au
scrutin, empressés qu'ils étaient de jouir de leurs nouveaux droits. Sur 9,360,000 inscrits, il y eut 7,893,000
votants. Les abstentions ne dépassèrent donc pas un
sixième. Il n'en fut pas de même dans les mois qui
suivirent. Mais il convient de remarquer que pour
cette époque ultérieure, il ne s'agissait que d'élections

partielles. étant dès lors de nature à éveiller un intérêt
moindre (1). Quand il s'agit de nouveau d'élections
générales, l'ardeur parut se ranimer. Pour nommer
l'Assemblée législative, il y eut 6,765,000 votants
sur 9.936,000 inscrits. (Voir Assemblée législative,
17 mai 1850. Impressions n° 1039.)

Sauf dans deux départements, la Haute-Vienne et la
Seine-Inférieure où des troubles graves éclatèrent, les
élections à la Constituante s'accomplirent avec un
calme profond, et parfois même d'une façon grandiose,
suivant le tableau que retraçait M. Dufaure quelques
mois après : « Veuillez, — disait-il à l'Assemblée, le 29
Septembre 1848, — veuillez vous rappeler les élections
d'avril. Sauf peut-être quelques désordres partiels,
elles ont été admirables par la manière dont elles se
sont faites. Il n'y a pas eu un pays au monde qui ait
présenté au même jour le concours de 10 millions de

(1) Dans la discussion à la Constituante, le 29 septembre 1848, sur
la question du vote au chef-lieu de canton, un membre fit remarquer
que les électeurs qui, à la première élection, avaient voté dans la
proportion de 80 0/0, n'avaient plus voté à la deuxième que dans
celle de 60 0/C, et que dans celle de 30 0/0 à la troisième. Un autre
membre dit que dans le Nord, il y avait eu 20 mille votants seulement
sur 400 mille électeurs. M. Bérard fit observer que dans un canton
de ce département, il y avait eu moins de votants qu'il n'y avait d'électeurs censitaires sous le dernier règne. Enfin, M. Dufaure consta-
tait aussi les abstentions à Paris, et il les signalait pour prouver
que c'était la fréquence des élections qui décourageait l'électeur, et
non pas la nécessité d'aller voter au chef-lieu : « Je prends, disait-il,
le deuxième arrondissement de Paris, l'arrondissement qui passe
pour le plus politique de la capitale et qui a 36,000 électeurs. Il y a
des sections presque dans chaque rue. On n'est obligé que de descendre de chez soi pour aller porter son bulletin dans l'urne, et sur
les 36,000 électeurs, il y en a 18,000 qui n'ont pas répondu à l'appel. »

10.

citoyens se rendant au chef-lieu de canton, pour nommer l'Assemblée nationale. Rappelez-vous... la presque unanimité des électeurs se rendant aux collèges
électoraux. Rappelez-vous en même temps la gravité,
la dignité de toutes les communes marchant réunies
ayant en tête leur drapeau, leur maire et leur curé. Il
n'y a rien eu de plus beau dans l'histoire des élections. »

Si d'une façon générale, le suffrage universel fonc-
tionna régulièrement et conformément à la lettre de la
loi, peut-on garantir avec la même assurance qu'il fut
pratiqué dans les conditions de liberté qui constituent
l'essence même du suffrage ? Peut-on dire aussi qu'il
s'exerça d'une manière conforme à l'esprit du législateur ? Sur ces deux points, et par le vice même de son
organisation, il ne fut pas ce qu'il aurait dû être. Il ne
fut ni *direct* comme le voulait la loi positive, ni suffisamment libre comme le commandait la loi naturelle.
La faute en est au scrutin de liste, remis ainsi aux
mains d'hommes appelés pour la première fois à exercer leurs droits politiques. En effet, alors que tous les
citoyens pouvaient produire leur candidature, comme
tous apporter leur vote, on vit surgir, à Paris par
exemple, un nombre de candidats qu'on évaluait à
2000 ; et — dit M. Garnier-Pagès, — l'appréciation
restait bien au-dessous du chiffre vrai. Il fallait que
dans ce nombre la population choisit 34 députés. Comment avec leur propre lumières, 300 mille électeurs
aurait-ils pu opérer ces choix ? Ils étaient donc, par la
force des choses, obligés d'abdiquer aux mains de
comités qui leur dictaient des listes ; et le suffrage que

la loi avait décrété « direct » devenait ainsi le suffrage
à deux degrés.

Ce même suffrage n'était pas toujours libre. Car si
ces comités, en dehors du patronage desquels aucune
candidature, en tout cas, aucun nom nouveau n'aurait
pu utilement se produire, si ces comités soumettaient
parfois les listes provisoires à la ratification des électeurs, d'autres ne se souciaient pas de cette formalité
et imposaient leur volonté. C'était surtout au parti
démocratique qu'appartenait cette dernière catégorie
de comités dont quelques-uns d'ailleurs n'aboutirent
pas. Louis Blanc, dans l'intérêt des candidatures
ouvrières, avait voulu en fonder un dont les décrets
devaient être exécutés presque de force. Le programme
portait en tête : « Règlement électoral adopté par
l'Assemblée générale des Ouvriers, signé par les Président et vice-président de la commission du Gouvernement pour les travailleurs : *Louis Blanc. Albert.*
— Le département de la Seine, — disait ce document, —
doit nommer 34 représentants à l'Assemblée nationale. Sur ces 34 représentants, il convient que 20
soient choisis parmi les ouvriers. Pour obtenir ce
résultat, il est indispensable que le peuple vote tout
entier comme un seul homme. Voici la marche qu'il
faut suivre pour arriver à cette unanimité : Art. 1. L'association des délégués des ouvriers se fera représenter
par une commission de 11 membres. — 2. La commission s'établira en permanence pour vérifier les pouvoirs
des candidats. — 4. Chaque jour, la commission dressera
un procès-verbal de ses opérations. — 5. Ces procès-
verbaux seront imprimés et distribués au fur et à me-

sure aux délégués des ouvriers. Trois ou quatre jours seront employés par ces délégués à se procurer parmi le peuple des renseignements sur les candidats. Une association générale des délégués aura lieu ensuite. Chaque délégué déposera dans une urne sur le bureau 20 noms choisis parmi les candidats examinés par la commission. Les 20 noms qui auront réunis le plus de suffrages seront placés sur une liste dont lecture sera donnée à l'Assemblée. Les délégués s'engagent à user de toute leur influence sur leurs camarades pour qu'au jour de l'élection, sans discussion aucune, toutes les voix du peuple se réunissent sur les 20 noms adoptés. »

Louis Blanc, non content de tracer ce programme, et d'enchaîner moralement les électeurs, voulait encore les enchaîner matériellement, les embrigader pour les conduire au scrutin. Une adresse de convocation émanée du Luxembourg, signée des membres du bureau des délégués des corporations, invitait tous les travailleurs du département de la Seine à se réunir le 23 avril à 6 heures du matin au champ de Mars : « Hâtez-vous donc, disait cette circulaire, de retirer vos cartes d'électeurs..., et dimanche, réunis sous nos bannières, garants et gardiens nous-mêmes de l'ordre et de la liberté, nous montrerons au monde que la fraternité est l'arme héroïque des peuples. » La police fit échouer ce plan, véritable attentat à la liberté du vote (1).

---

(1) Dans le tome 2 du *rapport de la commission d'enquête sur l'insurrection qui a éclaté dans la journée du 24 juin et sur les événements du 15 mai*, on lit (page 179) un rapport du Préfet de Police au Ministre de l'Intérieur en date du 23 avril 1848 : « Ce matin, il

Parmi les nombreux comités qui se produisirent alors, nous mentionnerons, pour les élections à la Constituante, le *Comité des Clubs républicains pour la liberté des élections et de l'Assemblée nationale*, représentant cette fraction de l'opinion royaliste appelée depuis la *fusion*, admettant certains noms républicains, afin d'en couvrir quelques-uns des siens ; — le *Comité central pour le Département de la Seine*, composé des radicaux les plus influents ; — le *Comité révolutionaire composé, des délégués de 200 clubs, des corporations ouvrières, de la garde mobile et de l'armée*. Parmi les comités qui se formèrent pour l'élection de la Législative l'année suivante, il faut citer la fameuse réunion de la *rue de Poitiers* avec son comité central composé de l'élite de l'opinion modérée ; — la réunion du *Palais national* composée de républicains modérés de la veille, l'*Association des Amis de la Constitution*, etc.

Il faut citer encore l'*Union électorale du département de la Seine* fondée en 1849. Elle mérite quelques détails à raison de son organisation achevée, et parce qu'elle institue pour sa part le suffrage à deux degrés non plus d'une façon rudimentaire, mais bien jusque dans les plus petits détails aussi complètement que si le législateur eût passé par là. Son programme à cet effet

y a eu réunion au Champ de Mars des ouvriers de tous les corps d'état d'après les ordres des meneurs du Luxembourg pour arriver à l'unité dans le vote. Cette réunion a complètement échoué. Les délégués du Luxembourg dont deux ou trois étaient à cheval s'en sont retournés après avoir distribué à environ 200 ouvriers la liste officielle du comité. »

doit être reproduit : « Règlement du comité central
et dispositions relatives à l'élection du 13 mars 1849 :
1° Le comité central de l'Union électorale constitué
définitivement le 18 avril est composé pour chaque
arrondissement de Paris de 4 délégués et 4 suppléants,
et pour chacun des arrondissements de la banlieue de
8 délégués et 8 suppléants. — 2° Ne feront partie du
comité central que des délégués nommés à l'élection
dans chaque arrondissement, et sur la présentation des
procès-verbaux d'élection... — 14° La constitution définitive du comité central sera annoncée dans les journaux par un avis invitant les candidats à la représentation du département de la Seine à se mettre en rapport avec le comité central. Le comité central dressera
pour être envoyé aux électeurs l'état des candidats du
parti de l'ordre qui lui paraitront avoir le plus de
chance de succès. — 17° Afin de reconnaitre les chances
des candidats et de les classer sur l'état provisoire, le
comité central procédera à un pointage de chacun de
ces candidats. — 28° L'état provisoire sera imprimé et
donné le 27 avril à tous les délégués des sections du
département de la Seine qui devront dans le délai de
4 jours réunir les électeurs dans chaque section, et les
faire voter sur l'ordre de préférence des candidats. —
21° Les comités d'arrondissement feront le 4 mai le
dépouillement général de manière que la liste définitive puisse être livrée à la publicité le 6 mai. »

Qu'on dise, après cette lecture, si le législateur aurait pu tracer plus minutieusement et avec plus de
prévoyance la marche à suivre pour des élections à
deux degrés ! Le malheur. c'est qu'il les avait voulu à

un seul, et que son œuvre subissait une déviation capitale aux mains d'un comité qui arrivait à réunir
55.097 électeurs pour leur soumettre une liste préparatoire, et qui faisait passer aux élections 18 de ses
candidats sur 28.

Cet avènement de fait du suffrage à deux degrés
était constaté à la tribune lors de la discussion
de la Constitution de 1848 par un représentant
qui voyait là un mal inhérent au scrutin de liste
dont, pour ce motif même, il demandait l'abolition :
« Il n'est personne dans cette assemblée, disait-il, qui
voulût soutenir que les habitants de nos campagnes
qui forment l'immense majorité du corps électoral
dans toute la France soient en état de choisir des candidats pour le département tout entier. Il faut donc que
d'autres le fassent pour eux..., et qu'ils viennent ensuite... inspirer ou imposer les choix qu'ils ont arrêtés. Mais ces hommes, quelle mission ont-ils reçue, et
quelle garantie présentent-ils ? Pensez-vous que l'amour
du bien public les ait toujours inspirés ?... Ces faits se
sont produits aux dernières élections, et s'ils n'ont pas
amené tous les maux que je signale, c'est que nous
étions alors dans cette première fièvre révolutionnaire
qui surexcitait tous les esprits. Mais à cet enthou-
siasme français, succédera bientôt, n'en doutez pas,
cette apathique indifférence qui a fait dire à Louis-
Philippe et à Charles X que le peuple français avait
donné sa démission. »

Si le suffrage universel fut gêné dans ses libres
manifestations par certains comités, cette liberté
eut à souffrir, de la part de l'administration, des

atteintes plus graves encore ; et le gouvernement provisoire a laissé de fâcheux souvenirs de candidature
officielle et d'intervention abusive dans les élections,
souvenirs déplorables assurément, puisque les hommes du second Empire d'abord, et ensuite ceux de la
période du 16 Mai ont pu les exploiter pour essayer de
légitimer de leur part des agissements analogues. Les
fameuses circulaires de Ledru-Rollin sont dans toutes
les mémoires. Le 12 mars, il écrivait aux commissaires généraux des départements : « Le gouvernement
doit-il agir sur les élections ou se borner à en surveiller la régularité? Je n'hésite pas à répondre que, sous
peine d'abdiquer ou même de trahir, le Gouvernement
ne peut se réduire à enregistrer des procès-verbaux et
à compter des voix. Il doit éclairer la France et tra-
vailler ouvertement à déjouer les intrigues de la
contre-révolution, si par impossible elle ose relever la
tête... Examinez sévèrement les titres des candidats...
Pas de transaction, pas de complaisance. Que le
jour de l'élection soit le triomphe de la Révolution. »
Le 7 avril, il écrivait encore : « Ceux qui ont adopté
l'ancienne dynastie et ses trahisons, ceux qui limi-
taient leurs espérances à d'insignifiantes réformes
électorales, ceux qui prétendaient venger les mânes
des héros de février en courbant le front glorieux de
la France sous les mains d'un enfant, ceux-là peuvent-
ils être les élus du peuple victorieux et souverain, les
instruments de la révolution?... Puisque le choc impé-
tueux des événements leur a subitement dessillé les
yeux, soit, qu'ils entrent dans nos rangs, mais qu'ils
n'aspirent ni à nous commander, ni à nous conduire....

A la moindre secousse, leur âme se troublerait...
Que le peuple s'en défie donc et les repousse. »

On connaît aussi le bulletin du 15 avril dans lequel
le ministre de l'Intérieur, pour intimider la province,
menaçait de renverser l'Assemblée si le choix des élus
ne répondait pas au vœu de la Révolution. « .... Les
élections, si elles ne font pas triompher la vérité sociale, si elles sont l'expression des intérêts d'une
caste,........ les élections qui devaient être le salut de
la République seront sa perte, il n'en faut pas douter.
*Il n'y aurait alors qu'une voie de salut pour le peuple
qui a fait les barricades : ce serait de manifester une
deuxième fois sa volonté, et d'ajourner les décisions
d'une fausse représentation nationale. Ce remède
extrême déplorable, la France voudrait-elle forcer Paris
à y recourir ? A Dieu ne plaise.* »

Dans l'enquête parlementaire sur l'attentat du
15 mai, M. Marrast, maire de Paris, déposait que le
17 mars 1848, Ledru-Rollin donna à M. Rouvenat la
mission d'aller dans toutes les mairies pour surveiller
les élections, et que M. Rouvenat institua 24 délégués
pour l'aider dans ses fonctions. M. Marrast dut faire
dire aux maires de ne tenir aucun compte de ces instructions.

Un nommé Longepied avait imaginé de centraliser les
clubs de Paris et de la banlieue dans une association
unique dite le *Club des Clubs* qui s'occupait principalement des élections, et envoyait des délégués au nombre de quatre dans chaque département. La commission
d'enquête sur l'attentat du 15 mai releva sur le re-

gistre des fonds secrets au Ministère de l'Intérieur des mentions indiquant que, du 3 avril au 9 mai, on avait versé à Longepied 103,000 francs. Voici au surplus un extrait de la déposition du dit Longepied, le 25 juillet 1848, devant la commission d'enquête sur les événements de mai et de juin : « Je faisais partie de la commission qui avait envoyé des délégués dans les départements. Des sous-officiers étaient choisis pour agir sur les régiments et désigner aux soldats les chefs suspects, dont l'influence était redoutée pour les élections. Je recevais de la caisse du Ministère de l'Intérieur des fonds qui servaient à les payer. — D. Quels étaient vos rapports avec le Ministre pour ces missions? — R. Le Ministre savait que les délégués étaient envoyés pour préparer les citoyens à faire de bonnes élections. J'ai reçu environ 100,000 francs. » Cette déposition est reproduite dans le « Rapport fait par M. Th. Ducos au nom de la commission chargée de l'examen du compte spécial de toutes les dépenses faites et ordonnancées par le Gouvernement provisoire depuis le 24 février jusqu'au 11 mai. » Le rapporteur, après avoir expliqué que la commission a vérifié la sincérité de la déclaration de Longepied, ajoute : « Chaque soir on portait au Ministre la liste des agents expédiés, et la note des sommes qui leur avaient été délivrées. Après examen de ces pièces, des mandats nouveaux étaient fournis sur la caisse des fonds secrets jusqu'à concurrence des besoins du lendemain. »

Dans les départements, les commissaires et sous-commissaires étaient convertis en candidats. Il y en

eut 123 élus (1). Plusieurs d'ailleurs avaient créé avec
les deniers publics des journaux destinés à soutenir
leur candidature. Dans l'Ariége (2), l'Allier, le Mor-
bihan, et en Seine-et-Oise, la préfecture fit imprimer
des listes de candidats, des placards, des professions
de foi, des avis de toute sorte (3).

Terminons ce tableau en reproduisant sous toutes
réserves ce détail fourni par une bouche quelque peu
suspecte : « Je me souviens, — disait le 12 juin 1855 le
ministre d'État Rouher au Corps Législatif, dans un
débat sur les moyens d'assurer le secret du vote, —
qu'en 1848, dans un département où j'étais candidat, j'ai
vu les proconsuls du temps acheter tout le papier jaune
du département, et obliger tous les fonctionnaires à
voter avec ce papier jaune. »

Le Gouvernement qui avait créé le suffrage universel était ainsi le premier à instruire ses successeurs
dans l'art de le fausser.

Si les conservateurs s'étaient à l'origine résignés au
suffrage universel, les élections socialistes du

(1) M. Forcade de la Roquette rappelait ce souvenir au Corps
Législatif, le 7 avril 1869.

(2) On lit dans le rapport Ducos déjà cité : « Pilhes était l'un des
deux commissaires envoyés dans l'Ariége. Il a réclamé à l'un des
des ministres qui a succédé à Ledru-Rollin 2.800 francs qui com-
prenaient : 700 francs pour impression de 70.000 bulletins de candidats aux élections désignés par le comité électoral du commissaire;
600 francs pour impressions diverses destiné s à agir sur l'esprit
public. De pareilles dépenses sont réprouvées par votre commission.
Nous les considérons comme une atteinte p rtée à l'indépendance
électorale. »

(3) De même dans l'Indre, l'Isère, le Jura, le Loir-et-Cher et l'Hérault. (Voir le rapport Ducos.)

10 mars 1849, notamment l'élection d'Eugène Sue à
Paris, le 28 avril suivant, leur inspirèrent contre la
nouvelle institution un sentiment de révolte qui se tra-
duisit par la loi du 31 mai. Le projet présenté le 8 mai
par M. Baroche, ministre de l'Intérieur, avait été
préparé par une commission que le gouvernement
avait nommée, et qu'il avait prise dans la majorité de
l'assemblée. Les débats furent singulièrement orageux,
accompagnés, au dehors, des excitations d'une presse
qui prêchait l'insurrection, le refus de l'impôt, et enga-
geait le peuple à « transformer l'avertissement du per-
cepteur en bourre de fusil. » La gauche essaya d'abord
de faire écarter le projet par la question préalable ; elle
essaya ensuite de combattre l'urgence par l'organe de
Michel de Bourges qui dénonça une loi « au frontispice
de laquelle, dit-il, je lis mensonge, hypocrisie. » Tous
ces efforts furent vains. La loi fut votée en trois semaines. Elle conférait le droit d'élire à celui-là seulement
qui avait son domicile dans la commune ou dans le
canton depuis trois ans au moins. Elle créait, suivant
l'expression d'un de ses adversaires le général Cavaignac, la capacité domiciliaire, succédant à celle du
cens, et exclusive du suffrage universel. Pour justifier
cette disposition, Léon Faucher, rapporteur de la commission, expliquait que la simple résidence de 6 mois
dont le législateur s'était jusque-là contenté, donnait
ouverture à toutes sortes de fraudes : « Nous en trouvons la preuve, disait-il, dans la radiation qu'il a
fallu opérer sur les listes de la capitale où le nombre
des inscriptions se trouve réduit, après deux ans,
d'environ cent mille électeurs. »

Le domicile électoral devait être constaté soit par
l'inscription au rôle de la taxe personnelle, ou par
l'inscription personnelle au rôle de la prestation en
nature pour les chemins vicinaux, soit par la déclaration des père et mère et des maîtres ou patrons. Le
premier de ces moyens sanctionnés par la loi pour
constater le domicile souleva une violente opposition.
On voyait là une sorte de rétablissement du cens (1) ;
et un amendement fut proposé autorisant la preuve du
domicile par tous les modes que le droit civil reconnaît. Berryer combattit cet amendement dans le système duquel les conditions nécessaires à l'exercice de
la souveraineté, se trouvant soumises à l'appréciation
du juge, changeraient d'un ressort à l'autre : « Pour
donner au droit électoral une entière fixité, il faut, —
disait-il, — des moyens de constatation non susceptibles de controverse. » Pour réfuter l'opinion qui
assimilait au cens, soit à un régime de privilège, un
régime qu'il prétendait au contraire consacrer l'égalité
du droit de vote au profit de tous les citoyens, il ajoutait : « Nous nous sommes trouvés en présence d'une
loi qui disait : — Tout Français est soumis à la taxe
personnelle dans le lieu de son domicile ; — et nous
nous sommes dit : Il y a un rôle de cette taxe. Eh bien !
le premier élément universel, commun à tous, cet
élément du rôle de la taxe personnelle qui est obligatoire pour payer, comme on disait, sa foi et hommage
à la nation, par taxation individuelle, par dette de

____

(1) Dans le projet de loi, pour calmer les scrupules à cet égard,
on expliquait que la moyenne de la taxe personnelle était de 4 ou
5 francs par an.

l'homme, non plus par dette de la fortune, de la propriété, mais par dette de l'homme (parce qu'il vit, parce qu'il respire, il paie sa dette personnelle) cet élément va nous servir de base... A côté de cela qu'avons-nous trouvé? Une autre loi qui nous régit, c'est la loi des prestations en nature, des chemins vicinaux. Qu'avons-nous lu dans la loi des prestations en nature? Tout habitant... est soumis à la prestation en nature pour sa personne et celle des individus attachés à sa famille. — Nous avons dit : Voilà un deuxième élément. »

C'est sur cette question du domicile, et de la façon de l'établir, que porta plus particulièrement l'ardeur du débat. Toute la loi était dans ces dispositions nouvelles. M. Thiers les défendit dans un discours demeuré célèbre par cette phrase où il disait que la loi n'avait exclu que les vagabonds, « ces hommes qui méritent ce titre, l'un des plus flétris de l'histoire, entendez-vous? le titre de multitude... Les vrais républicains redoutent la multitude, la vile multitude qui a perdu toutes les républiques. »

La loi étendait le cercle des incapacités légales, en élargissant les catégories de ceux déclarés indignes du droit de vote. Elle s'efforçait d'assurer davantage la sincérité du vote en élevant le chiffre de la majorité nécessaire pour être élu. Il fallait désormais réunir au premier tour le quart des électeurs inscrits. — Pour mieux garantir dans l'armée le secret du vote, elle ordonnait que les votes des militaires seraient désormais confondus avec ceux des autres électeurs.

L'application de la loi du 31 mai opéra des coupes

sombres dans les rangs des électeurs. D'après un
tableau adressé à la Commission parlementaire le
21 février 1851 (1) par le ministre de l'Intérieur, le
nombre des inscrits lequel, au 31 mars précédent, était
de 9,618,057 n'était plus alors que de 6,809,281. Les
listes accusaient ainsi une diminution de 30 0/0.

On sait que la loi fut une des causes qui contribua
au rétablissement de l'Empire. Elle permit à Louis-
Napoléon de se présenter comme l'apôtre du suffrage
universel détruit par l'Assemblée. Le 4 novembre 1851,
moins d'un mois avant le coup d'Etat, il adressa à
celle ci un message pour lui demander l'abrogation
de la loi : « Quand le suffrage universel, — disait ce
message, — a relevé l'édifice social par cela même
qu'il substituait un droit à un fait révolutionnaire, est-
il sage d'en restreindre plus longtemps la base? La
loi du 31 mai dans son application a dépassé le but
qu'on pensait atteindre. Personne ne prévoyait la suppression de trois millions d'électeurs dont les deux tiers
sont habitants paisibles des campagnes... Rétablir le
suffrage universel, c'est enlever à la guerre civile son
drapeau. » M. Daru, rapporteur de la Commission de
l'Assemblée, conclut le 11 novembre au maintien de
la loi, en disant qu'il fallait au suffrage universel une
règle et une garantie : « De grandes nations, — disait-
il, — des peuples n'ont jamais conçu autrement que
nous ne le concevons nous-mêmes, le suffrage universel. . En Italie, dans ces petites républiques qui
ont vécu glorieuses, le droit de suffrage était subor-

____

(1) V. *Annuaire his'orique* 1851, p. 108

donné soit à la condition de maîtrise d'une industrie notoirement exercée, soit de toute autre façon. Mais il était toujours la distinction du citoyen, et non la faculté inhérente à l'homme. Il en était de même dans les républiques commerçantes de l'Allemagne, dans les villes hanséatiques. En Angleterre, les républicains du dernier siècle..., en donnant tout à l'élection, n'admettaient l'exercice des droits électoraux qu'avec des conditions de domicile, de *foyer permanent*, de privilèges de cité et de corporations, et exigeaient toujours ce qu'ils appelaient la garantie *d'attachement au sol.* Nous avons changé et dépassé tout cela... Les citoyens à peine domiciliés, les individus nomades... qu'on peut dans quelques circonstances transporter en masse, sur certains points au gré des factions, ou pour servir à des manœuvres politiques, ont été inscrits sur les listes électorales. Certes la dignité, la vérité du suffrage universel s'accommodait mal d'un pareil état de choses. Plus on avait sacrifié les anciennes garanties de propriété possédée, d'impôt payé, de gages matériels donnés à l'Etat, plus il importait de maintenir au moins la garantie de la notoriété acquise dans un lieu, du foyer établi quelque part. »

M. de Vatimesnil présenta, en faveur de l'adoucissement de la loi, une observation qui fait voir combien les dispositions de celle ci étaient draconniennes, et comme les conservateurs avaient dépassé le but. Voici ce qu'il disait pour demander que le mode des preuves établi par la loi du 31 mai quant au domicile fût élargi : « Dans beaucoup de pays, on a exempté de la contribution personnelle pour la porter sur les citoyens

les plus aisés, les hommes qui, rigoureusement parlant, aux termes de la loi de 1832, auraient été soumis
à la contribution personnelle; et alors il s'est trouvé
sur le champ une lacune très considérable qui n'avait
pas été et qui n'avait pas dû être prévue, et nous avons
eu sous les yeux le spectacle d'hommes qui étaient
nés dans une commune, qui y avaient passé toute leur
vie, qui étaient arrivés même à un âge assez avancé
pour ne pouvoir plus être soumis à la prestation en
nature, et qui ne pouvaient pas être portés sur les
listes électorales parce qu'ils ne se trouvaient dans
aucun des cas spéciaux prévus par la loi du 31 mai. »
L'Assemblée qui sentait dans quelle position fausse
le chef du gouvernement avait eu l'art de la placer
se montrait disposée au rappel de la loi. Elle avait
accueilli en première délibération le projet de
gouvernement qui n'exigeait plus pour être électeur
qu'une résidence de six mois. Le projet n'avait passé,
il est vrai qu'à une majorité de 6 voix. Mais de jour en
jour cette majorité semblait devoir grossir, quand le
coup d'État éclata.

A la suite de la loi du 31 mai, l'abstention dans les
élections devint le mot d'ordre de la gauche en guise
de protestation contre l'atteinte portée au suffrage universel. Voici par exemple l'article que publiait le
9 novembre 1851 le *National*, à l'occasion du décret
convoquant les électeurs de la Seine pour le 30 du
même mois, à l'effet de nommer un représentant en
remplacement du général Magnan : « Nous n'avons
pas besoin de dire que ce décret n'intéresse en aucune
façon le républicain. Il n'est pas un démocrate qui

veuille user d'un droit refusé à l'immense majorité de ses concitoyens. Nous verrons le 30 novembre défiler les privilégiés qui acceptent le monopole imaginé en leur faveur par MM. Berryer, Thiers, Vatimesnil et leurs 14 collègues. Nous pourrons ainsi compter les voix dont disposent les deux royautés chassées en 1830 et 1848. Au temps où nous vivons, il est bon de connaître ses forces. L'occasion viendra de faire le dénombrement des nôtres. » Le 27 novembre, le même journal écrivait encore : « ..... Il n'y a guère que les employés de l'Union électorale qui s'occupent de cette élection, afin de gagner honnêtement leurs appointements. Quant aux 131 mille électeurs conservés sur les listes, à l'exception de ceux que leur position dépendante force à se rendre au scrutin, ils s'abstiendront d'aller affirmer par un vote la loi rendue le 31 mai 1850 sur la proposition de M. Bonaparte. » Ces conseils furent écoutés. Le candidat élu, M. Devinck, ne réunit que 52,369 voix sur 131,748 électeurs inscrits.

CHAPITRE X

LE SECOND EMPIRE

Le premier acte du gouvernement nouveau fut un décret qui, daté du jour même du coup d'État, rétablit le suffrage universel, et abrogea la loi du 31 mai. Quelques mois plus tard, un autre décret dictatorial du 2 février 1852 réglementa le régime électoral. Aux termes de la Constitution, il y avait dans chaque département un député pour 35,000 électeurs. Néanmoins un député de plus était attribué à chacun des départements dans lesquels le nombre excédant des électeurs s'élèverait à 25 mille. Chaque département était divisé en circonscriptions, et chacune ne nommait qu'un député. Cette division rappelait celle des arrondissements électoraux des régimes précédents. Seulement les arrondissements électoraux étaient organisés par une loi ; tandis qu'ici, la tâche étant dévolue au pouvoir exécutif, le gouvernement avait ainsi toute latitude pour satisfaire par son décret quinquennal ses combinaisons électorales. Les électeurs devaient se réunir au chef-lieu de leur commune que le préfet pouvait d'ailleurs diviser en sections. On saisit de suite les inconvénients de ce vote à la commune ou à la section de commune, dans un endroit perdu où la surveillance ne pouvait pas s'exercer, et quelles facilités étaient laissées à la fraude pour une administration peu scrupuleuse, alors surtout que le scrutin devait durer deux jours. Ces considérations qui avaient touché la Législative de 1849, et l'avaient déterminée pour le vote au chef-lieu de canton, n'avaient pas de prise sur le législateur de 1852. — Le droit de suffrage était consacré au profit de tout français, âgé de 21 ans, à la seule condition qu'il habitât depuis 6 mois dans la commune. — Tous les électeurs âgés de 25 ans étaient éligibles sans condition de domicile. — La loi nouvelle reproduisait à peu près la liste des incapacités électorales établie par la loi de 1849 et par celle du 31 mai. Elle l'augmentait encore d'une incapacité nouvelle contre les individus condamnés à l'emprisonnement pour avoir vendu des marchandises falsifiées.

La législation de 1852 ne fut modifiée pendant le cours de l'Empire que sur des points secondaires. C'est ainsi qu'en 1857, un sénatus-consulte du 21 mai, révisant sur ce point la Constitution, décida que le nombre excédent des électeurs qui donnerait à un département le droit d'avoir un député de plus, serait abaissé de 25 mille à 17,500. Cette mesure était calculée de façon à établir une compensation au profit de certains départements qui, par suite de la diminution du nombre de leurs électeurs, avaient perdu un député. Signalons aussi une disposition qui ne réglait qu'une formalité, mais une formalité considérée à tort ou à raison comme une garantie contre les ennemis de la dynastie. L'empereur contrarié par les manifestations des candidats de l'opposition qui, une fois élus, refusaient de prêter serment, changea le serment de place, suivant l'expression de M. Jules Simon, et l'imposa aux candidats, 8 jours avant l'ouverture du scrutin. Le sénatus-consulte du 17 février 1858 déclarait que le bulletin portant le nom du candidat réfractaire n'entrerait point en compte dans le dépouillement des votes.

Des projets de loi présentés par la Gauche furent repoussés en 1870 par le Corps Législatif. L'un émanant de M. Jules Ferry tendait au vote au chef-lieu de département et par scrutin de liste. L'autre, dû à M. de Kératry, portait qu'à partir du 1er janvier 1880, tout nouvel électeur apte à être inscrit pour la première fois sur les listes électorales sera privé du droit de suffrage s'il ne sait lire et écrire en français. M. Bourbeau, rapporteur, en concluant au rejet de la proposition, rappela le précédent de la Constitution de 1848 où un amendement semblable présenté par M. Charton avait été rejeté.

On sait comment les élections s'accomplissaient sous le gouvernement impérial. D'un côté la candidature officielle, avec son cortège d'artifices et d'abus, appuyée par toutes les forces d'une administration presque invincible; de l'autre, les candidats de l'opposition ou les indépendants, combattus indistinctement avec le même acharnement par le pouvoir, et apparaissant presque désarmés dans la lutte, n'ayant la ressource ni des comités électoraux, ni non plus celle des réunions publiques qui leur furent rendues seulement dans les dernières années du régime, et encore avec quelles restrictions, on s'en souvient de reste. Dès le début, le Gouvernement posa nettement la candidature officielle comme un principe. C'était selon lui la conséquence légitime du suffrage universel. Dans une circulaire aux préfets du 11 février 1852, le ministre de l'Intérieur, M. de Persigny écrivait :

« ..... Dans les élections qui se préparent, le peuple français a un rôle important à remplir. Mais ici quel ne serait pas son embarras sans l'intervention du Gouvernement? Comment huit millions d'électeurs pourraient-ils s'entendre pour distinguer, entre tant de candidats,....261 députés animés du même esprit...? Il importe donc que le Gouvernement éclaire à ce sujet les électeurs. Comme c'est évidemment la volonté du peuple d'achever ce qu'il a commencé, il faut que le peuple soit mis en mesure de discerner quels sont les amis et quels sont les ennemis du Gouvernement qu'il vient de fonder. En conséquence, prenez des mesures pour faire connaître aux électeurs de chaque circonscription par toutes les voies que vous jugerez convenable selon l'esprit des localités et au besoin par des proclamations affichées dans les communes, celui des candidats que le Gouvernement de Louis-Napoléon juge le plus propre à l'aider dans son œuvre réparatrice. »

Pendant toute la durée de l'Empire, l'opposition ne cessa de dénoncer la candidature officielle. Le 14 mars 1861, M. Jules Favre présenta à cet effet un amendement à l'Adresse : « Pour que le droit de contrôle restitué aux représentants du pays dans les limites restreintes du dernier décret puisse porter ses fruits, il est nécessaire..... de rendre..... au suffrage universel sa force par la sincérité des opérations et le respect de la loi. » M. Baroche, président du Conseil d'Etat répondit : « Y a-t-il beaucoup de pays où le nombre des électeurs soit de 9.495.000 et où sur ce nombre, 6.136.000 se présentant aux élections, 5.462 000 votent pour les candidats du gouvernement? Le suffrage universel abandonné à lui-même entraînerait de grands abus..... Vous savez ce que recèle d'influences diverses un collège électoral. Serait-il possible que le Gouvernement qui a charge d'âmes ne cherchât pas à faire prévaloir son idée? Les candidatures du Gouvernement sont une habitude, une nécessité du suffrage universel. » (*Très bien! très bien!*)

En 1864, le 12 janvier, après les élections générales de l'année précédente, la Gauche revient à la charge toujours sous forme d'amendement à l'Adresse : « Deux millions de voix accordées à l'opposition ne sauraient être considérées comme le résultat de quelques dissidences locales. Elles ont été une revendication réfléchie de la liberté. Sans la pression administrative, la France entière se fût associée aux votes des villes de Paris, Lyon, etc..... Les libertés administratives qu'on promet (*à la France*) n'auront de prix que si elles servent à assurer et à fortifier les libertés politiques. Elles ne peuvent ni les suppléer ni les faire oublier. *La liberté électorale méconnue et violée par le système des candidatures officielles est la première des libertés politiques.* » Le débat était encore réveillé

le 1er avril 1869 par M. Emile Ollivier contre qui
M. Forcade de la Roquette défendait l'instrument du
règne.

Enfin le 30 mars 1870, la Commission d'initiative
parlementaire repoussait un projet de loi présenté
par M. Picard, et dont l'article Ier était ainsi conçu (1) :
« Toute publication par voie d'affiche ou autrement,
contenant au profit d'un candidat la désignation de
candidat du Gouvernement, ou toute autre qualifica-
tion faisant supposer une désignation administrative,
est et demeure interdite sous peine de..... »

Quand le Gouvernement se faisait à la tribune le
champion de la candidature officielle, il ne pouvait
naturellement la défendre qu'en la représentant
comme pratiquée honnêtement, comme ayant pour
but de guider l'électeur, non de le paralyser dans sa
liberté. Or on sait si le tableau était exact, et l'opposition n'avait que trop beau jeu pour s'élever contre
des abus qui sont demeurés légendaires. Par exemple,
on vit le chef de l'Etat intervenir lui-même dans la
lutte, avec l'autorité de son nom, et placer ainsi l'électeur entre l'obligation de voter pour le candidat officiel, ou celle d'entrer en guerre contre le souverain (2).

Les fonctionnaires suivaient l'exemple qui leur ve-

(1) Annales du Sénat et du Corps Législatif, tome III, page 110.
(2) En 1857, le baron Mariani, candidat en Corse, pouvait se
prévaloir d'une lettre de l'Empereur : « Mon cher commandant, le
ministre de l'Intérieur a dû vous dire que j'avais décidé que vous
serez en Corse le candidat du Gouvernement. Vous pouvez donc le
proclamer hautement, car je serai très heureux que la confiance
des électeurs vous amène à la Chambre. »

nait de haut. En 1852, le Préfet du Rhône recommandait en ces termes les candidats du Gouvernement : « Vous considérerez avec moi toute candidature autre que les candidatures ci dessus, comme un défi jeté au pouvoir, et tout citoyen qui en serait l'objet ou le propagateur comme hostile au gouvernement de Louis-Napoléon. » Quand un maire avait à appeler au scrutin la population ignorante des campagnes, il s'épargnait les frais d'éloquence, pour leur vanter les mérites du candidat officiel. Il procédait purement et simplement par voie d'injonction : « Le maire de la commune de Soulaines a l'honneur d'inviter généralement les électeurs de la commune à se rendre à la mairie, le dimanche 31 du courant, ou lundi 1er juin, munis de leur carte et de leur bulletin de vote *pour réélire M. Segris, député le méritant à juste titre...* (1).

Pour favoriser les candidatures officielles, on portait atteinte au secret du vote. Sans signaler à cet égard différentes manœuvres pour telle ou telle élection, voici une pratique générale que révélait M. Picard, le 12 avril 1869 : « Je demanderai à l'honorable ministre de l'intérieur, — disait-il au cours d'un amendement, — s'il est disposé à interdire par des instructions nettes, précises... le dépôt, sur les tables des bureaux, des bulletins du candidat officiel... Dans

---

(1) Jules Ferry. *La lutte électorale en* 1863, page 12. — On trouve encore dans le livre cet autre échantillon : « Vous êtes prévenus que l'Assemblée des électeurs est convoquée pour les 31 mai et 1er juin 1863, à huit heures, en la salle principale de la mairie, à l'effet *de réélire M. O'Quin, député du Corps législatif.* Vous êtes invité, en qualité d'électeur, à venir déposer votre vote. »

beaucoup de communes, les maires placent à côté de l'urne. des bulletins des candidats officiels : en sorte que quelques électeurs timides, voulant conserver le secret de leurs votes, se trouvent embarrassés quand on leur demande indiscrètement de prendre les bulletins sur la table, et de les déposer dans l'urne. S'ils refusent, ils s'accusent. S'ils obéissent, ils votent publiquement, et quelquefois contre leur volonté. La loi est-elle douteuse ? Non. Elle dit que l'électeur ira dans la salle du scrutin tenant son bulletin fermé et préparé pour être mis dans l'urne. Il ne faut pas que des bulletins du candidat officiel soient sur la table. »

La corruption était pratiquée aussi bien que l'intimidation. En 1869, M. Picard, toujours sur la brèche, faisait une interpellation sur l'application des articles 38, 39, 40 du décret organique du 2 février 1852 sur les élections de députés, relatifs à l'interdiction des dons, promesses, voies de fait, violences, menaces, fausses nouvelles, bruits calomnieux, ou autres manœuvres frauduleuses. Il citait dans la discussion une lettre du 12 janvier 1868, du maire de la commune de Mauzac aux électeurs, leur annonçant que le gouvernement propose comme candidat M. de Sainte-Marie, et que le candidat de l'opposition est M. de Rémusat : « M. de Sainte-Marie, — écrivait le maire, — n'a d'autre but que de représenter les vrais intérêts du canton en général. Notre commune doit se montrer généreuse pour qu'elle soit en droit de lui demander son appui. Pouvons-nous espérer cet appui s'il doit nous venir d'un candidat que le Gouvernement repousse ?... Le membre que nous avons perdu avait obtenu pour notre localité... *énumération des avantages obtenus*). Pouvons-nous rester insensibles envers l'Etat et le département à toutes ces générosités... ?... M. de Sainte-Marie, candidat du Gouvernement, peut seul avoir mandat pour me seconder afin d'obtenir les nouveaux secours dont nous pouvons avoir besoin. » M. Picard citait encore une autre lettre du 16 mars 1869 du juge de paix de Fronsac : « M. le maire, la dernière fois que vous avez vu M. Dréolle, vous l'avez prié, au nom de vos administrés, d'appuyer une demande de secours que vous avez faite pour que l'Etat vînt à votre aide dans les dépenses du presbytère. J'apprends aujourd'hui qu'il vient de vous être alloué 3,000 francs. Si dans cette circonstance encore, le gouvernement de l'Empereur vous donne un témoignage de sa sollicitude, vos administrés comprendront, je l'espère, qu'ils devront se montrer reconnaissants, et repousser aux élections toute autre candidature que celle de M. Dréolle qui, *seule*, a les sympathies de l'administration. »

Les excès de la candidature officielle, excès assez fréquents pour que leur nomenclature lors des seules élections générales de 1863 ait pu alimenter un volume (1), simplifiaient pour la Gauche la polémique sur la matière. M. Thiers, par exemple, pouvait s'éviter la peine d'entamer la lutte contre un système abstrait, quand la façon dont ce système était mis en vigueur, offrait suffisamment matière aux plus sévères censures. C'est ainsi que, sans crainte pour sa cause,

(1) Voir le livre de Jules Ferry cité plus haut.

il déclarait, le 14 janvier 1864, concéder à l'Empire les candidatures officielles, parce qu'il ajoutait immédiatement : « Quand je vous les concède, je ne le puis faire qu'à certaines conditions : D'abord le respect des convenances, puis l'abstention des moyens d'action dont l'administration dispose, et enfin le respect de la loi. Si vous n'acceptez pas ces conditions, je n'accorde plus les candidatures officielles, et je rentre dans le droit absolu qui dit que ce n'est pas au contrôlé à choisir le contrôleur. »

L'Opposition finit par avoir raison des candidatures officielles ; mais ce fut à la dernière heure de l'Empire, à l'avènement du ministère Olliver. Le garde des sceaux, sur l'interprétation de M. Jules Favre, déclara le 24 février que « les membres du Gouvernement, dans les élections qui auront lieu sous leur administration, ne pratiqueront pas le système des candidatures officielles, et ils garderont une neutralité complète. » Cette déclaration souleva l'émotion des partisans de l'Empire autoritaire ; mais la Chambre passa à l'ordre du jour pur et simple en écartant, par 188 voix contre 56, un ordre du jour de M. Pinard, portant que « l'intervention sage et mesurée du gouvernement dans les élections est dans certains cas une nécessité politique. »

Dans cette même séance, M. Émile Ollivier, en annonçant l'attitude que le gouvernement comptait observer à l'avenir, prononçait contre les pratiques du passé une condamnation précieuse à recueillir, alors qu'elle tombait d'une bouche qui n'était plus hostile : « Par quoi, dit-il, avons-nous été choqués dans le système électoral en vigueur quand nous étions dans l'opposition ? En premier lieu par l'immixtion de la magistrature au mouvement politique électoral. Nous l'avons fait cesser. Nous avons tenu à conserver leur caractère judiciaire aux magistrats populaires, aux juges de paix qui sont en contact familier direct avec les populations. .... Nous avions regretté en second lieu que les maires poussés avec trop d'ardeur dans la lutte y aient compromis leur caractère de magistrats communaux. L'avons-nous oublié ? Ne préparons-nous pas un projet de décentralisation qui aura pour but d'enlever à tous les pouvoirs qui se succèdent en France la tentation qui naît pour eux de la force immense que la centralisation leur assure ? »

Nous avons dit quelle latitude déplorable le décret dictatorial de 1852 avait laissé au pouvoir pour la division des circonscriptions, et leur remaniement quinquennal. Ce fut pour lui, après la candidature officielle, un moyen capital de se rendre maître des élections. Il excellait dans l'art de composer des circonscriptions de façon à s'assurer une majorité. Il semblait s'être inspiré des pratiques des États Unis, où on suit à cet égard les procédés les plus fantastiques, où d'après un mode baptisé d'un nom barbare (1), on groupe, en vue

(1) Cette pratique est qualifiée de *Gerrymandering* du nom de son inventeur E. Gerry, qui fut vice-président des États-Unis. Quand on dut diviser le Massachussetts en districts électoraux, il dressa un projet qui donnait à l'un de ces districts la forme d'un lézard. « On dirait une salamandre », s'écria un artiste, en voyant le dessin appendu au mur. « Dites plutôt, répliqua un interlocuteur, que c'est un *Gerrymander* », et le nom est ainsi resté. Il y a au Missisipi un district dit le *cordon de soulier*, qui mesure 500 milles de long sur

du scrutin les électeurs à l'encontre des affinités de
voisinage. C'est ainsi que le gouvernement absolu ne
dédaignait pas de faire appel aux institutions des pays
libres pour y emprunter un abus. Le Corps législatif
retentissait constamment des doléances de l'Opposition
sur ce point : « Les circonscriptions, — disait en 1863
M. Plichon, — sont organisées pour empêcher le succès
de certaines candidatures indépendantes, posées par
le pays lui-même, en faveur d'autres que le pays ne
pose pas... Pour atteindre ce résultat, on a fait violence aux habitudes, aux intérêts des populations : on
a réuni des populations qui ne se connaissaient pas.
Dans la Corrèze, une circonscription électorale se
trouve avoir plus de 30 lieues d'étendue. Dans le Nord, à
Hazebrouck, la circonscription a été partagée en trois. »
— « En Lot-et-Garonne, — disait M. Jules Favre, — on
a détaché de la circonscription d'Agen un canton qui
n'était distant de cette ville que de 19 kilomètres, et on
l'a remplacé par un autre canton qui en est éloigné de
48 kilomètres. » Il résumait ces critiques dans un
amendement ainsi conçu : « Le droit de déterminer les
circonscriptions électorales n'autorise pas à réunir des
cantons séparés par la distance, à morceler les arrondissements et les villes, pour favoriser l'action administrative, et à modifier les circonscriptions établies,
pour soustraire le député à ses juges naturels. » Après

40 de large. Il y en a un au Missouri qui, si on le mesure en suivant ses sinuosités, dépasse en longueur l'État tout entier, et dans
lequel on s'est arrangé pour inclure autant d'électeurs nègres que
possible (Voir BRYCE, *The American Commonwealth*, t. I, ch. 18, *ad
notam*).

M. Jules Favre, c'était M. Thiers qui reprenait la question dans un grand discours, le 2 avril 1869 : Vous vous servez des circonscriptions, — disait-il, — de manière à annuler le vote des villes au moyen du vote des campagnes. Dans les Bouches du Rhône, vous avez brisé la ville de Marseille. Vous l'avez fait voter avec la ville d'Aix qui en est à 8 ou 10 lieues. Vous l'avez fait voter avec les villages de la Durance qui en sont à 18 lieues. Dans le Gard, il y a 4 arrondissements. Vous avez brisé la ville de Nimes comme on brise un vase. Vous avez fait voter les fragments de la ville de Nimes avec Aigues-Mortes qui est à 11 ou 12 lieues, avec Pont - Saint - Esprit qui en est à 18 lieues ! » M. Thiers citait encore des faits analogues pour la Gironde, pour la Haute Garonne, pour le Nord.

Au surplus, ce n'est point dans les discours des députés de l'Opposition qu'on a besoin de chercher l'appréciation de la manière dont le gouvernement procédait à l'égard des circonscriptions. On a le témoignage du gouvernement lui même. En 1861, comme la Chambre était saisie de l'annulation de l'élection de M. Dabeaux, ancien préfet de l'Aude, nommé député du département qu'il administrait la veille, M. Billault qui intervint dans le débat, fit cet aveu ingénu : La circonscription est composée de deux arrondissements *complètement opposés d'intérêts*, Narbonne et Limoux. A raison de ce fait, le choix du député de Narbonne était repoussé par Limoux et réciproquement. Dans cette situation, M. Dabeaux, préfet du département, était le candidat naturel. » L'opposition aurait elle pu prononcer une condamnation plus sévère que celle

tombée de la bouche même du ministre ? Aussi, lorsqu'à la suite d'une pétition, l'affaire revint devant le
Sénat, le rapporteur, M. Goulhot de Saint-Germain, se
crut-il autorisé par les paroles du ministre à prononcer
un blâme énergique : « La déclaration du ministre a
paru à votre commission aussi explicite que possible.
Dire que l'ancien préfet était le seul candidat qui pût
réussir dans les deux arrondissements de Limoux et de
Narbonne, n'était-ce pas reconnaître que cette circonscription était vicieuse, puisqu'elle était exclusive de
toute autre candidature que celle de l'ancien préfet de
l'Aude ? L'ensemble de ces faits a paru à votre commission digne du plus sérieux examen, dans l'intérêt de
la liberté et de la sincérité des élections. »

Une autre manœuvre de l'Administration, précieuse
particulièrement pour les élections de Paris, ville
d'opposition, consistait dans son mode de dresser les
listes électorales, joint à sa façon d'interpréter la Constitution qui dans chaque département proportionnait
le nombre de députés au nombre d'électeurs. Ce n'est
pas qu'en ce qui touche les listes électorales le
gouvernement s'avisât, comme sous la Restauration,
de procéder par le menu, en opérant sans droit la radiation ou l'inscription de quelques électeurs isolés.
Il eût perdu sa peine à ces illégalités mesquines, qui
efficaces sur un suffrage restreint, n'étaient pas de nature à affecter le suffrage universel, et contre lesquelles d'ailleurs les réclamations individuelles se seraient produites avec succès devant une juridiction
sérieuse. Il ne procédait pas par détail, mais par
masses. Ce sont des milliers d'électeurs qu'il s'abste-

nait d'inscrire, tout prêt d'ailleurs à satisfaire aux réclamations des omis, mais comptant à juste titre sur
leur insouciance. Pour tirer profit de cette pratique, il
interprétait la Constitution comme ayant entendu ré-
partir les députés entre les départements, non pas
simplement suivant le nombre des électeurs. mais suivant celui des inscrits; et il se ménageait ainsi les
moyens de réduire la députation de Paris.

Un débat fut soulevé à cette occasion en 1863 au
Corps Législatif: « Lorsque la population de la Seine
en 1848 était de 1,360,000, dit M. Jules Favre, le nombre des électeurs était de 433,635. En 1862, la population s'étant accrue en nombre rond de 600,000, et s'étant
élevée à 1,953,000, le nombre des électeurs s'est abaissé
de plus de 100,000. Il est descendu à 325,722... L'ex-
plication d'un tel résultat, c'est que l'Administration
ne veut voir d'électeurs que les électeurs *inscrits*. »
M. Jules Favre expliquait que c'était là une erreur
condamnée par les barreaux de France qui avaient
donné une consultation reproduite par le *Siècle* (1).
« Dans le système de l'administration, — disait
l'orateur, — la France doit avoir 272 députés.
D'après celui que je soutiens, elle devrait en avoir
311. La différence est de 39... Paris a un député
par 217 mille habitants. Il existe des départements qui
ont un député par 217 mille habitants. Il existe des
départements qui ont un député par 99,000 habitants.
Il faut dans le département de le Seine 120,000 hommes
de plus que dans les Alpes-Maritimes pour faire un
député. » M. Jules Favre présentait donc (11 février)

(1) Le *Siècle* avait même reçu de ce chef une réprimande.

un amendement qui, en blâmant les pratiques électorales de l'Administration, contenait notamment ce passage : « Il n'appartient pas aux mains des préfets d'é-
lever ou d'abaisser à leur gré le chiffre des électeurs
en étendant les radiations, et en limitant les additions
de manière à créer, à côté des candidats du gouvernement, l'électeur du gouvernement. Nous deman-
dons en conséquence qu'une révision soit faite du décret du 29 décembre 1862 (1), et que spécialement, au
lieu de priver la ville de Paris d'un député, on lui en
attribue un nombre en rapport avec l'accroissement
de la population (2) ».

Nous avons dit plus haut comment l'Opposition
était désarmée dans la lutte électorale, comment
ayant essayé de former des comités électoraux en 1857,
elle se les vit interdire en 1863 : on se souvient du procès des Treize. Il faut dire cependant qu'à la fin de l'Empire, la situation fut amé-
liorée ; que la loi du 6 juin 1868 rendit au pays dans
une mesure d'ailleurs bien restreinte le droit de réu-

(1) Decret qui fixe le nombre des députés à élire par les départements.

(2) M. Baroche, président du Conseil d'Etat, prétendit fournir des
justifications en ce qui touche Paris : « En 1857, il y avait 356,945
électeurs inscrits. Mais sur ce nombre, 145,000 ne se présentèrent
pas aux élections qui eurent lieu alors. On reconnut que la cause
de ces abstentions tenait à ce que, jusqu'en 1857, on n'avait pas
retranché d'office sur les listes ceux qui ne devaient pas y figurer.
Actuellement la liste est de 328,000. La proportion, il est vrai, pour
le reste de la France, est généralement de 1 à 4 sur l'ensemble de
la population ; mais il paraît établi qu'en raison de la mobilité d'une
grande partie de la population parisienne, la proportion doit être
de 1 à 6 et non de 1 à 4. »

nion. Les réunions étaient autorisées à partir de la
promulgation du décret de convocation d'un collège
pour l'élection d'un député jusqu'au cinquième jour
avant celui fixé pour l'ouverture du scrutin. Mais si
la liberté électorale était ainsi affranchie de certaines
entraves, combien d'autres obstacles se dressaient
encore contre les candidats qui n'étaient pas des amis
du premier degré ! Ils étaient arrêtés à chaque pas,
ne fût-ce que pour faire connaître leur candidature.
Tandis que par un véritable abus, les agents des
communes, salariés pour des services publics, se
mettaient comme agents de propagande au service du
candidat officiel, et joignaient à la carte électorale
qu'ils allaient porter aux électeurs le bulletin de ce
candidat, il fallait au candidat de l'opposition, pour
faire distribuer ses bulletins, un colporteur autorisé par
l'administration dans les termes de la loi de 1849, et
l'administration cherchait parfois des prétextes pour
refuser l'autorisation. Il y avait là une iniquité dont
l'abolition semblait imminente vers la fin de l'Empire.
Le 28 juin 1870, une commission parlementaire avait
déposé un rapport favorable sur la proposition du
comte Rampont tendant à affranchir de l'article 6 de
la loi de 1849 la distribution des bulletins électoraux.

  Les abstentions sous le régime impérial ne se produisirent d'une façon sensible qu'aux élections générales de 1852 et de 1857. Elles atteignirent alors la proportion de 36 pour cent des électeurs inscrits (1). En

(1) En 1852, il y eut 6.222 983 votants sur 9,836,043 inscrits.
  En 1857, on compta 6.136 664 votants sur 9,495,955 inscrits. (V.
Annuaire Historique, année 1857, page 147).

1863, le niveau se releva. Il y eut 7,290,170 votants sur 10,004,028 inscrits. Enfin, en 1869, il y eut 8,066,996 votants sur 10,356,950.

Cette question des abstentions ne laissait pas de préoccuper certains esprits (1). Un sieur Hutteau adressa à diverses reprises au Sénat une pétition pour obtenir que le vote fût rendu obligatoire. Le Sénat passa à l'ordre du jour conformément aux conclusions du rapporteur qui fit observer que « depuis 1789 le chiffre des abstenants est presque toujours le même, variant du 1/3 au 1/4 des inscrits ».

(1) Lors de la discussion de la Constitution de 1848, la question avait déjà été agitée. Un représentant avait proposé un amendement punissant les abstentions d'une amende. L'Assemblée renvoya la question à la loi électorale. Lors de la discussion de la loi de 1849, l'amendement reparut et fut écarté. Il fut de nouveau soulevé dans le sein de la Commission chargée de l'examen du projet qui devint la loi du 31 mai. Le rapport de Léon Faucher résume toutes les raisons qui devaient le faire repousser, et qui en effet entraînèrent la conviction de la Chambre : « Nous nous sommes rappelé que la présence de l'électeur était un fait matériel qui n'impliquait pas nécessairement l'expression d'une opinion, et qui ne l'empêchait pas de perdre ou d'annuler son vote. Pour appliquer à l'abstention des électeurs une disposition pénale, il faudrait constater l'absence des électeurs, envoyer la liste au procureur de la République, pour qu'à sa diligence, les amendes fussent prononcées par le juge de paix du canton qui jugerait en dernier ressort la validité des causes, et enfin mettre les amendes en recouvrement. Combien d'opérations à suivre ! combien de procès ! Dans les élections générales de 1849, plus de 3 millions d'électeurs inscrits n'ont pas pris part au vote. En admettant que la clause pénale réduisît à un million le nombre des abstentions, quel gouvernement pourrait recouvrer 1 million d'amendes, 10 à 12 mille par département ? Si les électeurs... refusent de payer, quels moyens aura-t-on de les contraindre ? Dans le cas d'une récidive il faudra rayer l'électeur de la liste et lui retirer ses droits dont il ne sait ou ne veut pas faire usage ; n'est-ce pas condamner indirectement le suffrage universel ? »

CHAPITRE XI

LA TROISIÈME RÉPUBLIQUE

Le gouvernement de la Défense nationale fut appelé à légiférer en matière électorale pour la convocation de l'Assemblée nationale. Son décret du 29 janvier remettait en vigueur la loi du 15 mars 1849; l'élection devait avoir lieu par département, au scrutin de liste. Le scrutin ne devait durer qu'un seul jour, et avoir lieu au chef lieu de canton que le préfet pouvait diviser en sections. Pour être élu au premier tour, il fallait réunir un nombre de voix égal au huitième des électeurs inscrits. Toutefois pour les élections dans les départements envahis, des instructions en date du 30 janvier prescrivaient (article 3) que le vote aurait lieu à la majorité relative, et qu'à raison des obstacles créés par la guerre, ce vote serait valable quelque fût le nombre des votants. La délégation de Bordeaux promulgua de son côté pour les élections deux décrets portant tous deux la date du 31 janvier. L'un, qui fut annulé par le gouvernement de Paris, est ce fameux décret retirant le droit d'éligibilité à certaines classes de citoyens :

12.

« Art. 1er. Ne pourront être élus représentants du peuple à l'Assemblée nationale les individus qui, depuis le 2 décembre 1851 jusqu'au 4 septembre 1870, ont accepté les fonctions de ministre, sénateur, conseil d'État et préfet. — Art. 2. Sont également exclus de l'éligibilité... les individus qui, aux élections législatives qui ont eu lieu depuis le 2 décembre 1851 jusqu'au 4 septembre 1870, ont accepté la candidature officielle, et dont les noms figurent dans la liste des candidatures recommandées par les préfets aux suffrages des électeurs, et ont été publiés au *Moniteur officiel* avec les mentions : *candidat du gouvernement, candidat de l'administration,* ou *candidat officiel.* — Art. 3. Sont nuls de nullité absolue, les bulletins de vote portant les noms des individus compris dans les catégories ci-dessus désignées. Ces bulletins ne seront pas comptés dans la supputation des voix ».

L'autre décret du gouvernement de Bordeaux qui concordait dans la plupart de ses dispositions avec celui de Paris, contenait cependant encore une exclusion d'éligibilité contre « les membres des familles qui ont régné sur la France depuis 1789. » Il contenait en outre des dispositions empreintes d'un caractère de circonstance. C'est ainsi que dans le cas où le chef-lieu de canton serait divisé en sections, le préfet aurait le droit pour chaque section de désigner le président du bureau électoral. C'est ainsi encore qu'aux termes de l'art. 19, les citoyens qui seraient hors de leur département, et qui voudraient prendre part à l'élection, auraient le droit de voter dans le canton où ils se trouveraient. Leur bulletin pourrait por-

ter le nom des éligibles de leur département, et dans
ce cas serait envoyé au préfet de ce département par
le président de la section.

Les élections à Paris se firent avec un chiffre important de votants. Sur 547,858 inscrits, 328,970 se présentèrent. Le premier élu, qui fut Louis Blanc, réunit
216,530 voix. En province, malgré les difficultés de la
situation, les élections s'accomplirent régulièrement
et à l'heure dite dans la France entière. « Jamais, —
disait M. Thiers, le 10 mars 1871, — non, jamais ce
pays n'a été interrogé plus sincèrement, et jamais il
n'a répondu plus sincèrement que dans cette dernière
occasion. Le pays était en partie occupé, et là ou il y
avait occupation, l'étranger ne s'est pas mêlé du tout
de vos élections. Dans les autres parties de la France,
certains préfets auraient voulu s'en mêler. Ils n'en ont
pas eu le temps. Aussi grâce à l'indifférence de
l'étranger, grâce au défaut de temps pour l'administration qui a précédé celle que nous avons nommée,
les électeurs n'ont été tourmentés dans aucun sens. »

Cette appréciation est peut-être un peu optimiste.
Car en dépit de toutes les bonnes volontés, il est
certain que les conditions extérieures au milieu desquelles le vote s'effectuait pesaient sur ce vote, et que,
par la force des choses, les électeurs ne déposaient
pas toujours leur suffrage en connaissance de cause.
Pour tempérer les couleurs du tableau tracé par
M. Thiers, il faut maintenant contempler celui tracé à
peu près contemporainement par Gambetta, en se
souvenant d'ailleurs que l'orateur parlait au nom d'un
parti qui, soulevant chaque jour l'opinion contre

l'Assemblée, était naturellement intéressé à discréditer son origine : « A cette époque, disait-il, les réunions publiques étaient empêchées et entravées par la présence de l'ennemi. Il était impossible d'imprimer des listes que la poste pût transporter partout, puisque les communications postales étaient entravées et interdites dans 43 départements. Vous l'avez si bien compris que, lorsque vous vous êtes réunis à Bordeaux, vous avez vérifié les élections en partant de ce principe que les élections seraient vérifiées *ipso facto*, par cela même qu'il n'y aurait pas de protestation dans un certain délai. Vous en avez vérifié sur des dépêches télégraphiques. Cela est tellement vrai que vous serez, des assemblées qui se sont succédé en France depuis cent ans, la seule qui n'ait pas d'archives. Il n'existe pas aux Archives à l'heure qu'il est de procès-verbal régulier constatant par quel nombre d'électeurs vous avez été élus. Cette absence de concours électoral à l'époque de votre nomination se retrouve encore dans l'addition des suffrages exprimés. En prenant dans chaque département les têtes de listes, on n'arrive pas à 5.500.000 ayant pris part aux votes. Vous n'atteignez pas la moitié électorale de la France. »

Quoi qu'il faille penser du nombre et de la valeur des suffrages qui ont élu l'Assemblée nationale, il est certain que le Gouvernement de la défense n'a pu peser sur les électeurs. L'accusation que les partis ont dirigé contre lui à cet égard « n'est pas seulement fausse, elle est absurde, dit M. Jules Simon. (*Le gouvernement de M. Thiers*, page 50). L'Assemblée qui n'était pas suspecte de tendresse pour le Gouvernement ne prononça qu'une enquête (1), (élection du département de Vaucluse) et n'annula en tout que cinq élections, et encore uniquement en vertu du principe de l'inégibilité des préfets dans les départements qu'ils administrent. »

La législation électorale demeura telle que l'avait organisée le Gouvernement de la défense jusqu'en 1875. Sur deux points seulement, elle fut modifiée. La première modification prit place dès le début de l'Assemblée nationale. Le vote, au lieu d'avoir lieu au chef-lieu de canton, fut rétabli provisoirement au chef-lieu de chaque commune par la loi du 10 avril 1871. « Le vote au chef-lieu de canton ne renferme-t-il pas deux vices considérables? disait M. de Fourtou dans son rapport sommaire en date du 11 mars. En créant des difficultés matérielles suscep‑tibles d'entraver pour un grand nombre d'électeurs l'exercice de leurs droits, en plaçant la population du chef-lieu dans une situation privilégiée, en rendant ainsi le collége électoral plus accessible aux uns qu'aux

(1) On signalait pour ces élections des faits de candidature officielle. Le sous préfet avait adressé le 4 février aux maires une circulaire ainsi conçuc : « Les délégués envoyés à Avignon par chaque canton du département ont décidé que la liste républicaine des candidats à l'Assemblée nationale serait composée de citoyens dont les noms suivent, et qui ont obtenu l'unanimité des suffrages. Veuillez.... donner la plus grande publicité à ces candidatures. » A la suite de cette circulaire, le maire avait publié l'avis suivant : « Le maire de la commune de...., conformément à la lettre du sous-préfet ...., a l'honneur de porter à la connaissance de ses administrés les listes des candidats à l'Assemblée nationale.... »

Il n'y eut pas lieu de procéder à l'enquête ordonnée par l'Assemblée, les députés ayant donné leur démission.

autres, ne blesse-t-il pas un principe évident d'équité
et de justice? On impose aux électeurs des campagnes
le triple impôt du temps, de la fatigue et de l'argent.
Ne parait-il pas tendre, en provoquant les abstentions,
à mutiler le suffrage universel ? » Le rapporteur faisait encore ressortir les inconvénients du système, en
invoquant à cet égard l'expérience de la loi de 1849
qui l'avait institué. L'accomplissement du devoir électoral se trouva alors accompagné pour les populations
rurales de tant de difficultés qu'elles demeurèrent en
très grande partie éloignées des urnes électorales, et
que leur abstention, permettant de croire à une indifférence politique qui n'existait pas en réalité, fît craindre un instant que le suffrage universel ne pût s'établir
en France.

Une autre modification fut encore introduite à la
législation du gouvernement de la Défense. La loi du
18 février 1873, *dite* loi Savary, dont les dispositions ont
été maintenues par la loi organique de 1875 contient
un article ainsi conçu : « Nul n'est élu au premier tour
de scrutin, s'il n'a réuni : 1° la majorité absolue des
suffrages exprimés; 2° un nombre de suffrages égal au
quart des électeurs inscrits... » Le rapporteur expliquait que la condition d'une majorité absolue pour les
élections au premier tour avait été la règle de 1789 à
1848, et de 1852 à 1870. Il expliquait que si le Gouvernement provisoire et si les lois de 1849 et de 1850, et
aussi celles du Gouvernement de la Défense nationale,
s'étaient contentées de la majorité relative, c'est que
le vote avait lieu alors au chef lieu du canton, et qu'on
ne voulait pas imposer double dérangement aux élec-

teurs. Cette raison s'imposait plus particulièrement au Gouvernement de la Défense, puisqu'il y avait nécessité d'une prompte réunion de l'Assemblée. Il importait de revenir désormais à une règle indispensable à la sincérité des élections qui autrement auraient lieu à des majorités illusoires, étant donnée la statistique des abstentions. Le rapporteur indiquait que, dans certains départements, celles-ci avaient à une époque récente, atteint la proportion de 50 0/0.

C'est seulement le 30 novembre 1875 que fut votée la loi organique sur l'élection des députés. Avant cette loi dont le projet devait être déposé dès le 20 mai 1873, et dont l'enfantement dura ainsi plus de deux ans et demi, différentes propositions furent présentées à l'Assemblée, les unes tendant à imprimer au suffrage universel un caractère plus éclairé, les autres tendant à donner au chef de famille en raison du nombre de têtes qu'il représente un droit de vote plus étendu, d'autres enfin empreintes d'un caractère de circonstance et conçues en vue d'assurer la majorité au gouvernement nouveau de la République.

Dans la première catégorie, il faut ranger un projet de M. Jozon qui fut pris en considération le 9 mai 1871, et qui imposait à tous les électeurs l'obligation de savoir lire et écrire.

Dans les projets de circonstance, nous citerons celui de M. Edgar Quinet, projet inspiré par le sentiment qui régnait alors dans le parti républicain, par la haine des *ruraux*, et la préoccupation que leurs votes monarchiques ne vinssent neutraliser le vote républicain des villes. « Considérant. — disait la proposition, —

que, si les campagnes ont le droit d'être représentées,
ce droit est égal pour les villes; que, dans le système
électoral actuel, ce droit peut être détruit, puisque les
représentants des villes peuvent perdre cette qualité
par l'effet du vote des campagnes ; qu'il est contraire à
toute justice que des villes de 100,000 à 70,000 habitants, après avoir nommé leurs représentants, soient
privées de leurs élus, par un vote auquel elles sont
étrangères...; qu'un moyen puissant d'éviter les troubles civils est de concilier les villes et les campagnes
en conciliant les droits des uns et des autres : Art. 1.
Chaque ville de 35,000 âmes élit un député. —
Art. 2. Toute ville élira autant de députés en sus
qu'elle aura de fois 35,000 habitants (1). »

Un des partisans de la proposition Quinet fit ressortir à l'appui que dans les dernières élections, pas un des
des députés de la Gironde n'avait pu obtenir la majorité
à Bordeaux, et que Bordeaux n'était pas représenté.
M. Antonin Lefevre Pontalis, rapporteur de la commission d'initiative parlementaire, conclut au rejet de la
proposition : « La commission a reconnu que, dans les
conditions présentes de notre organisation politique, le
projet aboutirait à un privilège au profit des grandes
agglomérations de citoyens qui auraient ainsi pour le
choix de leurs représentants des droits en quelque
sorte aristocratiques. Elle a pensé en outre qu'il en ré-
sulterait entre les députés des villes et les députés des

---

(1) Il convient de faire ici un rapprochement assez bizarre, et de
rappeler qu'une proposition analogue, inspirée apparemment par des
considérations différentes, avait été présentée sous forme d'amendement par M. de Serre au cours de la discussion de la loi de 1817.

campagnes une division légale en catégories territoriales qui pourrait ressusciter sous une autre forme les classes de l'ancien régime, et qui serait funeste au bon accord de la représentation nationale. » Le projet ne réunit que 23 voix.

Une proposition d'un autre genre, qui fut également repoussée, fut celle de M. Douhet *tenda t à élargir l'exercice du suffrage universel direct et indirect au moyen du vote accumulé des familles.* Il soulevait une question qui est à la mode aujourd'hui ; mais il avait agrémenté son projet de dispositions bizarres qui trahissaient le fanatisme des membres de l'extrême droite de l'Assemblée. Ce projet était ainsi conçu : Art. 1er Le suffrage universel ayant pour objet de représenter spécialement l'autorité du nombre ne se comptera plus dorénavant par le simple vote individuel, mais par le suffrage accumulé des familles, représentées chacune par leur auteur naturel, c'est-à dire par le père. — Art. 2. Le père de famille pourra déposer dans l'urne autant de bulletins qu'il a d'enfants, et deux en plus, pour le suffrage de sa femme et le sien propre. Art. 6. *Ne seront réputés valablement conjoints par le mariage,* à l'effet d'exercer les droits politiques énoncés dans la présente loi que les époux mariés à la mairie, *et devant l'Eglise par un ministre de leur culte respectif.* — La proposition fut écartée par l'Assemblée le 8 décembre, en même temps qu'une autre analogue émanant de M. de Jouvenel.

Nous voici parvenus à la loi organique de 1875. Le projet présenté le 20 mai 1873 par M. Dufaure, garde des sceaux, exigeait deux ans de domicile pour être

électeur. L'âge de l'électorat restait fixé à 21 ans, celui
de l'éligibilité à 25 ans. Un an après, le 21 mars 1874,
M. Batbie déposa son rapport sur le projet au nom de
la commission des Trente. Ce rapport est curieux en
ce qu'il passe en revue les différentes élucubrations
qui avaient cours alors dans le cerveau des adversaires
du suffrage universel, et qui se sont produites dans le
sein de la commission. On oublie l'histoire à distance,
et parce que nous voyons le suffrage universel fonc-
tionner depuis quarante ans dans nos institutions, nous
ne nous souvenons pas qu'il ait jamais été mis en péril.
Il a cependant été sérieusement menacé au temps dont
nous parlons. Une partie de la commission tenait pour
le *vote plural* (voix supplémentaires aux hommes mariés et pères de famille, — vote proportionné à la capacité prouvée par des diplômes et à la fortune d'après
les contributions directes). Un député exigeait pour
être électeur à la Chambre des députés un cens de 20
francs. On avait proposé aussi l'élection à deux degrés.
Une autre proposition pour suppléer au défaut de direction dans les élections tendait à l'organisation de
comités officiels dont les membres auraient été désignés par la loi parmi les chefs élus des corporations
diverses, les conseillers généraux, les plus fort imposés et les notables à un titre quelconque. On devait
ainsi remplacer utilement l'influence des comités de
hasard qui se forment à l'improviste, au moment de
l'élection.

Il y avait eu un amendement tendant à la création
d'un collège unique comprenant toute la France, et à
sa division en deux sections, l'une chargée de repré-

senter les personnes, l'autre chargée de représenter le territoire et la propriété.

Les autres propositions qui s'étaient encore produites étaient les suivantes : Proposition tendant, par imitation de la loi prussienne, à diviser les électeurs dans toute commune en trois parties correspondant chacune à un tiers du contingent des contributions directes de répartition. Le premier tiers comprenant les plus imposés n'aurait qu'un petit nombre d'électeurs; le dernier tiers au contraire se composant des plus petits contribuables, et même de ceux qui ne paient rien. Le deuxième tiers serait formé par les propriétaires moyens, et représenterait la bourgeoisie urbaine et rurale. — Proposition tendant à faire élire, à côté des députés d'arrondissement qui seraient nommés au scrutin individuel par le suffrage universel, des députés de département qui nommeraient au scrutin de liste des électeurs spéciaux pris parmi les représentants élus des corporations existantes. — Proposition tendant à faire nommer par tous les électeurs primaires un certain nombre d'électeurs au deuxième degré, à raison de 2 0/0 des électeurs du premier degré, et d'ajouter aux élus en nombre égal les plus imposé de la commune, plus les capacités.

La Commission des Trente élevait de 21 ans à 25 ans l'âge requis pour l'électorat, de 25 ans à 30 ans l'âge de l'éligibilité. Une résidence de trois ans était exigée pour acquérir un domicile politique dans une commune autre que celle de la naissance (1). (Dans la der-

(1) La Commission dut rejeter un amendement qui exigeait le domicile de trois ans même de ceux nés dans la commune.

nière, il suffisait d'une résidence de six mois). « Tels
sont les moyens, — concluait le rapport, — qui ont
paru à la majorité de la Commission propres à épurer
le suffrage universel, et à rendre ses manifestations
sincères. »

Les propositions du rapport rappelaient les dispositions de la loi du 31 mai de sinistre mémoire. Aussi
quand elles arrivèrent devant la Chambre, M. Brisson
demanda-t-il, — sans succès d'ailleurs, — la question
préalable sur un projet de « mutilation du suffrage
universel. » Un autre député, M. Delorme, le résumait
ainsi : « En deux mots, garder l'étiquette du suffrage
universel, supprimer par la procédure instituée 2 à 3
millions d'électeurs, mettre les survivants à la portiou
congrue de candidats, voilà le système électoral de la
commission. » Gambetta à son tour formulait la même
appréciation : « On prend tous les électeurs qui sont
hors de leur commune, et on exige d'eux un domicile
de trois ans. Ce qu'on se propose, c'est par la gêne de
la preuve, en comptant sur l'indifférence politique, de
retrancher un certain nombre d'électeurs. C'est là la
vraie raison. » La Commission des Trente ne devait
pas voir son œuvre passer dans nos lois. Elle se retira
après le vote des lois constitutionnelles. L'Assemblée
chargea alors une deuxième Commission des lois
constitutionnelles d'examiner le projet de loi électorale ; et c'est à la suite d'un deuxième rapport présenté le 22 juillet 1875 par MM. Ricard et de Marcère
que s'engagèrent les délibérations desquelles sortit
enfin la loi.

Celle-ci n'exigeait pour l'électeur qu'une résidence

de six mois dans la commune. Tout électeur devenait, sans condition de cens, éligible à 25 ans. — La loi établissait le vote par arrondissement, avec cette condition que les arrondissements dont la population dépasserait 100,000 habitants nommeraient un député de plus par 100,000 ou fractions de 100,000 habitants (1). Les arrondissements en ce cas seraient divisés en circonscriptions par une loi. Le vote aurait lieu au chef-lieu de la commune que le préfet pourrait d'ailleurs diviser en sections. — Les députés seraient élus pour 4 ans. — On affranchissait de l'autorisation préalable l'affichage et la distribution des manifestes et professions de foi pendant la période électorale. Pour éviter tout ce qui pouvait rappeler les manœuvres de la candidature officielle, il était interdit à tout agent de l'autorité de distribuer des bulletins de profession de foi des candidats (2).

La loi du 30 novembre 1875 fut complétée, à un mois de date, par celle du 24 décembre qui détermina les circonscriptions électorales. Le rapport de la commission explique dans quel esprit la loi a été faite : « Dans

(1) Un amendement de M. Testelin proposait d'abaisser à 75.000 le contingent des électeurs au-dessus duquel l'arrondissement aurait droit à un député supplémentaire : le chiffre de 100.000 étant pris pour base, il arrivait que la moitié sud de la France contenant 16 millions d'habitants nommait 280 représentants , tandis que la moitié nord, avec 19 millions, en élisait 220 à peine. La Chambre repoussa l'amendement qui aurait remédié à cette inégale répartition ; mais elle augmenta le nombre des députés.

(2) M. Marcel Barthe avait proposé un amendement interdisant a désignation d'un candidat aux fonctionnaires par tous écrits ou actes officiels administratifs. Cet amendement fut rejeté par 4 voix de majorité.

notre travail de groupement, — disaient les rapporteurs, MM. Ricard et de Marcère, — nous avons été dirigés par deux considérations : 1° Nous avons réuni dans un même collège électoral les populations ayant des intérêts identiques, par exemple les populations maritimes d'une part, les rurales de l'autre ; 2° Nous avons tenu grand compte des moyens de communication reliant les diverses parties d'un arrondissement, afin de rendre plus faciles les déplacements que nécessitent pendant la période électorale le mouvement des réunions préparatoires, l'acte du vote, les opérations qui le précèdent et le suivent. »

En ce qui touche Paris, M. Desjardins, sous-secrétaire d'État au Ministère de l'intérieur, avait proposé de considérer la capitale comme un arrondissement administratif unique, ayant autant de députés qu'il y a de fois 100,000 habitants ou une fraction de 100,000 habitants dans le chiffre de sa population. Paris ayant 1,850,000 habitants aurait eu 19 députés. Mais la proposition ne fut pas adoptée, et on décida que la ville de Paris serait divisée en autant de circonscriptions électorales qu'il y existe d'arrondissements, et nommerait un député par arrondissement.

Achevons le tableau de la législation électorale en analysant d'un mot les dispositions qui ont trait à la confection des listes, à leur vérification, et au recours des intéressés (1). Ces dispositions qui jusque dans

____

(1) Art. 1er de la loi du 30 novembre 1875 ; art. 1, 2, 3 de la loi du 7 juillet 1874.

les dernières années de la Restauration étaient si dé-
fectueuses et laissaient, comme nous l'avons vu, l'électeur désarmé, sans protection aucune contre les
fraudes trop fréquentes de l'administration, offrent
présentement toutes les garanties désirables, garanties
— disons-le d'ailleurs en passant, — certainement
moins nécessaires aujourd'hui qu'autrefois, l'administration ayant renoncé à de déplorables agissements, et
étant même affranchie de toute tentation à cet égard,
en raison du peu de profit qu'elle pourrait tirer, sous
le régime du suffrage universel, de l'appoint ou de la
suppression de quelques voix éparpillées. Le principe
de la loi, celui qui faisait déjà le fondement de la loi
de 1828, est la permanence des listes. Mais il est évident que chaque année, elles doivent être remaniées.
Ce remaniement est confié à une *Commission administrative* composée, dans chaque commune, du maire,
d'un délégué de l'administration désigné par le préfet,
et d'un délégué choisi par le conseil municipal (art. 1er
de la loi de 1874) (1). Le travail de cette commission
n'est qu'un projet. La liste provisoire déposée à la
mairie, et communiquée à tout requérant, peut être
l'objet d'un recours de la part de tout intéressé qui a
un délai de 20 jours pour former une demande en inscription ou en radiation (art. 2 de la loi de 1874). Cette
demande est portée devant une *commission municipale*
dont la composition est identique à celle de la com-

---

(1) A Paris et à Lyon, la commission administrative est composée,
dans chaque quartier ou section, du maire ou de l'adjoint délégué,
du conseiller municipal du quartier ou de la section, et d'un électeur désigné par le préfet du département.

mission administrative, mais qui compte en plus dans
son sein deux autres délégués du conseil municipal (1)
(art. 2, § 3). Elle fonctionne cette fois non plus comme
administrateur, mais comme juge, et l'appel contre ses
décisions sera porté devant le juge de paix (art. 4). —
Enfin la sentence du juge de paix est de même susceptible d'un pourvoi qui est déféré directement à la
cour de cassation (art. 1er de la loi de 1875).

A côté des lois fondamentales que nous avons enre-
gistrées, d'autres sont encore intervenues depuis 1875,
mais pour régler alors des questions d'ordre spécial.
Elles ont aussi leur intérêt. Il y a eu d'abord la loi du
16 juin 1885 qui a rétabli le scrutin de liste, puis la loi
du 13 février 1889 qui, revenant sur la précédente, a
rétabli le scrutin uninominal. Nous reparlerons plus
tard de cette instabilité législative en ce qui concerne
le mode de scrutin. — Signalons encore la loi du 22 juin
1886 qui déclare que les familles ayant régné en France
ne pourront exercer aucun mandat électif.

Il y a enfin la loi du 17 juillet 1889 relative aux
candidatures multiples. On a demandé le rapport de
cette loi qui dirigée contre un seul homme, le général
Boulanger, semblait, après sa mort, être sans utilité.
Mais le Parlement s'est refusé à l'abroger. Il est piquant
de noter au passage que cette loi de méfiance, ainsi
votée contre un agitateur de triste mémoire, la Droite
avait quelques années auparavant, en 1874, tenté de
l'établir en méfiance d'un grand citoyen. M. Thiers

(1) Pour Paris et Lyon, les membres adjoints sont deux électeurs
domiciliés dans le quartier ou la section, et nommés, avant tout
travail de révision, par la commission administrative

rencontrait alors de la part des conservateurs les mêmes haines qui animèrent plus tard les républicains contre le général Boulanger. Craignant de voir, lors de nouvelles élections, se renouveler sur le nom du libérateur du territoire, la manifestation plébiscitaire dont il avait été l'objet au lendemain de la guerre, ils voulurent prendre leurs mesures pour enrayer par avance le mouvement redouté. C'est dans ce but que la commission des Trente, chargée de rédiger un projet de Constitution, avait dans son travail introduit un article (1) dressant contre les candidatures multiples sinon un obstacle absolu, du moins une entrave sérieuse. Le rapporteur de la commission, M. Batbie, s'efforçait de dissimuler sous une question de principe la véritable raison de cette disposition : « S'il n'y a pas de lien entre l'éligible et le département où il se présente, comment sera-t-il connu des électeurs? S'il n'y a jamais résidé ou rien possédé, ses opinions pourront être connues par le bruit qu'auront fait ses discours, mais sa personne ne le sera pas. On votera pour sa doctrine; mais en le choisissant, on n'élira pas l'homme pour son caractère. » (Rapport du 21 mars 1874).

(1) Art. 41 du projet de la commission : Ceux qui sont éligibles ne peuvent être élus que dans les circonscriptions électorale des départements 1° où ils ont leur domicile; 2° où leurs parents étaient domiciliés au moment de leur naissance; 3° où ils ont antérieurement pendant 5 années consécutives été portés au rôle de la contribution personnelle; 4° où i's ont été élus aux Assemblées antérieures, et de ceux où ils ont précédemment exercé des fonctions électives; 5° où ils sont inscrits à l'une des quatre contributions directes.

13.

Après avoir parlé des changements introduits dans
la législation, passons maintenant aux innovations
simplement proposées sur la matière. Le suffrage universel étant désormais assis sur des bases indestruc-
tibles. il était naturel que les hommes politiques se
préoccupassent d'apporter à l'édifice les perfectionne-
ments qu'il comporte. Depuis une époque qui remonte
à 1860, on a commencé, en France, et particulièrement
à l'étranger, à s'apercevoir d'un vice capital dans le
mode appliqué au choix des représentants : c'est que
ce choix ayant lieu à la majorité, les suffrages qui
restent en minorité sont perdus, et cependant leur
nombre éparpillé sur différents noms peut être supérieur à celui qui a assuré le succès du candidat sorti
vainqueur du scrutin. « La loi actuelle, — dit dans
son opuscule sur *la Réforme électorale en France*,
M. Naville qui écrivait en 1871, — se contente de la
majorité relative du 1/8e des électeurs inscrits. Il en
est résulté qu'à Paris, 70,000 électeurs environ, bien
disciplinés, ont pu imposer des représentants à trois
cent cinquante mille votants. » Aux élections de 1885,
le chiffre des voix non représentées a été de 56 0/0 du
chiffre total, soit de 5 millions 1/2 (1).

Pour assurer une valeur aux suffrages de la minorité, on a étudié différentes combinaisons permettant
à tous les groupes d'être représentés, chacun selon
son importance. On s'est avisé en un mot que la pro-
portionnalité devait être la loi de la représentation ; et

(1) La Représentation proportionnelle. Etudes de législation et de
statistique comparées, publiées sous les auspices de la Société pour
l'étude de la représentation proportionnelle.

c'est pour donner satisfaction à ce principe que différents systèmes ont été conçus qui ont passé dans les législations étrangères. En France, cette question très délicate, et qui par son caractère ardu n'est pas de nature à passionner les masses, n'a pas encore fait son chemin en dehors des académies et des sociétés politiques. Elle est demeurée dans le domaine de la science. Mais le jour n'est peut-être pas éloigné où la poussée des législations voisines fera franchir à la représentation proportionnelle le seuil du Parlement.

Pour revenir à des réformes plus pratiques, pour nous cantonner dans celles dont les Chambres ont été saisies, il faut rappeler une proposition émanée de M. Wallon en 1872, et d'autres présentées en 1885, en 1889 et en 1894, tendant à rendre le vote obligatoire. Leurs auteurs y indiquent des faits de nature à émouvoir, sur les proportions que prendrait l'abstention. L'un d'eux, M. Pieyre, dit qu'on a vu des candidats nommés par 50 voix sur 5,000 inscrits. Un autre, M. Letellier, prétend que dans un des départements les plus peuplés, un député n'a obtenu que 32,000 suffrages sur 350,000 inscrits, et qu'un conseiller général d'une ville importante d'Algérie aurait été nommé par 40 suffrages quand il y avait 1,000 électeurs. En réalité, il ne faut pas trop s'alarmer en raison de cas qui ne sont que des cas particuliers. Sans doute il serait préférable que les électeurs remplissent toujours leurs devoirs civiques. Mais on a constaté que s'ils se désintéressaient du scrutin, ce n'était le plus souvent qu'aux jours où l'élection n'avait vraiment qu'un intérêt secondaire. Si, par exemple, ils montrent peu d'empressement lorsqu'il s'agit d'élections partielles dont le résultat ne doit pas sensiblement modifier la balance des partis, ils se réveillent lorsqu'il s'agit d'élections générales où les destinées du pays sont en jeu (1).

Quoi qu'il en soit, voici d'après les tableaux officiels à partir des élections générales de 1876 (2), la proportion exacte des abstentions sous la troisième République. Cette proportion a été pour la France continentale de 24.03 0/0 aux élections de 1876, de 18.61 0/0 aux élections de 1877, de 31.38 0/0 à celles de 1881, de 22.49 0/0 à celles de 1885, de 23.36 0/0 à celles de 1889, de 32.65 0/0 à celles de 1893 (3).

L'attitude du Gouvernement dans les élections a parfois soulevé, depuis 1870, des critiques dont quelques-unes ont plus particulièrement éveillé l'attention. Sans parler de la période du 16 Mai à laquelle

(1) A l'appui de cette thèse, le *Rappel* du 2 septembre 1893 fait observer qu'en 1848, alors qu'il s'agissait de se prononcer sur un régime nouveau, il n'y a eu que 9 0/0 d'abstentions ; qu'en 1877, l'année du 16 Mai, il y a eu 15 0/0 d'abstentions de moins qu'en 1876, et qu'en 1889, l'année du boulangisme, il y en a eu 9 0/0 de moins qu'en 1893.

(2) Pour la période antérieure, M. Lefèvre-Pontalis disait le 10 novembre 1875 que du 8 février 1871 au 25 février 1874 le nombre d'électeurs inscrits a été de 12.935.776 ; que 4.959.606 se sont abstenus, et qu'ainsi plus du tiers est resté à l'écart.

Pour la Seine, aux élections du 2 juillet 1871, il y a eu 167.951 abstentions sur 458.774 électeurs inscrits. Aux élections partielles du 2 juillet 1872, les abstentions ont augmenté : elles ont atteint le chiffre de 226.877.

(3) Pour ces dernières élections, il n'y a eu que 7 millions 383.286 votants sur 10 millions 643.212 inscrits. Cela fait donc un total de 3 millions 259.926 abstentions.

nous accorderons la mention spéciale à laquelle elle a
droit, il y a eu, par exemple, les faits relatifs à l'élection Deregnaucourt qui a été annulée par la Chambre
le 24 février 1872 : le maire de Cambrai, qui était en
même temps membre du Comité républicain conservateur, avait signé une circulaire du Comité pour
recommander la candidature de MM. Deregnaucourt
et Soins, représentés comme les fermes soutiens de
la politique du gouvernement de M. Thiers.

En 1874, on a dénoncé l'attitude du garde des sceaux,
M. Tailhan, à la Commission de permanence, et celle
du ministre des travaux publics, M. Caillaux, au
Conseil général de la Sarthe, soutenant que « le Gouvernement peut signaler ses amis et ses ennemis ; qu'il
est permis aux préfets et sous-préfets de se concerter
avec les maires au sujet des candidatures, et que les
maires, en faisant connaître aux électeurs leurs préférences, sont strictement dans le droit ; qu'en cela
même ils remplissent un devoir ». On relevait aussi le
langage du Préfet de l'Yonne déclarant « n'avoir
jamais exigé des fonctionnaires qu'ils soutinssent les
candidatures sympathiques au gouvernement, mais
qu'il leur avait formellement interdit toute propagande
en faveur des candidats hostiles. Quelques-uns d'entr'eux, ajoutait-il, ont été frappés de ce chef et je ne
puis répondre que ce soient les derniers (1) ».

Ce ne sont là que des bagatelles qui allaient être
effacées par les agissements du 16 Mai. Tout d'abord
on voit apparaitre la candidature officielle dans sa

(1) Daniel. L'*Année Politique* 1874 (pages 376 et 377).

forme la plus tranchée et en même temps la plus
inconstitutionnelle. En effet l'administration fait placarder l'affiche blanche contenant ces mots : « Candidat du gouvernement du maréchal Mac-Mahon ». Ce
n'est pas tout : alors qu'en 1876, M. Léon Say avait
enjoint à tous les agents des finances de « ne se mêler
à aucun degré à l'agitation électorale », et que ses
collègues du ministère avaient tous adressé à leurs
subordonnés des instructions identiques, M. de Fourtou écrivait aux préfets (*Officiel* du 3 juillet 1877) :
« Le gouvernement n'a pas seulement le droit, il a le
devoir de faire connaître au corps électoral les candidats qui soutiennent et les candidats qui combattent
sa politique..... Votre action ne saurait être contrariée
par ceux qui représentent à un degré quelconque le
gouvernement. Ceux qui ne craindraient pas de faire
usage contre le gouvernement de l'autorité même
qu'ils tiennent de lui ne devraient espérer aucune
tolérance, ni compter sur aucune faiblesse ». M. Caillaux, ministre des finances, écrivait dans le même
sens aux trésoriers-payeurs généraux. Le ministre
des travaux publics, M. Pâris, avisait à son tour en
ces termes les Compagnies de chemins de fer : « Vous
savez qu'aux termes du décret du 27 mars 1852, l'Administration a le droit de requérir la révocation des
agents des Compagnies. Dans les circonstances
actuelles, je n'hésiterai pas, tout en respectant l'entière liberté des opinions et du vote, à user de mes
pouvoirs à l'égard des agents qui mettraient au service d'une propagande hostile au gouvernement l'influence qu'ils tirent de leurs fonctions ». A la dernière

heure, l'attitude du Ministère s'accentue : ce n'est
plus seulement la neutralité qu'il exige de ses agents.
M. Caillaux leur prescrit « de donner aux préfets
chargés d'exercer l'action du Gouvernement tout le
concours dont ils peuvent disposer ». Ce qui permet
au préfet d'Ille-et-Vilaine de commenter ces instructions en écrivant à ses subordonnés : « La neutralité, c'est une hostilité qui se cache. Pour moi,
je n'en suis pas dupe. Je la démasque quand je la
rencontre, et j'en fais justice toutes les fois que je
puis ».

Nous n'avons pas la prétention d'entrer ici dans le
récit de toutes les illégalités et de toutes les manœuvres qui ont signalé cette époque, et qui ont trouvé
place dans le rapport sur la mise en accusation du
Ministère du 16 Mai. Parmi les manœuvres, nous
signalerons seulement celles renouvelées de l'Empire,
et qui consistaient à paraître commencer les travaux
d'exécution d'une voie ferrée depuis longtemps récla-
mée par la population. Ces moyens furent employés
dans les circonscriptions de Ribérac et de Libourne,
où se présentaient MM. de Fourtou et Decazes. Nous
rappellerons aussi les procédés qui consistaient à
calomnier les adversaires du Gouvernement. En novembre 1877, Gambetta lisait à la tribune une circulaire qui avait été adressée à la gendarmerie d'Ille-et-
Vilaine : « L'élection est un choix à faire entre les 363
avec Gambetta pour chef, et les conservateurs avec le
maréchal de Mac-Mahon à leur tête. Quelle que soit
l'honorabilité de l'un des 363, il représente la cause du
libéralisme outré, de la république dans toutes ses

conséquences avec la suppression de l'armée et de toute la force répressive ».

Parmi les illégalités du 16 Mai, il faut citer l'interprétation donnée à la loi de 1875, qui affranchissait l'affichage de toute autorisation pendant la période électorale. Le ministère feignait de prétendre que cet affichage ne pouvait avoir lieu que 24 heures après le dépôt légal, alors que la loi ne fixait aucun délai, et ainsi il rendait impossible toute réponse par voie d'affiche aux manœuvres de la dernière heure.

Pour compléter le tableau, il ne faut pas oublier l'intervention du chef du pouvoir, les manifestes du maréchal Mac-Mahon venant parler le langage de Charles X en 1830 : « La Chambre des Députés, — disait-il dans sa proclamation du 19 septembre 1877 — échappait chaque jour davantage à la direction des hommes modérés, et de plus en plus dominée par les chefs avoués du radicalisme, en était arrivée à méconnaître la part d'autorité qui m'appartient... Vous peserez mûrement la portée de vos votes... Des élections favorables à *ma* politique faciliteront la marche régulière du gouvernement... Des élections hostiles aggraveraient le conflit entre les pouvoirs publics... Quant à moi, mon devoir grandirait avec le péril. Je ne saurais obéir aux sommations de la démagogie... Je resterai pour défendre, avec l'appui du Sénat, les intérêts conservateurs, etc. » Dans une deuxième proclamation du 12 octobre il disait encore : « Vous voterez pour les candidats que je recommande à vos libres suffrages. » C'est ainsi que des ministres d'un régime constitutionnel ne craignaient pas de bouleverser les

principes mêmes de ce régime, en faisant intervenir
dans la lutte électorale la personne irresponsable du
chef de l'Etat.

Aux appréciations si connues sur cette époque, à
l'ordre du jour de flétrissure prononcé par la Chambre,
il sied peut-être d'ajouter ce témoignage porté au
milieu de la lutte par une bouche que la mort allait
fermer. Dans la circulaire que M. Thiers préparait
pour les électeurs du IX° arrondissement, et qui a été
retrouvée dans ses papiers, on lit ce passage : « Ce ne
sont pas seulement les principes essentiels du régime
républicain qui sont tous les jours violés. Ce sont les
plus incontestables principes du droit public chez les
peuples libres, qu'ils vivent en république ou sous le
gouvernement d'un roi. Dans tout état libre, le premier soin, au moment où on va consulter la nation est
d'ouvrir toutes les voies par lesquelles peut arriver la
vérité. Chez nous, la libre circulation de la pensée est
arrêtée sur tous les points. La librairie, les colpor-
tages, les chemins de fer sont forcés de se rendre à
discrétion sans que le Gouvernement se soucie des
malheureux qu'il prive ainsi de leur seul gagne-pain ;
et tous les fonctionnaires les plus étrangers à la politique frappés à la fois pour intimider les citoyens
qu'on révolte et qu'on n'intimide pas. »

DEUXIÈME PARTIE

**DE CERTAINES RESTRICTIONS AU DROIT DE VOTE, — A L'ÉLIGIBILITÉ; —
ET DU RENOUVELLEMENT PARTIEL OU INTÉGRAL
DE L'ASSEMBLÉE LÉGISLATIVE**

Après avoir examiné quelle avait été successivement
la base des diverses législations électorales, il convient maintenant de revenir en arrière, et d'extraire
de toutes ces lois, pour les classer sous différentes
rubriques, certains points secondaires qu'elles ont
réglés.

CHAPITRE PREMIER

ARMÉE

Il a de tout temps été de principe que le soldat ne
votait pas sous les armes. Ce n'est qu'exceptionnelle-
ment qu'on s'est écarté de la règle. La question n'a
d'ailleurs offert un véritable intérêt que sous le régime du suffrage universel. Elle était quelque peu

oiseuse sous celui du cens, puisque le soldat ne possède généralement que son épée. Même à l'époque de la Révolution. avec la modeste contribution de la valeur de 3 journées de travail exigée pour voter dans les assemblées primaires, la question ne pouvait guère être soulevée que théoriquement, alors surtout que la qualité de citoyen actif était encore subordonnée à un domicile de fait dans le canton au moins depuis un an : la mobilité de la vie de garnison ne devait pas permettre aux militaires de remplir cette condition.

Quoi qu'il en soit, dès 1790. le sujet a été abordé. L'article proposé à la Constituante était ainsi conçu : « Tout militaire en activité conserve son domicile nonobstant les absences nécessitées par son service, et peut exercer les fonctions de citoyen actif. » L'article sous cette forme fut combattu par M. de Liancourt, dans la séance du 28 février 1790 : « Il ne faut pas, — dit-il, — qu'une disposition soit dangereuse. Tout ce qui peut nuire à la société ne peut être juste. Il est probable que les régiments seront sédentaires et attachés aux départements. Dès lors, ils seront le plus ordinairement composés d'habitants de ces départements. Les officiers pourront abuser de leur crédit et de leur supériorité, soit pour se faire élire, soit pour diriger et maîtriser dans d'autres vues les élections. Les soldats ont fait un engagement par lequel ils ont renoncé momentanément à leur liberté et à tous les avantages dont la constitution trouverait du danger à leur laisser l'exercice. » M. de Noailles soutint le projet d'article : « Il est certain que vous avilissez l'armée en la chassant de la Constitution. Assurément elle ne fait pas de distinction entre les soldats et les officiers ; et si vous privez les uns de l'exercice de leurs droits, vous en privez également les autres. » Ici M. C. de Lameth interrompait pour ajouter : « Et vous aurez sinon très peu de bons soldats, du moins pas un seul officier. » Pour parer aux craintes formulées par M. de Liancourt, l'Assemblée, en maintenant l'article dont le texte est donné plus haut, subordonna le droit du militaire à cette condition, savoir : « si... lors des assemblées où doivent se faire les élections, il n'est pas en garnison dans le canton où est situé son domicile (1). » L'Assemblée vota aussi l'article 7 ainsi conçu : « Tout militaire qui aura servi l'espace de 16 ans sans interruption et sans reproche jouira de la plénitude des droits de citoyen actif, et est dispensé des conditions relatives à la propriété et à la contribution sous la réserve exprimée dans l'article précédent. »

Un décret des 6-20 juillet 1791, revenant sur la restriction établie par le décret antérieur, décide que les officiers, sous-officiers ou autres attachés au service de terre et de mer, domiciliés habituellement dans les lieux où ils se trouveront soit en garnison, soit en activité de service pourront y exercer leurs droits de citoyen actif s'ils réunissent d'ailleurs les conditions requises.

La Constitution de l'an III par son article 275 paraît avoir abrogé cette faveur accordée aux officiers ou sous-officiers. L'article porte en effet que nul corps armé

(1) Décret concernant la Constitution de l'armee, 28 février, 21 mars et 28 avril 1790.

ne peut délibérer, et une loi du 18 ventôse an VI (1)
interprète cet article comme excluant du droit de vote
les militaires même pris isolément. Par contre le droit
de vote est maintenu au profit du militaire qui se
trouve en congé régulier, et ne fait partie d'aucun corps
armé (2).

Plus de cinquante ans se passent pendant lesquels
on ne s'avise guère du droit des militaires. Le décret
du 5 mars 1848 qui établit le suffrage universel les
passait sous silence. M. Garnier Pagès qui rend compte
des délibérations du Gouvernement provisoire donne
le détail suivant dans son Histoire de 1848 (tome 3,
page 219) : « Au sujet du vote de l'armée, le procès-
verbal de la séance dit : « *Non*, attendu l'impossibilité
« de faire voter les soldats dans la commune sans dis-
« perser l'armée d'une manière arbitraire et dange-
« reuse pour la sécurité nationale. » La question fut
de nouveau débattue le 7 mars. « Cette espèce d'ostracisme électoral, — dit Garnier Pagès, — allait être
regardée comme une défaveur après les journées de
février. Ce déni du droit commun allait blesser au

(1) Dans cette loi du 18 ventôse an VI contenant instruction sur
la tenue des assemblées primaires et communales, on lit sous la
rubrique *Observations générales* : « On a élevé la question de savoir
si les militaires sans congé ont le droit de voter dans les assemblées
primaires et communales. Il est clair qu'ils font partie d'un corps
armé. D'où suit qu'ils n'ont pas droit de voter dans les assemblées
primaires et communales. »

(2) Tout individu attaché au service des armées, ne faisant partie
d'aucun corps armé soit en garnison dans le lieu, soit en rade,
ayant d'ailleurs les qualités requises, pourra voter dans l'assemblée
primaire du canton où il exerce ses fonctions, s'il y avait précédemment son domicile (Loi du 24 ventôse an V.)

cœur l'armée, au moment même où le Gouvernement provisoire s'efforçait de rétablir entre elle et le peuple une confiance mutuelle. » C'est alors que le 8 mars, dans l'Instruction du Gouvernement pour le décret relatif aux élections, furent introduits les articles 37 et 38 sur le vote des militaires en activité de service : « ... (Ils) seront avertis par leur chef immédiat... du droit qu'ils ont de participer à l'élection générale comme les autres citoyens, et du nombre de représentants attribués à leurs départements respectifs. (Article 37). — Le résultat du vote devait être compris dans le recensement général des votes du département.

Le 7 mars 1849, à la Constituante, un membre, M. Callet, proposa, au cours de la discussion sur la loi électorale, un amendement tendant à supprimer l'exercice du droit électoral pour les militaires pendant toute la durée de leur service actif. L'Assemblée vota la question préalable. Toutefois, il fut décidé par l'article 62 de la loi, et à la grande indignation de la Montagne, que « l'exercice du droit électoral est suspendu pour les armées en campagne, et pour les marins de la flotte se trouvant en cours de navigation. »

En ce qui touche la façon dont les militaires devaient être appelés à déposer leur vote, le système imaginé par le Gouvernement provisoire et consacré par la législation postérieure consistait à constituer dans chaque garnison autant de sections électorales qu'il y a de départements en France, et à faire arriver dans chacune de ces sections tous les militaires d'un même département, quel que fût le corps auquel ils appartinssent. Le principe qui prévalut en pratique fut d'établir dans chaque corps un bureau de vote. L'inconvénient, c'est qu'il y avait telle circonstance où le secret des votes pouvait se trouver compromis. Mais il aurait suffi, pour obvier au danger, de ne pas permettre que le vote fût dépouillé dans le corps.

D'après la loi, le dépouillement du vote militaire devait être fait séparément de celui des électeurs civils. La loi du 31 mai 1850, dans l'intérêt du secret du vote qui doit couvrir aussi bien les noms que les catégories sociales de ceux qui ont voté, modifia cette disposition. Elle décida (art. 12) que les bulletins seraient envoyés au chef-lieu du département dans un paquet cacheté, et confondus dans les diverses sections électorales du chef-lieu avec les bulletins des autres électeurs.

Le décret du 2 février 1852, revenant aux dispositions de la première assemblée constituante, décida (art. 14) que les militaires en activité de service et les hommes retenus pour le service des ports et de la flotte ne pourront voter au Corps Législatif que lorsqu'ils seront présents au moment de l'élection dans la commune où ils seront inscrits.

Après 1870, et jusqu'en 1872, le droit de vote pour l'armée fut rétabli comme il l'était sous la deuxième République. L'article 9 du décret du 29 janvier 1871 du gouvernement de la Défense nationale, dit que les militaires présents sous les drapeaux voteront pour l'élection des députés du département où ils sont inscrits comme électeurs (1). L'article 18 du décret du

(1) Instruction du Ministre de la Guerre sur le vote de l'armée (31 janvier 1871) : « Il est formé dans l'enceinte de la capitale autant

31 janvier 1871 de la Délégation de Bordeaux, rappelant l'article 62 de la loi de 1849 qui règle la matière, dit aussi : « Sous les drapeaux, dans les armées ou dans les camps, les soldats, les mobiles, les mobilisés, les marins, tous ont le droit de voter, et l'exercent dans les termes de cet article (*l'article* 62). »

Lors de la discussion de la loi de 1872 sur le recrutement, la Commission proposa un article qui fut finalement adopté, mais non sans de vifs débats : — Les hommes présents au corps ne prennent part à aucun vote. — « L'article de votre loi ne supprime aucunement les droits de citoyen pour le soldat, — dit le Ministre de la Guerre. Dès qu'il est dans ses foyers, il rentre dans la plénitude de ses droits, et il vote comme citoyen ; mais le soldat sous les armes n'est que le soldat de la loi. Il doit rester étranger à tous les partis et à toutes les luttes politiques. » Les partisans du vote de l'armée revinrent à la rescousse lors de la troisième lecture de la loi. Le baron Chaurand avait proposé un amendement pour permettre aux hommes de prendre part aux élections dans la commune où ils sont inscrits. Le Ministre de la Guerre fit repousser cet amendement : « On vient, — dit-il, — d'invoquer l'exemple de la gendarmerie que vous priverez du droit de voter. Vous ne priverez nullement la gendarmerie de voter

de sections électorales militaires qu'il y a de départements. Cette mesure ne souffre d'exception que pour les départements qui ne seraient pas représentés à Paris par au moins cinq électeurs militaires. Pour ce département, les électeurs militaires remettent leurs bulletins de vote cachetés au Commandant de la place de Paris qui les transmet au Ministre de la Guerre, avec un bordereau spécifiant à quel département ces bulletins se rapportent. »

dans sa commune d'origine. Le gendarme en congé votera comme tous les autres militaires en congé; mais le gendarme au corps ne doit pas plus voter que le soldat d'infanterie ou d'artillerie. Vous vous rappelez à quelle polémique on s'est livré au sujet du régiment de gendarmerie de la garde impériale que, disait-on, on faisait voter dans tel ou tel sens. Il ne faut pas que des discussions de ce genre puissent se reproduire. »

Le principe une fois posé par la loi de 1872 passa sans discussion dans la loi organique de 1875. L'article 2 est ainsi conçu : « Les militaires et assimilés de tous grades des armées de terre et de mer ne prennent part à aucun vote quand ils sont présents à leur corps, à leur poste ou dans l'exercice de leurs fonctions. Ceux qui, au moment de l'élection, se trouvent.... en possession d'un congé régulier, peuvent voter dans la commune sur les registres de laquelle ils sont régulièrement inscrits (1). »

Nous ne dirons qu'un mot sur l'esprit dans lequel les militaires ont voté. Leurs votes ne paraissent jamais avoir eu un caractère bien tranché. La liste qui en 1848 a rallié leurs suffrages était une liste panachée qui comprenait des Montagnards et des hommes modérés, parmi lesquels Lamartine, qui arrivait en tête, Cavaignac et Lacordaire. En 1849, on a été un peu ému de voir l'armée porter à la Législative trois sous-officiers sur lesquels s'étaient réunis les suffrages de la Montagne et qui ont été d'ailleurs élus, Boichot, Rat-

____

(1) L'article en question a été textuellement reproduit dans la loi du 15 juillet 1889 sur le recrutement de l'armée.

tier et Commissaire. Ce vote était fâcheux à un point de vue que mettait en relief (le 1ᵉʳ juin 1849) *la Sentinelle*, journal militaire de l'époque : « Nous ne crierons pas à la débandade parce que les citoyens Boichot, Rattier, Commissaire, sont transformés en législateurs.   . Ce qui m'a serré le cœur, c'est de voir qu'à Paris, le sergent-major a obtenu 20 mille voix de plus que le maréchal Bugeaud, 6 mille de plus que le général Lamoricière, et qu'enfin le sergent Rattier a eu 3 mille voix de plus que le Maréchal et que le général Rapatel. »

De tels résultats, analogues à ceux qu'on constate à toutes les époques, dans toutes les classes et dans tous les milieux, constituent le meilleur argument qui puisse être invoqué contre le droit de vote des militaires (1). C'en est fait de l'esprit de discipline si les soldats peuvent juger les aptitudes, même non professionnelles de leurs chefs. Ils en arriveront bien vite à réviser les

(1) Si on veut apprécier quelle singulière école de discipline l'exercice du droit de vote peut constituer pour l'armée, il faut lire, dans un opuscule de Boichot, intitulé *La Révolution dans l'armée française. Election des sous-offi iers en* 1849, comment furent preparees les candidatures militaires au nombre des quelles la sienne a ete comprise : « Les élections pour la Législative étaient fixées au 13 mai (1849). En conséquence, le comité socialiste de la Seine convoqua les électeurs militaires de la garnison de Paris, dans la salle Martel, pour y choisir les candidats .. Pendant huit jours, nous nous occupâmes d'organiser une manifestation... Afin d'activer la propagande... le comité socialiste de la Seine avait chargé trois de ses délégues de se mettre en rapport avec les démocrates de l'armée... (*Ces derniers*) nommèrent dans chaque régiment des délégués qui eurent pour mission de recueillir les suffrages.... Le 25 avril, ils adressèrent au Comité Electoral de la Seine le résultat des opérations du vote. Le procès-verbal était ainsi conçu

grades ; et on ne tardera pas à les voir, dans le service comme au scrutin, faire passer le sergent Boichot qui sera leur élu, avant le maréchal Bugeaud,
qui ne sera que leur chef.

« Les sous-officiers et soldats démocrates socialistes de l'armée de
Paris ont l'honneur de proposer à leurs frères du peuple de la
Seine le citoyen Boichot, sergent-major... et le citoyen Rattier sergent... comme candidats de l'armée. Cette élection a pour but de
consacrer l'union définitive du peuple et de l'armée. »

Pour compléter le tableau, il faut lire dans l'ouvrage dont s'agit
le récit des divers soulèvements dans les régiments, à la suite de
l'incarcération de Boichot, arrêté sur l'ordre de ses chefs, pour avoir
accepté une candidature socialiste, la protestation contre cette incarcération, envoyée à la presse par les délégués du régiment. On a
e spectacle de l'anarchie et de la rébellion à leur apogée.

CHAPITRE II

COLONIES

Le droit de vote a été concédé aux colonies en 1789. Elles l'ont conservé jusqu'au 18 brumaire, ne l'ont plus recouvré ensuite qu'en 1848, et l'ont perdu au coup d'État de 1851. La troisième République le leur a enfin de nouveau restitué.

C'est d'une façon assez originale qu'elles ont été admises pour la première fois à la vie politique. Les hôtes sont entrés non seulement sans être priés, mais même contre le gré du maître de la maison. Le réglement pour les élections aux États-Généraux, réglement qui, dans un état annexe, énumérait les baillages appelés, ne parlait pas des colonies. La plus puissante d'entre elles, Saint-Domingue se pourvut contre cette exclusion auprès du ministre de la marine ; mais elle se heurta à un refus. Elle ne se découragea pas, et à tout risque, elle élut quand même 37 députés qui vinrent le 9 juin 1789 frapper à la porte des États Généraux (1). L'Assemblée en admit douze,

(1) Voici au sujet du refus du ministre, et de la façon dont la colonie passa outre, des documents que nous croyons inédits, et qui

« non comme représentants, mais comme aspirants à
l'être. » Le 13 juin, comme on procédait à l'appel des
députés du royaume, et que les nouveaux venus étaient
passés sous silence, l'un d'eux, Gouy d'Arcy, prit la
parole pour formuler sa réclamation. L'Assemblée
décida que c'est seulement après qu'elle aurait été

sont empruntés aux Archives du Ministère des Colonies. (Archives
Coloniales. Correspondance ministérielle, vol. 198. Année 1788,
page 180.)

Le Ministre à M. le marquis Duchilleau. A Versailles, le 6 novembre 1788. « Il vient de paraître un écrit ayant pour titre :
*Mémoire sur l'importance pour la colonie de Saint-Domingue d'avoir des
représentants à l'Assemblée des États-Généraux et sur la forme la plus
légale de procéder à l'élection de ses députés*. Il est signé des neuf
personnes qui ont adressé le 4 septembre une lettre au Roy.
J'ai conféré verbalement avec vous et sur l'objet de cette lettre, et
sur la décision de S. M. dans son Conseil. Elle a pensé que la
question même ne devait être agitée et qu'il ne pouvait y être définitivement fait droit que sur le vœu bien conçu de l'île et sur celui
des Etats Généraux ; qu'il serait même à désirer qu'on pût étendre
aux autres colonies les privilèges qui seront alors accordés à l'une
d'entre elles, et qu'il fût établi entre elles une entière uniformité. Il
est un point sur lequel le nouveau mémoire que je vous fais passer
établit un principe très dangereux. On y propose (page 8) que si les
administrateurs veulent attendre la décision de S. M. sur le vœu
des États-Généraux pour faire procéder à l'élection des représentants, les habitants ou s'assemblent d'eux-mêmes, ou envoient leur
vœu par écrit, et nomment des députés sans s'assembler. Le premier de ces moyens occasionnerait des assemblées illicites, prohi-
bées par toutes les lois, où il pourrait se traiter même des questions très étrangères à celles qui seront agitées aux Etats-Généraux,
et très capables de troubler la tranquillité de la colonie. Le second
moyen d'élection sans réunion ni délibération des électeurs me
paraît encore plus contraire non seulement à une bonne police,
mais de plus à l'équité et à tous les principes du droit naturel...... Il
importe donc aux droits même des colons que vous préveniez avec
vigilance toute assemblée, toute circulation de billets prohibés, et
teniez fermement la main à l'exécution des lois qui existent à cet

14.

constituée qu'elle statuerait sur la question ; et trois
semaines après, le 27 juin, elle entendit à ce sujet le
rapport de Prieur concluant à l'admission des députés au nombre de 20. Mirabeau combattit ces conclusions, prétendant discuter seulement le chiffre de la
députation, mais formulant en réalité contre le principe même de l'admission les critiques les plus vives...
« Les colonies n'ont jamais assisté par représentants
aux États-Généraux. Elles n'y devaient donc paraître
que sur la convocation du Roi. Or, leurs députés paraissent contre cette convocation et malgré les ordres
du Roi. Ce n'est pas là sans doute une raison pour les
exclure ; mais c'en est une invincible pour qu'ils ne
puissent être admis qu'en vertu d'un acte du pouvoir
législatif, lequel a incontestablement besoin de la
sanction du Roi. — Mais les députés des colonies ont
été admis (*il veut parler de l'admission provisoire*)..... J'observerai encore qu'on a entièrement

égard jusqu'à ce qu'une décision soit intervenue. Telle est l'intention
du Roy qui me charge de vous en écrire. »

Voici maintenaut la lettre du Gouverneur général et de l'Inten-
dant de la colonie, annonçant que les colons ont passé outre à la
défense royale : (Archives coloniales. Correspondance générale de
Saint-Domingue. Année 1789, vol. 162). Au Cap, le 21 février 1789.
« Monseigneur, Nous avons été informés que les habitants de la partie de l'Ouest avaient nommé leurs députés aux États-Généraux,
que le nombre en avait été porté à 6, et que le choix était tombé sur
MM.... Le dernier est un homme qui connait les règles, qui en a
toujours été l'ami, et qui ne peut se dissimuler qu'une semblable
nomination est irrégulière et illégale, irrégulière parce que l'Assemblée n'a pas été formée de tous les habitants qui ont le droit d'y
voter, et que ceux qui tiennent l'opinion contraire à l'admission n'y
ont point été appelés, illégale parce qu'elle n'a point été autorisée
par les lettres de S. M., et notre permission préalable,... »

passé sous silence cette deuxième et importante question : L'élection des députés des colonies est-elle valide et leurs pouvoirs sont-ils en bonne forme? Enfin on n'a pas même essayé d'expliquer pourquoi les hommes de couleur, libres, propriétaires, contribuant aux charges politiques n'avaient même pas été électeurs et n'étaient pas représentés. Mais ce n'est pas de cela dont s'agit à présent. C'est seulement de savoir quel nombre de députés doit être admis. Ce nombre doit être proportionné au nombre des électeurs et éligibles colons. Or ce dernier nombre est tel que notre avis est que celui des députés doit être réduit à quatre. » Un autre membre concluant dans le même sens dit encore : « J'ai appris que la députation n'a été envoyée que par 23.533 blancs qui seuls avaient formé les assemblées. Il paraît étrange que les députés de cette colonie, qui n'avaient à représenter que 23.000 âmes, demandent une députation de 20 représentants. » A la suite de cette discussion, l'Assemblée prit un moyen terme. Elle décréta, le 4 juillet, « que Saint-Domingue aurait six représentants pour la présente session de l'Assemblée Nationale, et que les autres membres présents à la députation auraient, comme les suppléants des provinces de France, une place marquée dans l'enceinte de la salle, sans voix consultative ni délibérative. »

La Guadeloupe et l'Ile de France suivirent le sillage de Saint-Domingue. Les habitants de la Guadeloupe et ceux de l'Ile de France s'étaient réunis d'office comme ceux de la première colonie, en apprenant l'ordonnance de convocation des Etats-Généraux. La députation de l'Ile de France comprenait des membres titulaires et des suppléants. Ces derniers étaient, au moment de leur élection, en résidence à Paris. Quant aux titulaires, ils durent s'embarquer pour le continent sur le navire l'*Amphitrite*. Mais ils périrent dans le naufrage du bâtiment, et ce furent dès lors les suppléants que l'Assemblée admit dans son sein. Pour la Guadeloupe, l'admission des députés se fit de la façon la plus bizarre, et on peut vraiment dire, en lisant le rapport de Barrère et la décision de l'Assemblée qui s'ensuivit, que l'admission précéda l'élection par les électeurs. « La colonie, dit Barrère dans le rapport du 22 septembre 1789, s'étant assemblée le 26 février dernier en apprenant la convocation des Etats-Généraux, autorisa son Comité séant à Paris à solliciter la représentation qui lui était due. Le ministre ayant répondu que le Roi agréerait les demandes que MM. du Comité feraient auprès de l'Assemblée pour obtenir cette représentation, MM..... (quatre) ont été députés par la voie du scrutin. *Leurs pouvoirs auraient pu être plus directs et leur élection plus universelle.* Mais les circonstances, une distance de 1.500 lieues, et le vœu de la colonie exprimé le 26 février ont fait adopter cette élection du Comité colonial, sauf confirmation. » Le Comité de vérification proposait de n'admettre que les deux premiers députés. L'Assemblée adopta ces conclusions, nomma deux titulaires et deux suppléants, *sur l'engagement pris par eux de rapporter la confirmation de leur nomination régulièrement faite par la colonie.*

La Constituante, tout en admettant ainsi dans son

sein les députés des colonies au fur et à mesure de la vérification des pouvoirs, ne trancha pas d'une façon explicite le principe de la représentation coloniale (1). La question semble avoir été réservée par l'Acte Constitutionnel des 3-14 septembre 1791 qui, en fixant à 745 le nombre des représentants pour les 83 départements, ajoute : « indépendamment de ceux qui *pourraient* être accordés aux colonies. » L'Assemblée Législative se trouva donc à son tour saisie du débat. Un membre plaida la cause des colonies en faisant remarquer qu'on ne pouvait refuser à des français de vieille date une faveur dont jouissaient déjà des départements annexés seulement depuis la veille au territoire : « La Corse, s'écriait-il, a des représentants parmi nous. Avignon et Carpentras vont en envoyer incessamment, et vous pourriez refuser aux enfants de la mère commune ce que des étrangers naguère ont obtenu! » L'article 10 du décret du 28 mars 1792 dit que les colonies « nommeront des représentants qui se réuniront à l'Assemblée Nationale, suivant le nombre proportionnel qui sera incessamment déterminé par l'Assemblée. » Elles n'avaient pas attendu le décret pour procéder aux élections ; et la Législative, dès le mois d'octobre et de novembre 1791 était déjà saisie des doléances des élus se plaignant des

(1) Il faut cependant signaler une exception pour Saint-Domingue. Dans l'instruction décrétée pour cette île, le 15 juin 1791, par l'Assemblée Constituante, on lit ce passage : « En conséquence, elle concourra à la délégation des pouvoirs nationaux et nommera des députés au Corps Législatif..... » Dans le dernier § du titre 4 de la même instruction, le nombre des députés est fixé à 18.

lenteurs ou des difficultés que rencontrait la vérification de leurs pouvoirs par l'Assemblée (1).

En fait la Législative se sépara avant qu'aucun député des colonies eût été admis. Mais elle réglementa le droit de celles-ci d'être représentées à la Convention. Par décret des 22-23 août 1792, elle leur attribua 34 députés : « Considérant que les Colonies font partie intégrante de l'Empire français, que tous les citoyens qui les habitent sont, comme ceux de la métropole, appelés à la formation de la Convention Nationale... : Article 1er. Les Colonies et possessions extérieures de l'Empire français sont invitées à concourir à la formation de la Convention Nationale de la manière et dans les proportions suivantes... (*trente-quatre députés*). Le nombre des suppléants sera de la moitié de celui des députés, et dans les colonies qui ne nomment qu'un député, il sera nommé un suppléant par chaque colonie. Immédiatement après

(1) Le 26 octobre 1791, un membre exposa que deux députés du quartier de Jérémie (Saint-Domingue) ont présenté leurs pouvoirs à l'archiviste qui a refusé de les enregistrer. Il demande que le procès-verbal qui constate leur élection soit renvoyé au Comité des Colonies. (Adopté.)

Dès le 23 novembre, le député de Bourbon insistait pour que l'Assemblée statuât sur son admission à laquelle conclut le Comité colonial.

Le 27 décembre, M. le président a donné connaissance de la pétition des députés à la Constituante qui représentaient les établissements français de l'Inde, par laquelle ils demandent que le pouvoir qu'ils avaient de représenter ces établissements leur ayant été continué dans l'ignorance de la loi prohibitive de la rééligibilité, leurs suppléants soient admis à l'Assemblée.

Le 13 février 1792, les députés de la Guadeloupe demandent leur admission.

la publication du présent acte, tous les citoyens libres de quelque état, condition ou couleur qu'ils soient, domiciliés depuis un an dans la colonie, à l'exception de ceux qui sont en état de domesticité, se réuniront pour procéder à l'élection, soit qu'ils soient convoqués ou non par le fonctionnaire public déterminé par la loi. »

L'article 6 du titre I de la Constitution de l'an III dit que les Colonies françaises sont parties intégrantes de la République, et sont soumises à la même loi constitutionnelle. D'après l'article 7, elles sont divisées en départements. On leur attribue un nombre de députés qui est constamment tenu en rapport avec le chiffre de la population (1). D'après cette base, jusqu'à l'an V, ce nombre a été de 25 pour le Conseil des Cinq-Cents (2), et de 14 pour les Anciens. Dans un tableau annexé à la loi du 27 pluviôse an V, on voit que les Colonies n'ont plus que treize députés aux Cinq-Cents, et neuf seulement aux Anciens.

La Constitution de l'an VIII supprime la députation

(1) Constitution de l'an III, article 49 : Chaque département concourt, à raison de sa population seulement, à la nomination des membres du Conseil des Anciens et des membres du Conseil des Cinq-Cents. — Article 50. Tous les dix ans, le Corps Législatif, d'après les états de population qui lui sont envoyés, détermine le nombre des membres de l'un et de l'autre Conseil que chaque département doit fournir. — Article 51. Aucun changement ne peut être fait dans cette répartition durant cet intervalle.

(2) Les vingt-cinq députés aux Cinq-Cents se répartissent ainsi : 15 pour Saint-Domingue, 3 pour la Guadeloupe, 2 pour la Martinique. Chacune des colonies suivantes, savoir : Guyane française, — Sainte-Lucie, — Ile-de-France, — Réunion, — Indes-Orientales, — n'a qu'un député.

coloniale. Le régime des Colonies françaises est déterminé par des lois spéciales (Art. 91).

En 1848, la députation est rétablie par le Gouvernement provisoire (décret du 5 mars). L'Instruction du 12 mars fixe à quatre le nombre des représentants de l'Algérie. L'Instruction du 27 avril pour les élections dans les Colonies porte que le nombre des représentants sera de trois pour la Martinique, trois pour la Guadeloupe, un pour la Guyane, trois pour la Réunion, un pour le Sénégal et dépendances, un pour les établissements français de l'Inde. Les Colonies pourront nommer des représentants suppléants qui ne siégeront qu'en l'absence des titulaires. Les lois ultérieures de 1849 et de 1850 consacrent les dispositions ci-dessus.

Au coup d'Etat, la représentation coloniale est de nouveau supprimée. « L'Algérie et les Colonies ne nomment pas de députés au Corps Législatif (Article 1, § 2 du décret du 2 février 1852) ». A plusieurs reprises, durant le régime impérial, on réclama contre cette disposition. Des pétitions furent adressées aux Chambres en 1861, 1863, 1865, et des discussions s'engagèrent au Corps Législatif en 1865 et en 1866. En 1869, le 13 avril, M. Jules Favre émit le vœu que l'Algérie fût représentée au Parlement. Le Ministre de la Guerre se borna à répondre : « Aux élections municipales, il n'y avait que 29.078 électeurs français inscrits. Ce n'est pas le chiffre de 35.000 exigé par la loi pour la nomination d'un député dans la métropole. » Deux jours après, le 15 avril, la Gauche formulait un amendement tendant à faire représenter les Colonies au Corps Législatif. Le Ministre de la Marine refusait en disant : « Dans cette Assemblée, vous représentez des électeurs tous égaux par les charges qui pèsent sur eux, égaux par les impôts, égaux par le recrutement, des électeurs qui fonctionnent dans des conditions de travail identiques partout. Les électeurs coloniaux, eux, seraient exempts du recrutement. Ils ne paieraient pas d'impôt profitant à la métropole. Chez eux, le travail demeurerait organisé dans des conditions exceptionnelles qui ne peuvent changer. Est-il possible qu'il y ait ici des députés des Colonies nommés par des électeurs en dehors des conditions générales imposées aux électeurs français?... Il nous semble en outre que leur situation serait un peu étrange, puisque toutes les grandes questions de législation coloniale se discutent au Sénat. »

Cependant l'année suivante, le 11 mars, le Gouvernement, par l'organe de l'amiral Rigault de Genouilly avait fini par prendre des engagements. Ces engagements ce fut le Gouvernement de la Défense nationale qui se trouva appelé à les tenir. D'après les décrets des 15 septembre 1870 et 1er février 1871, l'Algérie devait nommer 6 députés (2 par chaque département), chacune des colonies de la Martinique et de la Guadeloupe, 2 députés; la Réunion, 2 ; la Guyane, 1 ; le Sénégal, 1 ; l'Inde française, 1. Cette proportion fut modifiée par la loi organique sur l'élection des députés du 30 novembre 1875 (1). Chaque département de l'Al-

(1) Quelques mois auparavant, avait été votée la loi du 24 février 1875, relative à l'organisation du Sénat qui avait décrété que

gérie nommait un député, et les 4 colonies (Martinique, Guadeloupe, Réunion, Indes françaises) en
nommaient de même chacune un. La Guyane et le
Sénégal étaient passées sous silence. La loi du
8 avril 1879 leur rendit leurs députés à raison d'un
pour chaque colonie. La loi du 28 juillet 1881 attribue
un député à la Cochinchine française, et double la députation des trois départements de l'Algérie, ainsi que
celles de la Martinique, de la Guadeloupe et de la
Réunion. Ainsi, à l'heure actuelle, l'Algérie qui ne
comptait que quatre représentants en 1848, en compte
six. Par contre, les députations de la Guadeloupe, de
la Martinique, et de la Réunion se trouvent réduites.

Le droit de vote, au moins pour certaines colonies,
est vivement contesté par les esprits qui sont frappés
à la fois de la proportion très grande des abstentions,
et aussi de la façon tant soit peu fantaisiste à laquelle
il est procédé aux élections. En ce qui touche les abstentions, on avait déjà eu sous la deuxième République à relever des chiffres significatifs, à la Réunion
par exemple où, aux élections de 1850, il y avait eu
seulement 6.405 votants sur 36.723 inscrits (1). Sous
la troisième République, en 1871, au Sénégal, on
compte seulement 1.980 votants sur 4.277 inscrits.
D'après les tableaux officiels, de 1876 à 1889, les abs-

les 3 départements de l'Algérie, les 4 colonies de la Martinique,
Guadeloupe, Réunion, Indes françaises, éliraient chacune un sénateur.

(1) D'autres chiffres peuvent encore être indiqués : à la Guade
loupe, aux élections de juin 1849, 18.438 votants sur 29.375 inscrits,
et aux élections du 25 février 1850, même proportion.

tentions pour l'Algérie ont oscillé entre 42,71 0/0 et 86,91 0/0. Pour les colonies la proportion est énorme. Elle est entre 72,74 0/0 et 63,35 0/0. Aux élections de 1893, citons, à titre d'échantillon, la Martinique. Dans la circonscription nord, il y a eu 4,000 votants environ sur 20,906 inscrits, et dans l'arrondissement sud 5,000 votants sur 21,989 inscrits. En ce qui touche les procédés électoraux, voici, s'il faut en croire le journal *la Politique coloniale*, ce qui se serait passé aux élections de 1893. Le maire prépare la veille un procès-verbal du scrutin, et désigne les assesseurs sans tenir compte de l'ordre du tableau. Ces assesseurs s'emparent du bureau au mépris des ayants droit, qui s'en vont de leur côté constituer un autre bureau : ce qui rappelle les scissions des Assemblées électorales à l'époque du Directoire. Pendant ce temps les présidents des bureaux improvisés émargent d'un seul trait de plume tous les noms d'électeurs qui sont censés avoir voté, et dont 10 à peine sur 1200 se sont présentés.

CHAPITRE III

DES INÉLIGIBILITÉS ET DES INCOMPATIBILITÉS

Nous ne parlons pas ici des cas d'inéligibilité qui atteignent les indignes. Nous avons déjà eu occasion d'en faire mention dans la première partie de notre travail (1). Au surplus ces sortes d'exclusions sont peu intéressantes à relever, à moins qu'elles ne soient par hasard étendues ou restreintes en dépit de toute morale et de toute justice. Les inéligibilités dont nous nous occupons sous la présente rubrique sont celles qui, loin d'être infligées comme une peine, sont comme la rançon d'un honneur, et visent particulièrement une élite sociale, soit les citoyens que le Gouvernement a cru devoir choisir comme fonctionnaires publics.

Les incompatibilités, dont nous avons également

_____

(1) Signalons seulement une loi toute récente, celle du 14 août 1893, portant modification de l'article 7 de la loi du 15 juillet 1889, sur le recrutement de l'armée : « Nul... ne peut-être investi de fonctions publiques électives s'il ne justifie avoir satisfait aux obligations imposées par la présente loi. »

à nous occuper, touchent moins directement que l'étude des cas d'inéligibilité à la législation électorale. Car elles ne vicient pas l'élection, et placent seulement l'élu dans la nécessité d'opter entre sa fonction et son siège de député. La discussion des cas d'inégibilité n'a jamais été bien vive sous les différents régimes. En effet, d'une part, la catégorie de fonctionnaires qui en raison de leur condition sociale ne pourraient poser leur candidature sans compromettre la liberté des élections, cette catégorie est naturellement assez restreinte. D'autre part les inconvénients qu'à ce point de vue leur entrée en lice est de nature à engendrer, sont assez éclatants pour qu'aux diverses époques le Gouvernement n'ait pas osé passer outre, et faire bon marché d'une règle élémentaire de loyauté. La question des incompatibilités a été au contraire très vivement débattue, surtout sous la Restauration et le Gouvernement de Juillet. Elle se présente en effet sous deux faces également séduisantes. L'administration prétend, non sans raison, qu'exclure les fonctionnaires de la Chambre, c'est priver celle-ci d'un concours précieux, lui refuser les lumières d'hommes plus compétents que quiconque sur les questions techniques. En sens contraire, on fait valoir cet argument également puissant, que le député fonctionnaire abdique son indépendance, et qu'une Chambre où dominerait cette catégorie de représentants ne serait plus qu'une Chambre de commis.

Voyons maintenant comment toutes ces questions ont été réglées à travers les âges.

La Constitution de 1791 n'établit pas un cas d'inéligibilité. Mais elle admit plusieurs cas d'incompatibilité. Le plus saillant qu'elle ait réglé est celui qui consacre l'incompatibilité des fonctions de représentant avec celle de ministre. On sait comment l'Assemblée, encore mal familiarisée avec les règles du Gouvernement représentatif, voyait dans les ministres des adversaires, au lieu d'y reconnaître des intermédiaires nécessaires entr'elle et le Gouvernement, créés pour amortir le choc entre le pouvoir délibérant et le pouvoir exécutif. Malgré les efforts de Mirabeau, qui avait l'intuition des rouages d'une monarchie constitutionnelle, elle décida donc d'exclure les ministres de son sein, en se payant de sophismes comme ceux-ci : « Une fois les ministres assis sur nos bancs, s'écriait Blin, il faut qu'ils nous dirigent ou qu'ils nous cèdent. Dans le premier cas, la liberté est anéantie. Dans le deuxième, le pouvoir royal est avili. » Barnave disait aussi aux Jacobins : « Il ne faut pas que la confiance du peuple soit partagée. Le Corps législatif doit l'avoir tout entière. Si les agents du pouvoir exécutif partageaient l'estime publique avec le législateur, ils finiraient peut être par l'emporter. »

Voici les articles qui résument les divers cas d'incompatibilité consacrés par la Constituante : Art. 4 (titre 3, chapitre 1, section 3). Seront... obligés d'opter les ministres et autres agents du pouvoir exécutif, révocables à volonté... ; et ceux qui sous quelque dénomination que ce soit, sont attachés à des emplois de la maison militaire et civile du Roi. — Seront également tenus d'opter les administrateurs, sous-administrateurs, officiers municipaux et commandants de garde

nationale. — Art. 5. L'exercice des fonctions judiciaires sera incompatible avec celles de représentant
de la nation pendant toute la durée de la législation.
— Art. 2. (Titre 3, chapitre 2, section 4). Les membres
de l'Assemblée nationale actuelle et des législatures
suivantes... ne pourront être promus au ministère, ni
recevoir aucune place, don, pension, traitement, ou
commission du pouvoir exécutif ou de ses agents pendant la durée de leurs fonctions, ni pendant 2 ans
après en avoir cessé l'exercice.

Cette question des incompatibilités est réglée à nouveau par la Constitution de l'an III (1). Il y a, — dit
l'art. 17 (titre 5) — incompatibilité entre la qualité de
membre du Corps législatif et l'exercice d'une autre
fonction publique excepté celle d'archiviste de la République.

Sous l'empire de la Constitution de l'an VIII qui est
muette à cet égard, il n'y avait ni inéligibilité, ni incompatibilité (2) ; et même sur ce dernier point un avis
du Conseil d'Etat du 6 mai 1811 décide « qu'il n'y a
pas lieu de remplacer pour la durée de l'exercice de
leurs fonctions au Corps législatif les membres des
cours et tribunaux... qui ont été ou seront nommés
députés ; qu'ils doivent être suppléés pour leur service
judiciaire comme en cas de maladie ou absence par
congé ; qu'ils doivent reprendre leurs fonctions à la
fin de chaque session.

L'Acte Additionnel portait (art. 17) que la qualité de

(1) Pour ce qui touche à l'inéligibilité, la Constitution ne dit rien.
(2) Il en est autrement pour le Sénat. Un sénateur est à jamais
inéligible à toute autre fonction publique. (Article 18, titre 2.)

pair et de représentant est compatible avec toute fonction publique hors celles de comptable. Toutefois les préfets et sous-préfets ne sont pas éligibles pour le collège électoral du département ou de l'arrondissement qu'ils administrent.

L'article 15 de la loi de 1817 dit que les préfets et les officiers généraux commandant les divisions militaires et les départements ne peuvent être élus dans le département où ils exercent leurs fonctions. L'article 8 de la loi de 1820 étendit l'inéligibilité aux sous-préfets pour les arrondissements électoraux qui comprennent la totalité ou une partie des électeurs de l'arrondissement de leur sous-préfecture.

Quant aux incompatibilités, la Restauration n'en établit aucune; il y avait là dans la législation une lacune, un vice que les Chambres ne cessèrent de dénoncer. Dès 1816, une proposition avait été introduite à la Chambre des Pairs, tendant à ce que les fonctions de député fussent déclarés incompatibles avec d'autres fonctions publiques. A la fin de la Restauration, sous le ministère Martignac, une proposition analogue introduite par M. de Conny avait été adoptée à la Chambre des Députés (1) par une majorité de onze voix; mais à la Chambre des Pairs, elle ne réunit que 46 voix sur 210 votants.

La presse libérale ne cessait de s'élever contre le scandale d'une situation que le duc de Broglie met-

_____

(1) Tout député auquel il sera conféré une place rétribuée, par le seul fait de son acceptation, cessera de faire partie de la Chambre à la fin de la session pendant laquelle il aura été appelé à cette place. Mais il pourra être réélu.

tait en lumière par une simple statistique : « Sur
1,400 députés, — disait-il, — qui tour à tour ont pris
séance dans l'enceinte du Palais-Bourbon, 1,250 ont
reçu de l'emploi ou de l'avancement durant le cours
de leur mission. »

Parmi les journaux qui censuraient de pareils abus,
le *Journal du Commerce* en particulier attira la foudre
sur sa tête par un article outrageant pour la Chambre
des Députés. La Chambre manda le gérant à sa barre.
C'est dans les débats qui s'élevèrent précisément sur
la question de savoir s'il y avait lieu de recourir à
cette mesure de rigueur que Royer-Collard avec sa
mordante ironie donna le coup de grâce à la législation
existante : « ... De ce qu'il y a beaucoup de fonctionnaires (*dans la Chambre*), dit-il, le journaliste conclut
que le crédit de la Chambre est singulièrement affaibli
et qu'elle protège surtout les commis... Je crois que
les fonctionnaires apportent dans la Chambre et qu'ils
y conservent une parfaite indépendance. Mais je ne suis
pas forcé de le croire, ni de le dire; et si je crois et dis
le contraire, je suis bien moins coupable que le ministre qui a publié si solennellement et en tant d'occasion
qu'il est propriétaire des fonctionnaires, et que leur
vote lui est irrévocablement engagé. . La prudence
commune, cette prudence aussi vieille que le genre
humain enseigne que la situation particulière des hommes détermine leur intérêt, qu'il faut s'attendre trop
souvent que leurs intérêts déterminent leurs actions.
Là où le contraire arrive, il y a de la vertu; elle seule
opère ce miracle. Je le dis donc hautement, je le dis
avec l'autorité de l'expérience universelle..., il faut de

la vertu aux fonctionnaires pour rester indépendants. Quel est maintenant le crime du journaliste? Uniquement d'avoir jugé la Chambre vulgairement, comme juge la prudence commune, comme juge l'histoire, et d'avoir cherché et trouvé l'esprit qui l'anime, dans les lois ordinaires du cœur humain plutôt que dans les lois extraordinaires de la vertu... Quel serait le degré de servitude d'un peuple provoqué à parler, et qui serait condamné à trouver toujours de la vertu à ceux qui le gouvernent? »

Le Gouvernement de Juillet fut plus large que la Restauration en ce qui touche les inéligibilités. Mais, comme le gouvernement précédent, il n'en admit que de relatives. Aux termes de l'article 64 de la loi de 1831, les préfets, sous préfets, receveurs généraux, receveurs particuliers des finances, payeurs, officiers généraux commandant les divisions ou subdivisions militaires, les procureurs généraux, les procureurs, les directeurs des contributions directes et indirectes, des domaines et enregistrement et des douanes dans les départements, ne pourront être élus par le collège électoral d'un arrondissement compris en tout ou partie dans le ressort de leurs fonctions. L'incapacité survit pendant six mois à la cessation de la fonction.

En ce qui touche les incompatibilités, le Gouvernement était bien obligé de faire quelque chose pour calmer l'opinion. « La réélection des députés promus à des fonctions publiques salariées » fut une des questions auxquelles la nouvelle Charte (art. 69) promit de pourvoir par une loi « dans le plus court délai possible » ; et en effet intervint la loi du 12 septembre 1831 qui, s'inspirant de la législation anglaise, déclara que tout député qui accepterait des fonctions publiques salariées serait considéré comme démissionnaire, mais qu'il pourrait être réélu. La loi n'exceptait de cette démission forcée que les officiers qui auraient reçu de l'avancement par droit d'ancienneté. Pour donner encore au pays une autre satisfaction, la loi de 1831 étendit les catégories d'incompatibilités. Elle y comprit les préfets, sous-préfets, receveurs généraux, receveurs particuliers des finances et payeurs.

Sans doute ces mesures avaient leur valeur. Mais elles étaient loin d'être suffisantes. Un petit nombre de fonctionnaires seulement était inéligible ; quant aux autres, s'ils étaient riches, ils pouvaient siéger, et en fait ils arrivèrent à peupler la Chambre. C'était naturel au début du règne, à l'époque des premières élections de la monarchie, alors qu'il avait fallu choisir les fonctionnaires nouveaux parmi les hommes notables de la majorité libérale, et qu'en dehors de ces fonctionnaires, peu de noms d'éligibles s'imposaient encore au suffrage de la bourgeoisie. Mais les choses auraient dû changer à mesure que le régime nouveau prenait de l'assiette, se ralliait des partisans, et que les électeurs se trouvaient moins bornés dans leurs choix. Ce fut tout le contraire. D'après M. Duvergier de Hauranne, les fonctionnaires qui, dans la Chambre de 1831, étaient au nombre de 142 (12 de plus qu'en 1828) atteignaient au 1er mars 1842 le nombre de 167, au 1er mars 1846 celui de 184 ; et en 1847, dans une Chambre incomplète, ils étaient 193 : si bien, — fait remarquer l'écrivain à cette date de 1847, — que dans une assemblée où la majorité absolue est de 230, ils sont 160 qui votent avec le gouvernement.

En présence d'un scandale qui grossissait chaque jour, la réforme parlementaire devint, comme sous la Restauration, et en même temps que la réforme électorale, le cri de guerre de l'Opposition. Neuf fois, des propositions furent faites en ce sens dans le Parlement; mais c'est en vain qu'elles étaient présentées par des hommes éminents tels que M. de Rémusat, par exemple, qui s'en fit le champion. C'est en vain que le Gouverment eut la main forcée, et que M. Thiers, président de comité, se vit obligé en 1840 de se déclarer en faveur d'une modification à la loi. Ce jour-là, on trouva bien une commission pour faire un rapport favorable; mais la question n'en fut pas moins enterrée.

La loi de 1849 étendit aussi largement que possible les catégories d'inéligibilité. Ne peuvent être élus représentants du peuple : 1º les individus chargés d'une fourniture pour le Gouvernement ou d'une entreprise de travaux publics; 2º les directeurs et administrateurs de chemins de fer (art. 81). — Vient ensuite (art. 82) une catégorie très large d'inéligibilités relatives : presque tous les fonctionnaires publics y figurent pour les départements compris en tout ou partie dans leur ressort.

En ce qui touche les incompatibilités, la Constitution de 1848 avait édicté (art. 28) que « toute fonction publique rétribuée est incompatible avec le mandat de représentant du peuple », et que « aucun membre de l'Assemblée Nationale ne peut pendant la durée de la législature être promu ou nommé à des fonctions publiques salariées dont les titulaires sont choisis à volonté par le pouvoir exécutif. » Aux termes du même article, les exceptions à ces dispositions devaient être déterminées par la loi électorale organique. Cette loi, celle de 1849, les restreignit autant que possible. Frédéric Bastiat voulait que l'incompatibilité s'appliquât aux ministres, et à cette occasion on put croire, comme dans la Belle au Bois dormant, que les législateurs de 1789 sortaient de leur sommeil de 60 années pour recommencer l'antique débat. L'amendement de Bastiat fut écarté. L'ostracisme n'atteignit pas les ministres ; mais on l'appliqua aux sous-secrétaires d'Etat.

Le décret de 1852 (art. 30) établit des inéligibilités relatives, mais en réduisant de beaucoup la liste qu'avait dressée la loi de 1849. En outre l'art. 29 décide que toute fonction publique rétribuée est incompatible avec le mandat de député.

En 1871, pour les premières élections à l'Assemblée Nationale, le Gouvernement de la Défense Nationale supprima, en raison des circonstances, toutes les causes d'inéligibilité ou d'incompatibilité admises par la législation de 1849, sauf cependant la disposition concernant les préfets et sous-préfets qui demeuraient inéligibles dans leurs départements. On sait que cette exception n'avait pas été admise par la Délégation de Bordeaux, et nous avons dit que l'Assemblée dut annuler quatre élections qui avaient porté sur des préfets. En même temps, par une loi, elle édicta de nouveau formellement l'inéligibilité des fonctionnaires dont s'agit.

La loi de 1875 décide (art. 7) qu'aucun militaire ou marin faisant partie des armées actives de terre ou de

mer ne pourra, quels que soient son grade ou ses fonctions, être élu membre de la Chambre des députés.
Elle établit (art. 12) les mêmes cas d'inéligibilité relative que ceux réglés par la loi de 1849. En ce qui
touche les incompatibilités, elle déclare (art. 8) que
l'exercice des fonctions publiques rétribuées sur les
fonds de l'Etat est incompatible avec le mandat de
député, et elle n'excepte de la règle que certains hauts
fonctionnaires (art. 8 § 3), les professeurs titulaires de
chaires données au concours ou sur la présentation
des corps où la vacance s'est produite, et les personnes
chargées d'une mission temporaire n'excédant pas six
mois (art. 9). L'article 11 soumet à la réélection, sauf
les ministres ou les sous-secrétaires d'Etat, tout député
promu à une fonction publique salariée.

CHAPITRE IV

MANDAT IMPÉRATIF

La question du mandat impératif rentre essentiellement dans l'examen de la législation électorale, puisque
l'acceptation d'un mandat de ce genre a pu. en de certaines occasions, être considérée comme viciant l'élection. Le problème a été agité dès le début de la Révolution. On constate à ce moment un fait singulier, c'est
que cette théorie du mandat impératif, aujourd'hui
l'apanage des radicaux auxquels la liberté d'un gouvernement représentatif ne suffit pas, et qui veulent
voir le peuple en activité constante sur la place
publique, débattant chaque jour les affaires de l'Etat,
comme à Sparte et à Athènes, fut précisément soute-
nue alors par les défenseurs de l'ancien régime se flat-
tant d'avoir découvert de ce côté un paratonnerre
contre la foudre. Lorsque surgit aux Etats-Généraux
la fameuse discussion pour décider si on allait voter
par tête ou par ordre, les députés de la noblesse et du
clergé se retranchèrent derrière le mandat impératif
pour se prétendre enchaînés à ce dernier mode. Le roi

qui était naturellement de cœur avec eux se vit
cependant obligé de les combattre, et dut par une
déclaration du 23 juin 1789 « concernant la présente
tenue des Etats-Généraux » casser les mandats impératifs : « 3. — Le roi casse et annule comme anti-
constitutionnelles, contraires aux lettres de convocation et opposées aux intérêts de l'Etat, les restrictions
de pouvoir qui en gênant la liberté des députés aux
Etats-Généraux les empêcheraient d'adopter les formes
de délibération prises séparément, par ordre ou en
commun, par le vœu distinct des trois ordres. — 4. Si
contre l'intention du roi, quelques-uns des députés
avaient fait le serment téméraire de ne point s'écarter
d'une forme de délibération quelconque, Sa Majesté
laisse à leur conscience de considérer si les dispositions qu'elle va régler s'écartent de la lettre ou de
l'engagement qu'ils auraient pris. — 5. Le roi permet
aux députés qui se croiront gênés par leurs mandats
de demander à leurs commettants un nouveau pouvoir (1). — 6. Sa Majesté déclare que dans les tenues
suivantes d'Etats-Généraux, elle ne souffrira pas que

(1) Par une disposition ultérieure, en date du 27 juin, le roi organisait une procédure qui de nos jours paraît assez naïve, pour calmer les scrupules des députés en question : « Art. 1. — Ceux des
députés qui se trouveront gênés par leur mandat sur la forme de
délibérer ou sur la délibération à prendre aux Etats-Généraux, pourront s'adresser aux baillis ou sénéchaux... pour qu'ils aient à convoquer tous les membres de l'ordre auquel les dits députés appartiennent, et qui auront encouru immédiatement à leur élection. —
Art. 2. — Les baillis ou sénéchaux..... (les) rassembleront sans
délai..... (Les électeurs) prendront les délibérations nécessaires pour
donner à leurs députés de nouveaux pouvoirs généraux et suffisants,
aux termes des lettres de convocation et sans aucune limitation... »

les cahiers ou les mandats puissent être jamais considérés comme impératifs. Ils ne doivent être que de simple instructions confiées à la conscience et à la libre opinion des députés dont on aura fait choix. »

La question fut encore réveillée dans les premiers jours de la Constituante, toujours à propos du mode de vote. L'Assemblée adopta l'ordre du jour, sur le motif que le point était réglé par l'arrêté du 17 juin qui avait posé en principe que ceux qui refuseraient de faire vérifier leurs pouvoirs en Assemblée générale seraient considérés comme absents ; décidant ainsi qu'il en serait de même de ceux qui se croyaient liés par leur mandat.

L'Instruction sur la formation des Assemblées représentatives et des corps administratifs (8 janvier 1790), § 2, contient le passage suivant : « Les mandats impératifs étant contraires à la nature du Corps législatif qui est essentiellement délibérant, à la liberté des suffrages dont chacun de ses membres doit jouir pour l'intérêt général, au caractère de ces membres qui ne sont point la représentation du département qui les a envoyés, mais les représentants de la nation, enfin à la nécessité de la subordination politique des différentes sections de la nation au corps de la nation entière, aucune association d'électeurs ne pourra ni insérer dans les procès-verbaux de l'élection, ni rédiger séparément aucun mandat impératif. Elle ne pourra même charger les représentants qu'elle aura nommés d'aucun cahier ni mandat particulier. »

Enfin la Constitution de 1791 (titre III, section 3)

contient un article qui est reproduit également dans
la Constitution de l'an III, et qui est ainsi conçu :
« Les représentants nommés dans le département ne
seront pas représentants d'un département particulier,
mais de la nation entière ; et il ne pourra leur être
donné aucun mandat. »

En 1831, pour la première fois depuis l'établissement de la monarchie constitutionnelle, le mandat
impératif fut pendant quelques mois à l'ordre du jour
dans les diverses parties de la France. C'était le moment où des controverses très ardentes étaient enga-
gées au sujet de l'hérédité de la pairie. La Chambre
des députés venait d'être dissoute ; et, dans le parti
avancé, beaucoup de candidats à la nouvelle Chambre
acceptaient le mandat impératif de voter contre l'hérédité, tandis qu'en général les candidats ministériels
se scandalisaient à l'idée de s'astreindre ainsi par un
engagement.

Quelques années plus tard, toujours sous la monarchie de Juillet, le mandat impératif était encore dis-
cuté, mais cette fois dans l'enceinte parlementaire.
En 1846, on attaqua l'élection de M. Drault, nommé
dans la Vienne, parce qu'il avait accepté un mandat
impératif. M. Guizot, Président du Conseil, prononça
à cette occasion un grand discours pour combattre la
doctrine du mandat impératif : « ..... Les discussions
devant la Chambre deviendraient inutiles, les députés
seraient dispensés d'étudier les affaires. Ils pourraient
même, comme Mirabeau le conseillait à quelques
députés de son temps, laisser leurs cahiers sur les
banquettes, et retourner paisiblement dans le sein de

leurs familles. » L'élection fut annulée par 151 voix
contre 134.

L'art. 35 de la Constitution de 1848 déclare que les
représentants ne peuvent recevoir de mandat impératif.

La Constitution de 1852 était muette sur la question ;
et lors des élections générales de 1869, le parti avancé
prétendit mettre en vigueur le mandat impératif. A
cette époque il fut accepté par Gambetta dans le
fameux *programme de Belleville*. Mais la fraction modérée de la Gauche le repoussa énergiquement. Les
députés de ce groupe réunis chez Jules Favre décla-
rèrent dans un manifeste (1) « ne relever que de leur
conscience. On a essayé de réhabiliter la théorie du
mandat impératif... Les députés soussignés repous-
sent cette prétention comme fausse et dangereuse, et
ne pouvant conduire, si jamais elle s'accréditait, qu'à
la tyrannie des minorités. »

Le mandat impératif reparaît après 1870. C'est
Victor Hugo qui a l'honneur de le ressusciter, en le
baptisant d'un nom nouveau, celui de mandat *contractuel*. Aux comités qui lui offrent une candidature
à l'Assemblée Nationale sous la condition d'un programme déterminé, il répond le 28 décembre 1871 :
« Je suis prêt à donner l'exemple du *mandat contractuel* bien autrement efficace et obligatoire que le
mandat impératif. Le mandat contractuel, c'est-à-dire
le contrat synallagmatique entre le mandat et les
mandataires, crée entre l'électeur et l'élu l'identité
absolue du but et des principes. »

(1) Il est publié dans le *Journal des Débats* du 16 novembre 1869.

L'article 13 de la loi du 30 novembre 1875 dit que
tout mandat impératif est nul et de nul effet. Le rapport de MM. Ricard et de Marcère qui avaient proposé
cette disposition dit à ce sujet : « Il nous a paru utile
de la maintenir à une époque où l'on a pu apercevoir
certaines velléités de ramener la France à la concep-
tion politique de la Convention. »

En dépit de l'interdiction prononcée par la Constitution, une tentative a été faite en 1881 à la Chambre
des députés pour sanctionner d'une façon au moins
indirecte le mandat impératif. Nous voulons parler
d'une proposition de M. Barodet ayant pour objet la
réunion d'une commission chargée d'opérer le dépouillement des professions de foi et des prospectus électoraux de 1881, et de présenter à la Chambre un
rapport sur les vœux et les volontés qui y sont exprimés. Au fond, il s'agissait de faire ressortir les diver-
gences entre les votes du député et les promesses du
candidat, d'impressionner les électeurs par cette comparaison, et de les pousser à rappeler leurs mandataires à l'exécution des engagements pris. C'est bien
ce qu'avait compris la Commission d'initiative à laquelle l'examen du projet avait été renvoyé, et c'est
pour cela que par l'organe de son rapporteur,
M. Naquet, elle avait conclu au rejet de la proposition (1). Mais la Chambre fut d'un autre avis, et la
proposition fut votée.

(1) Le rapporteur disait : « Les comités électoraux toujours irré-
gulièrement constitués ne peuvent pas être considérés comme
l'expression fidèle des sentiments du pays; et lors même qu'ils
expriment leur volonté sur chaque point du programme soumis au

Le mandat impératif paraît avoir joué un rôle sérieux aux élections de 1881 et de 1885. Mais on n'aperçoit pas qu'aux dernières élections générales, celles de 1893, il ait tenu une place appréciable (1).

vote populaire dans la personne du candidat, le programme n'a jamais que la valeur d'une profession de foi collective. » Et ailleurs : « (*Votre rapporteur*) pas plus que la majorité de votre commission, n'estime qu'un mandat, pour impératif qu'il soit, puisse devenir limitatif. Comment, en effet, serait-il possible de lui attribuer ce caractère alors qu'il n'est pas dans la puissance humaine de prévoir toutes les questions à quatre années de date et que le mandataire est irrévocable? Un programme devient dès lors une espèce d'idéal dont on demande au député de se rapprocher le plus vite et le plus promptement possible, en lui abandonnant le choix du moment opportun. En dehors de cela, il n'y a plus de parlementarisme. »

(1) Le 29 novembre 1894, M. Chauvière et d'autres députés appartenant au parti socialiste ont déposé à la Chambre un projet de loi rendant le mandat impératif obligatoire pour ceux qui y ont souscrit. Aux termes de l'article 3, le juge de paix du canton de la circonscription où le candidat a été élu connaît des infractions par le député au programme souscrit. Il constate sans débat les dites infractions, et dans l'affirmative et sans appel, sur la réquisition d'un ou plusieurs électeurs de la circonscription, prononce l'annulation définitive du mandat.

La Commission d'initiative parlementaire a refusé la prise en considération de la proposition.

CHAPITRE V

SCRUTIN DE LISTE OU D'ARRONDISSEMENT

La question du scrutin de liste ou d'arrondissement n'a surgi et ne pouvait sérieusement surgir qu'à partir du moment où a prévalu le système de l'élection directe, soit à partir de la loi de 1817. En effet, pour qu'on puisse songer à diviser les électeurs en arrondisse-ments, il faut qu'on puisse les grouper d'après certaines bases, d'après certains principes raisonnables, par exemple suivant le voisinage, suivant la communauté d'intérêts. Mais quand il s'agit d'une Assemblée électorale composée d'électeurs délégués par les différentes localités sises dans le département, d'une part on n'aurait d'autre base pour les séparer en groupes distincts que la base arithmétique ; et ce serait là une opération arbitraire, peu raisonnable, qui ne devait pas entrer dans la pensée d'un législateur digne de ce nom. D'autre part, cette assemblée du deuxième degré n'était jamais assez nombreuse pour qu'on imaginât de la sectionner.

Pendant la période du suffrage à deux degrés, la

seule question qui ait été agitée est celle de savoir s'il fallait faire voter l'électeur du premier degré dans sa commune, ou dans une circonscription administrative plus étendue, en lui imposant ainsi un déplacement plus ou moins gênant. La Constituante qui s'est décidée pour cette dernière solution, et qui a décrété que les citoyens se réuniraient en assemblées primaires par cantons, a cru devoir fournir à l'appui de sa décision un argument intéressant à recueillir. Car il peut servir aussi aux partisans du scrutin de liste. Voici comment s'explique l'Assemblée elle-même dans son *Instruction sur la formation des Assemblées représentatives* (§ 3) : « La principale raison qui a déterminé l'Assemblée nationale à préférer les assemblées primaires par cantons aux simples associations par paroisses ou comités, est que les premières étant plus nombreuses déconcertent mieux les intrigues, détruisent l'esprit des corporations, affaiblissent l'influence du crédit local, et par là assurent davantage la liberté des élections. Les citoyens des campagnes ne regretteront pas la peine légère d'un très petit déplacement, en considérant qu'ils acquièrent à ce prix une plus grande indépendance dans l'exercice de leur droit de vote. »

La loi de 1817 a, on le sait, établi le scrutin de liste. La loi du double vote a organisé le scrutin d'arrondissement. A partir de 1848, on revint au scrutin de liste qui a été de nouveau supprimé par la Constitution de 1852 : « Le peuple, — dit la proclamation du Prince Président en tête de la Constitution, — choisissant isolément chaque candidat peut plus facilement apprécier le mérite de chacun d'eux. »

Sous la troisième république, on a tour à tour adopté le scrutin de liste et le scrutin d'arrondissement qui finalement nous régit. On a tour à tour entendu qualifier le scrutin d'arrondissement de scrutin de coterie, et le scrutin de liste de scrutin de hasard. Il n'est pas. depuis vingt ans de législation qui ait été plus remaniée au gré des circonstances. On n'a pas fait de la question une question de principes. La majorité l'a résolu dans le sens qui paraissait le plus propre à favoriser ses chances électorales. L'Assemblée nationale, élue au scrutin de liste, vota, en 1875, le scrutin d'arrondissement. La Chambre qui lui succéda vota, en 1880, sur la proposition de M. Bardoux, le retour au scrutin de liste. Mais le Sénat repoussa la proposition. On sait que, deux ans plus tard, en 1882, le ministère Gambetta la présenta de nouveau, en la comprenant dans une proposition de révision de la Constitution. Non seulement le scrutin de liste aurait fait ainsi sa réapparition dans la loi, mais il y serait demeuré avec le caractère de fixité qui est le propre d'une loi constitutionnelle. Nous n'avons pas besoin de rappeler comment l'échec du projet devant la Chambre entraîna la chute du Ministère. En 1885, une nouvelle Chambre arrivait avec des idées nouvelles, et votait le scrutin de liste. Mais quatre ans plus tard, le boulangisme atteignait l'apogée de son développement, et la Chambre crut que le scrutin d'arrondissement serait le moyen de défense le plus efficace contre des tentatives révolutionnaires; la mesure fut alors adoptée sans difficulté. On aurait tort de croire que la question soit désormais tranchée; et à l'heure actuelle, le parti avancé, mécontent de la composition de la Chambre élue en 1893, organise un mouvement en faveur du retour au scrutin de liste.

Quod petiit speruit ; repetit quod nuper omisit.

CHAPITRE VI

RENOUVELLEMENT TOTAL OU PARTIEL DES CHAMBRES. —
VACANCES DE SIÉGES EN COURS DE SESSION

La question du mode de renouvellement de la Chambre populaire a été, depuis 1830, invariablement tranchée dans le sens du renouvellement intégral. Mais jusque-là, elle avait été alternativement résolue dans l'un et l'autre sens.

C'est la Convention qui, pour se perpétuer au pouvoir, a introduit pour la première fois dans nos Constitions le renouvellement partiel. L'article 52 de la Constitution de Fructidor an III dit que « l'un et l'autre Conseil est renouvelé tous les ans par tiers. » La Constitution de l'an VIII maintint le système. Quoique son auteur s'entendit à pacifier singulièrement le tumulte des élections, il n'aimait pas voir en mouvement les masses populaires ; et, pour restreindre dans un cercle plus étroit les agitations de la vie publique, il institua le renouvellement annuel par cinquième (art. 31). Aux termes du Sénatus-Consulte organique du 16 Thermidor, an X (art. 71-73), les départements de la République sont divisées en cinq séries, conformément à un tableau joint au Sénatus-Consulte. Les députés actuels sont classés dans les cinq séries. Ils seront renouvelés dans l'année à laquelle appartiendra la série où sera placé le département auquel ils auront été attachés. — Le Sénat réglera par la voie du tirage au sort l'ordre dans lequel les cinq séries seront appelées à présenter des députés.

L'Acte additionnel revint au renouvellement intégral qui avait déjà trouvé place une première fois dans le projet de constitution voté en 1814 par le Sénat, et qui fut maintenu dans le nouveau projet de la Chambre des Cent Jours.

La Charte reprit le système de l'an VIII ; les députés seront élus pour 5 ans et de manière que la Chambre soit renouvelée chaque année par cinquième. (Art. 37.) — Une ordonnance du 27 novembre 1816 divise les 86 départements en cinq séries, et dit qu'il sera fait, pendant la session de 1816, un tirage au sort pour déterminer l'ordre dans lequel les cinq séries seront appelées à renouveler les députés.

C'est à la fin de 1815 que la question du mode du renouvellement fut pour la première fois portée devant le Parlement. Le premier projet de loi sur les élections, en date du 18 décembre, reproduisait sur le renouvellement les dispositions de la Charte. Cette mesure heurtait au vif les sentiments de la Chambre introuvable qui se révoltait à l'idée de voir ses membres décimés avant terme, et qui, ne prévoyant pas une dissolution, entendait bien se réserver un long avenir. La commission à laquelle elle avait renvoyé le projet se prononça énergiquement, par l'organe de son rapporteur, M. de Villèle, contre le renouvellement partiel, legs de la Convention et de l'Empire. « Ce mode disait-il, établit évidemment la permanence du corps qui représente la démocratie dans le système de gouvernement mixte qui nous a été donné. Or cette permanence est contraire à la balance entre les divers pouvoirs, qui peut seule en préparer la durée. » La Chambre vota le renouvellement intégral. Mais à quatre ans de date, les rôles allaient changer avec les circonstances. En 1820, ce fut le gouvernement lui-même qui dans le projet d'une nouvelle loi sur les élections, œuvre de M. Decazes, intercala une disposition tendant au renouvellement intégral, et ce fut la Chambre qui manifesta contre cette mesure des sentiments assez hostiles pour que le Gouvernement dût y renoncer : il présenta un second projet d'où l'article malencontreux avait disparu. Mais le Ministère ne se tenait pas pour battu; et en 1824, M. de Villèle parvenait à faire voter par le Parlement, le 9 juin, la fameuse loi de la *septennalité* (1).

On connaît les arguments qui furent reproduits de part et d'autre alors dans le débat : ils découlent naturellement de la question. Ce qui milite en faveur du renouvellement partiel, c'est qu'il infuse tout doucement, sans secousses, un sang nouveau dans la Chambre, et la met ainsi à même de se maintenir toujours en har-

(1) L'article unique de la loi est ainsi conçu : « La Chambre actuelle des députés, et toutes celles qui suivront seront renouvelées intégralement. Elles auront une durée de 7 années... à moins qu'elles ne soient dissoutes par le Roi. »

monie avec l'opinion publique, tandis qu'en même temps le pays échappe aux orages qui accompagnent parfois des élections générales. En faveur du renouvellement intégral, ceux qui ont surtout souci des libertés parlementaires font valoir qu'il accroît l'autorité de la Chambre sur le ministère, que celui-ci se sent tenu davantage à gouverner en conformité des vœux de la majorité, quand il n'a pas à se flatter de la voir modifiée par des choix nouveaux, quand il ne peut pas pour braver l'opinion présente du Parlement escompter une prétendue opinion contraire du lendemain. Le renouvellement intégral était dans les traditions du parti libéral ; et la preuve, c'est que c'est sous l'influence de ce parti qu'il avait trouvé place dans les projets de constitution de 1814 et de 1815. Mais en 1824, la cause de la liberté se trouvait accidentellement liée au renouvellement partiel. La gauche désirait avant tout renverser le ministère Villèle, et elle se flattait d'y parvenir avec les recrues nouvelles qu'aurait amené le renouvellement partiel. Voilà pourquoi elle lutta en sa faveur avec une ardeur digne d'un meilleur succès. Voilà pourquoi dans l'ardeur d'une haine commune, on vit combattre à ses côtés l'extrême droite qui oubliait qu'au temps de la Chambre introuvable, elle avait souhaité passionnément le renouvellement intégral, au point de ne pas reculer, pour l'obtenir, devant un procédé jugé alors inconstitutionnel, soit devant l'exercice de l'initiative parlementaire que déniait la Charte.

La Charte de 1830 maintint le renouvellement intégral, sans que la question ait même fait l'objet de la moindre discussion à la Chambre des Députés. Il en fut de même de la Constitution de 1848; un amendement tendant au renouvellement partiel fut écarté sans débat. La Constitution de 1852 et la loi organique de 1875 (art. 15) actuellement en vigueur ont consacré le même principe.

Depuis cette dernière loi, diverses tentatives ont été faites en faveur du renouvellement partiel. Les commissions parlementaires avaient conclu à les accueillir, et des rapports furent déposés en ce sens, l'un de M. Folliet, le 20 octobre 1888, l'autre de M. Jullien, le 12 juillet 1892. Mais les pouvoirs de la Chambre vinrent à expiration avant que la discussion du rapport Folliet ne fût mise à l'ordre du jour. Quant au rapport Jullien, ses conclusions furent repoussées à la demande du Gouvernement par 323 voix contre 214, le 19 juin 1893.

A la question du renouvellement total ou partiel, on rattache aussi celle de savoir dans quelles conditions il y a lieu de pourvoir aux vacances se produisant en cours de session. La Constitution de 1791 avait à cet effet créé des représentants suppléants que les électeurs devaient nommer en nombre égal au tiers des titulaires (titre 3, chap. 1, section 3, art. 1) La Constitution de 1793 ne prit aucune disposition sur la matière. On comprend qu'étant données des sessions qui devaient durer seulement un an, il n'y avait pas d'intérêt à combler les vides pour une aussi courte période.

La Constitution de l'an 3, par un système bizarre, n'admet le remplacement qu'autant que par suite du nombre des manquants l'un des deux Conseils se trouve réduit à moins des deux tiers. Le Conseil avise alors le Directoire, lequel est tenu de convoquer sans délai les assemblées primaires des départements qui ont des membres à remplacer.

Le législateur de l'an 8, toujours dans son système de recourir aux élections le moins possible, est muet sur la question. Mais celle-ci, à partir de la Restauration, est invariablement tranchée par toutes les législations qui se suivent. Dès qu'une vacance se . produit, le Gouvernement est obligé d'y pourvoir dans un délai que la loi détermine (1). Il fut fixé à 2 mois par la loi de 1820. Sous la Monarchie de Juillet, il fut réduit à 40 jours (art. 65 de la loi de 1831), et il fut maintenu ainsi par les législations suivantes jusqu'en 1852. L'Empire voulut se ménager plus de latitude; et par une disposition qui était d'accord avec l'esprit du régime, le délai fut étendu à 6 mois (décret de 1852). La loi organique de 1875 l'a ramené à trois mois pour le cas où la vacance se produit par démission ou décès, et à un mois pour le cas où elle se produit par option.

(1) Cependant la première loi de la Monarchie sur les élections avait omis de fixer le délai.

TROISIÈME PARTIE

LÉGISLATION ÉTRANGÈRE

Le suffrage universel fait à grands pas le tour du monde. Bien des peuples ont déjà suivi la France dans la voie qu'elle a ouverte ; et partout où le cens subsiste, il est abaissé dans des proportions qui font présager sa disparition à échéance plus ou moins brève.

Dans l'Empire allemand, aux termes de la Constitution du 16 avril 1871, ultérieurement modifiée, c'est par le suffrage universel et direct au scrutin secret que le Reichstag est nommé. Est électeur sans condition de domicile tout allemand qui a accompli sa 25° année.

En Relgique, aux termes de l'article 47 de la Constitution de 1893 révisée, un vote est attribué aux citoyens âgés de 25 ans domiciliés depuis un an au moins dans la commune. On est donc là en présence du suffrage universel (1). Mais il est tempéré par le vote *plural*

(1) Le corps électoral qui comptait avant la révision de la Constitution environ 160.000 électeurs, en compte maintenant 1,370,687.

organisé comme suit : « Un vote supplémentaire est attribué à raison de chacune des conditions suivantes : 1° être âgé de 35 ans, être marié, ou veuf ayant descendance légitime, et payer cinq francs de contribution personnelle sur les habitations ou bâtiments occupés ; 2° être âgé de 25 ans et être propriétaire soit d'immeubles, ou d'une valeur d'au moins 2,000 francs, soit d'une inscription de 100 francs de rente au Grand Livre de la dette publique. — Deux votes supplémentaires sont attribués aux citoyens âgés de 25 ans et se trouvant dans l'un des cas suivants : *A.* être porteur d'un diplôme d'enseignement supérieur ; *B.* remplir ou avoir rempli une fonction publique, occuper une position ou exercer une profession qui impliquent la présomption que le titulaire possède au moins les connaissances de l'enseignement moyen au degré supérieur. — Nul ne peut cumuler plus de trois votes. — Les élections se font à la commune, et au scrutin de liste. — Le vote est obligatoire. — Tout citoyen domicilié en Belgique est éligible sans autre condition.

Le suffrage universel existe aussi au Danemarck, — et dans le grand-duché de Bade. Dans le premier de ces deux pays, d'après la Constitution de 1849 révisée en 1866, est électeur pour le Folkething tout homme âgé de 30 ans pourvu qu'il ait un domicile fixe dans la circonscription électorale. — Pour être éligible, il suffit d'avoir vingt-cinq ans.

Dans le grand-duché de Bade le scrutin est à deux degrés.

En Suisse, le suffrage universel existe en partie, sinon d'une façon absolue. En effet, pour la nomination du Conseil national composé des députés élus à raison d'un membre par 20,000 habitants, est électeur tout Suisse âgé de vingt ans qui n'est point exclu du droit de citoyen actif par la législation du canton dans lequel il a son domicile. Est éligible tout citoyen suisse laïque ayant le droit de voter. (Constitution de 1874).

La Prusse touche aussi par certains côtés au suffrage universel. La Chambre des députés se compose de 352 membres élus au scrutin à deux degrés. Est électeur au premier degré tout citoyen âgé de 25 ans, domicilié depuis six mois dans la commune où a lieu l'élection. — Exclusion des domestiques et des indigents. — Les électeurs ne sont soumis à aucune condition de cens, mais sont divisés en trois classes, suivant la quotité d'impôts directs qu'ils paient. La première classe comprend les électeurs plus imposés jusqu'à concurrence du tiers de la totalité des contributions dues par tous les électeurs de la circonscription. — La deuxième classe comprend ceux dont les impôts sont les plus élevés après ceux de la première classe jusqu'à concurrence du second tiers. — Enfin, la troisième classe est composée de ceux qui paient les impôts les moins élevés, *ou n'en paient pas du tout.* Chacune de ces classes élit le tiers des électeurs secondaires afférents à la circonscription électorale. — Pour être électeur secondaire il suffit d'avoir le droit de vote au premier degré. — Est éligible comme député tout citoyen qui a accompli sa trentième année.

Dans le Nouveau-Monde le suffrage universel existe au Brésil où il suffit de savoir lire et écrire; — au Chili, où cette dernière condition étant encore maintenue, on exclut seulement les domestiques, — ceux qui ont accepté des fonctions d'un gouvernement étranger, — ceux qui appartiennent à la police urbaine ou rurale, et enfin les ecclésiastiques réguliers. — L'élection est directe.

Aux Etats-Unis, comme nous le faisions remarquer plus haut pour la Suisse, le suffrage universel existe partiellement dans les mêmes conditions où il est institué dans ce dernier pays. La Chambre des représentants se compose de membres choisis tous les deux ans par le peuple des divers Etats. Les électeurs dans chaque Etat doivent posséder les qualifications requises pour les électeurs de la branche la plus nombreuse de la législature de l'Etat. Or les conditions pour être électeur sont différentes suivant les Etats. La résidence varie de trois mois à deux ans. Quelques Etats exigent que l'électeur sache lire et écrire, ou lire seulement. — Dans quatre Etats, il faut que l'électeur paie une taxe. Mais cette condition n'a pas grande importance ; car s'il n'est pas en mesure d'y satisfaire, c'est le groupe politique auquel il appartient qui paie pour lui. — D'une façon générale, on peut dire que le cens électoral n'existe pas dans les Etats, et que le suffrage universel y a été institué sous cette réserve toutefois que, dans huit d'entre eux, se trouvent exclus les individus qui sont à la charge de l'assistance publique. — L'âge requis est partout de 21 ans.

Revenons à l'Ancien Monde, et parcourons les principaux pays à législation censitaire.

La loi anglaise de 1884 a abaissé le cens au taux le

plus bas. Est électeur : tout individu qui, depuis un an au moment de l'élection, occupe comme propriétaire ou comme locataire une terre d'une valeur locative annuelle de 10 livres sterling ; tout individu qui, depuis un an au moment de l'élection, habite une maison entière, — celui qui, toujours depuis la même époque, occupe un logement dont la valeur, en tant que non garni, est de 10 livres. Est considéré comme *occupant* dans des conditions lui conférant la capacité électorale, celui qui habite un local en vertu de sa fonction pourvu que la maison ne soit pas occupée par celui sous les ordres duquel il est employé (1). Aux dernières élections générales, celles de 1892, le nombre d'électeurs inscrits représentait à peu près le 1/6 de la population du Royaume-Uni ; ils étaient plus de 6 millions sur plus de 37 millions d'habitants.

En Autriche, la Chambre des Députés (loi de 1867 modifiée) se compose de 353 membres. Le total des députés attribué à chaque pays se répartit entre les

---

(1) Toutes ces conditions (nous n'indiquons que les principales) sont applicables aux électeurs des comtés comme aux électeurs des bourgs, la loi de 1884 ayant établi une capacité électorale en grande partie uniforme pour les électeurs des deux catégories de circonscription. Elle a toutefois laissé subsister certaines différences accessoires dont l'analyse ne cadre pas avec le caractère sommaire du présent résumé.

Nous rappelons ici en tant que de besoin la définition des comtés et celle des bourgs. Le *comté* est une division administrative du royaume. Le *bourg* est une corporation municipale indépendante du comté qui possède en vertu d'une charte ou d'un acte du Parlement le pouvoir de s'administrer elle-même.

quatre « curies » ou catégories d'électeurs organisées
par les statuts provinciaux : *a* la grande propriété
foncière,— *b* les villes,— *c* les chambres de commerce et
d'industrie,— *d* les communes rurales. Les députés sont
nommés par la catégorie des électeurs des communes
rurales au suffrage à deux degrés, et pour les autres catégories d'électeurs, au suffrage direct. Est électeur au
premier degré, tout citoyen autrichien ayant accompli
sa 24ᵉ année, jouissant de ses droits civils, et remplissant les autres conditions exigées par la loi électorale
du Reichsrath. (Cette loi modifiée en 1822 a conféré les
droits d'électeur dans la catégorie des villes et dans la
catégorie des communes rurales à tout citoyen payant
à l'État au moins cinq florins d'impôts directs.) Est éligible toute personne jouissant depuis trois ans au moins
des droits de citoyen autrichien, ayant accompli sa
30ᵉ année, et qui se trouve soit électeur, soit éligible
au Landtag provincial. Depuis 1893, une campagne
acharnée en faveur du suffrage universel est menée par
les socialistes qu'ont encouragés d'une part la révision de la Constitution Belge, d'autre part, les concessions émanées du gouvernement, soit un projet présenté par le comte Taaffe, — projet d'ailleurs repoussé
au Reichstag, — qui abaissait le taux de cens (1).

(1) Un projet actuellement en discussion, et auquel le Gouvernement est très favorable, tend à l'extension du nombre des électeurs,
sans apporter de modifications aux collèges électoraux établis, par
la création dans les Chambres de Commerce d'une section spéciale
pour les questions ouvrières. Ces nouvelles sections réuniraient
tous les ouvriers appartenant à une société d'assurance contre les
accidents, et recevraient un certain nombre de mandats.

Aux Pays-Bas (art. 81 de la Constitution de 1887), la seconde Chambre se compose de 100 membres. La division du royaume en circonscriptions électorales, et tout ce qui concerne d'ailleurs le droit de vote et le mode d'exercice de ce droit est réglé par la loi (loi du 4 juillet 1850, modifié par l'article 7 additionnel de la Constitution) : sont électeurs les citoyens âgés de 23 ans, 1° qui ont été imposés pendant l'exercice précédent à la contribution personnelle, à raison d'une maison ou partie de maison habitée par eux et pour un loyer supérieur à ceux qui donnent droit à une réduction de cote du 1/3 ou des 2/3, et qui de plus ont acquitté intégralement leur contribution ; 2° ou qui, pendant le même exercice ont été imposés à la contribution foncière pour 10 florins au moins, et qui ont intégralement acquitté leur contribution ; 3° ou enfin qui habitent une maison ayant une certaine importance dans des conditions déterminées (1).

En Italie la loi du 22 janvier 1882 a fixé le cens à

---

(1) A la fin de 1892, le Ministère avait présenté un projet de loi établissant à peu près le suffrage universel. Aurait été électeur quiconque aurait été capable de rédiger par état sa demande d'inscription, et aurait possédé les ressources nécessaires pour subvenir à ses besoins et à ceux de sa famille. On n'aurait exclu ainsi que les individus ne sachant ni lire ni écrire, et ceux à la charge de l'Assistance publique ou privée. Le projet a été modifié par la seconde Chambre des Etats-Généraux, dans un sens tellement restrictif que le Ministère a cru devoir le retirer. L'incident a amené la dissolution de la Chambre. Le Ministère mis en minorité après les nouvelles élections a démissionné.

19 lires 80, et exige en outre que l'électeur sache lire et écrire (1).

La loi espagnole du 28 décembre 1878 a établi l'élection directe. D'après l'article 15, l'électeur doit avoir 25 ans, et payer une contribution d'au moins 25 piécettes par an comme contribution foncière, ou de 50 piécettes comme contribution industrielle. — S'il s'agit de la contribution foncière, il faut qu'elle ait été acquittée depuis un an ; et s'il s'agit de la contribution industrielle, qu'elle l'ait été depuis deux ans au moment de l'élection. L'art. 19 admet sans condition de cens les *capacités*.

La Constitution portugaise (acte additionnel de 1852) exige que l'électeur possède un revenu annuel d'environ 560 francs.

La Bavière (loi de 1848, modifiée par la loi du 21 mars 1881) a l'élection à deux degrés. Les électeurs du premier degré doivent payer des contributions directes. L'électeur du deuxième degré doit être âgé de 25 ans.

En Saxe (loi de 1868) il faut être propriétaire d'une habitation ou payer 3 marks d'imposition. — Le cens d'éligibilité est de 30 marks.

En Suède (loi organique du Riksdag de 1866) le droit électoral appartient dans la commune où il a son domicile à tout homme ayant droit de vote dans les affaires générales de la commune, qui est propriétaire ou possesseur par droit d'habitation d'un im-

---

(1) Lors des élections générales, celles de 1892, il y avait pour une population de 30,535,848 habitants, 3,006,345 électeurs inscrits.

meuble d'une valeur imposable de 1,000 rixdalers
(1,190 francs) ou qui a affermé pour 5 ans au moins
un immeuble rural d'une valeur imposable d'au moins
6,000 rixdalers (8,300 francs) ou qui paie à l'Etat des
contributions calculées sur un revenu de 800 rixdalers (1,100 francs). — L'élection a lieu à deux degrés·
Pour être éligible il faut être âgé de 25 ans.

FIN

TABLE DES MATIÈRES

DEUXIÈME PARTIE

**De certaines restrictions au droit de vote, à l'éligibilité;
et du renouvellement partiel ou intégral de l'Assemblée législative.**

TROISIÈME PARTIE

FIN DE LA TABLE

Imprimerie de Poissy — S. Lejay et Cie.